Osez être vrai

Marc Pistorio

Osez être vrai

Vérité et conséquences, envers soi, en couple et en famille

MARABOUT

À la mémoire de mon père, Alfio,
À ma mère, Marie-Thérèse,
À Corinne,
À Sandra,
pour leur authentique affection

À Paola,
pour les bonheurs renouvelés

La vérité d'un homme, c'est d'abord ce qu'il cache.

André Malraux

On ne reçoit pas la sagesse, il faut la découvrir soi-même,
après un trajet que personne ne peut faire pour nous,
ne peut nous épargner.

Marcel Proust

Avant-propos

Un livre sur la vérité… Vaste programme, apparemment bien prétentieux. Qui pourrait s'enorgueillir de détenir la vérité ? Qui pourrait s'accorder la prétention de la transmettre ? C'est en découvrant la mienne et ses méandres, au cours de ma propre introspection, que petit à petit, l'idée de ce livre s'est imposée. L'idée de la présence en soi d'un chemin possible vers une plus grande liberté s'est ancrée davantage, en écoutant, comme psychologue, comme médiateur, comme individu, la souffrance des autres et leur recherche intérieure. D'approche psychodynamique analytique, je travaille toujours, en psychothérapie, à partir du quotidien des personnes, à rattacher leurs propos à leur histoire, particulièrement celle de l'enfance. Car c'est bien dans les conflits du passé refoulés et non résolus de chacun que se trouve l'origine des difficultés de la vie actuelle. Les conflits internes peuvent consister en une somme d'expériences particulières, en des événements parfois imperceptibles et anodins pour l'entourage mais hautement significatifs pour l'enfant qui les vit : une situation à forte charge émotive, un environnement familial empreint de tensions, les phrases assassines des parents, etc. Dans ces années d'enfance, le difficilement réparable se produit toujours dans les relations du quotidien, les conflits internes modifient alors la trajectoire de l'être blessé et marquent le reste de sa vie, comme une empreinte indélébile.

Au cours de ces longues années de pratique – vingt ans déjà ! –, j'ai pris beaucoup de notes, patiemment, pour tenter de mieux comprendre avec l'autre, en thérapie ou en médiation.

Les personnes en face de moi m'ont offert leur histoire, avec force et hésitations, cadeau précieux, acte de confiance, comme de longs moments privilégiés d'une intimité parfois redoutable. Attentif, hautement respectueux, souvent troublé et bousculé dans ma propre histoire, j'ai peu à peu saisi le point commun de tous ces êtres qui s'abandonnent au cours de mois et d'années : dans l'enfance, ils ont été négligés dans leurs besoins affectifs, trompés, trahis. À tous, consciemment ou inconsciemment, les parents n'ont pas dit ou mal dit ; à tous, les parents ont caché, menti.

Quels que soient les mensonges et les non-dits, leur présence et leur fréquence répétées ont créé des blessures chez l'enfant. En soi, il serait bien difficile d'évaluer précisément ce que représente un mensonge grave ou anodin, dans le système de valeurs d'un individu. À moins de dénoncer un mensonge qui fait l'unanimité sur son caractère, il faut comprendre qu'un même mensonge ou un non-dit sera très perturbateur pour l'un et banal pour l'autre. Dans le même ordre d'idée, on ne peut pas juger de la souffrance d'un individu, en la comparant à celle d'un autre, ou en la minimisant. Si un individu souffre, sa souffrance et son existence doivent être reconnues avec respect et compassion. Les individus blessés dans l'enfance ont particulièrement manqué de cette bienveillance qui rassure et participe à la construction de la maturité affective.

Je veux montrer combien les mensonges et les non-dits sont dommageables pour l'enfant, et plus tard, comme adulte, pour soi et le couple. Ils mettent à risque de faire de l'individu, un adulte menteur, qui se mentira d'abord à lui-même et mentira également en couple ou à ses enfants. Lui seul pourra juger de la nature de la souffrance générée par ces mensonges, car lui seul en subira douloureusement les conséquences au quotidien ; par exemple, dans les limites fréquentes de ses choix de vie et de son épanouissement.

Dans mon propos, la vérité ne prend donc pas les traits d'une vérité unique, salvatrice de tous les maux, dogmatique. La vérité qui m'intéresse renvoie à la quête d'une seule et même réussite : l'accès à la vérité de sa propre histoire de vie, celle que chacun détient de soi en soi, inspirante, prometteuse et sans limites. Je sais qu'il n'y a pas de bonheur possible sans une rencontre sincère avec soi. Pour cela, il y a toujours lieu de découvrir la vérité lorsqu'il y a eu mensonges, non-dits, imprécisions et confusions : valider enfin ce que l'on a toujours su de soi et de ses parents et laissé dans le silence. J'aspire à ce que le lecteur saisisse et défende son droit absolu à sa propre liberté de croître, de choisir, de s'aimer et d'aimer, de prendre soin de soi, de développer des relations affectives saines… son droit absolu d'exister et d'être, dans toute sa splendeur.

Si l'individu cherche, c'est bien qu'il existe et demeure en lui le sentiment profond d'un chaînon manquant, d'une distance palpable entre lui et sa possibilité d'être heureux. Tant qu'il n'est pas allé jusqu'au bout de sa quête et de sa volonté farouche de comprendre, il n'y a pas de bonheur, pas d'accès à la liberté. Bien sûr, la vérité confond, surtout chez ceux qui ont été blessés sur le plan affectif, parfois profondément. Ces êtres de défense se reconnaîtront dans les anecdotes, les descriptions et les explications de ce livre. Ils reconnaîtront, notamment, les nombreux mécanismes, savamment déployés pour perpétuer l'illusion de bien-être : l'illusion d'une famille unie, l'illusion d'une enfance dorée, l'illusion de perfection, l'illusion de bonheur, etc. Souvent, le leurre est entretenu par l'entourage, et les enfants pris en otages deviennent – bien malgré eux – complices de la démesure de leurs parents, surtout par peur de perdre leur amour. D'ailleurs, il suffit que dans une famille l'un des enfants, plus fort psychologiquement, brise le cercle du mensonge, révèle des malaises et des vérités, pour que le reste de la famille – incluant la fratrie – se mobilise et lui manifeste vivement sa réprobation, l'isole ; je le constate systématiquement en psychothérapie.

Alors que les prises de conscience se font et que les pensées s'organisent, l'individu conçoit qu'il n'est plus uniquement vulnérable, victime des douleurs de son passé, assiégé perpétuellement par les douleurs de son enfance ou du roman familial qui l'a précédé ; progressivement, il devient capable d'agir sur son quotidien, de contrôler positivement ses choix et ses actions.

Un individu « bloqué » sur le plan affectif dans son enfance a eu à développer une stratégie de survie pour ne pas s'effondrer complètement sur les plans physique et psychologique. Quand on a souffert, on opte facilement pour le mensonge, pour un temps… ou pour la vie. Mentir à soi et mieux mentir aux autres. L'être blessé s'emploie activement à reléguer très loin la douleur du passé, et lorsqu'elle s'exprime, sournoise, il recourt à la fuite par de nombreux dérivatifs – emploi du temps surchargé, surinvestissement professionnel, adultère, drogues, alcool, relations sexuelles compulsives, etc. ; bref, il tombe dans les dépendances. Pourtant, le vide n'est jamais comblé. Ainsi s'éloigne-t-il de plus en plus dramatiquement de soi, ainsi fait-il de mauvais choix de vie. Avec le temps, les conséquences sont multiples et dévastatrices : fatigue, insomnie, maladies, somatisations, dépression, accident, crises de colère intempestives, etc. Tout l'être réagit au mensonge intérieur, autant le corps que l'esprit, en lutte perpétuelle de survie. L'énergie tout entière de l'être est retenue, mobilisée, happée, pour garder la tête hors de l'eau.

Les individus mobilisent une vaste énergie mentale à se mentir, à employer temps et énergie à se voiler la face, à montrer aux autres un portrait de soi savamment travaillé. Éviter à tout prix de faire ce pas vers soi, pour ne plus risquer le contact avec les souffrances intérieures. Adulte, se défendre sans cesse de souffrir comme plus jeune, alors que les parents qui étaient là – pour aimer et guider – étaient aussi, malheureusement, une source de manque affectif et d'insécurité. Pour beaucoup, ainsi s'est déclinée la vie, entre souffrances des manques et vide affectif incommensurable à combler. Alors que l'enfant veut inconditionnellement aimer ses parents, il lui est impossible de se méfier d'eux, mais l'inconscient, lui, n'oublie pas et lui fera ressentir régulièrement le poids des manques, tout au long de sa vie. Plongé dans cette dissonance significative entre conscience et empreinte inconsciente de son vécu, comment alors se développer de façon harmonieuse et équilibrée sur les plans physique et psychologique ? Comment apprendre à se protéger de la toute-puissance parentale ? Les enfants dotés d'une plus grande force intérieure puisent en eux la survivance, les plus faibles sombrent pour longtemps. Mais au bout du compte, il y a toujours la solitude…

De nos jours, combien d'enfants vivent encore malheureux du manque de l'amour parental auquel ils auraient droit ? Combien d'enfants vivent dans des familles où l'on n'offre pas de marques d'affection ? Combien d'enfants sont faussement heureux parce qu'ils n'ont pas d'espace pour dire ce qu'ils ressentent vraiment ? Combien de parents ne se remettent pas en question, malgré les signaux de détresse de leur enfant ? Ainsi, combien de pleurs, de tristesses, de douleurs, de désespoirs passés sous silence et vécus en secret ? Combien d'enfants négligés sur le plan affectif ? Combien d'enfants perturbés psychologiquement ? Combien de familles où l'on dit trop rarement aux enfants « je t'aime », où l'on caresse peu ? Combien de familles où l'on n'écoute pas l'enfant, où on ne lui parle pas ? Combien de familles où l'on ne valorise pas, où l'on ne donne pas confiance en soi ? Combien de familles où l'enfant est incapable de développer un sentiment fort et durable d'estime de soi ? Combien de familles où la vitalité de l'enfant dérange ? Combien d'enfants subissent les carences affectives de leurs parents ? Leur nombre est incalculable et la réalité quotidienne parfois déchirante. Et l'on blâme, à tort et à travers : les services de garde, les institutions scolaires, les enseignants, le système médico-social, les différents ordres de gouvernement, etc. On se plaint d'une société – concept fourre-tout s'il en est ! – qui remplit mal son rôle et ne répond pas aux besoins élémentaires des enfants et de leurs parents. La société n'est rien d'autre que les individus qui la composent : en la blâmant pour les maux de nos enfants, on ne critique personne précisément.

En tant que psychologue, la société ne m'intéresse pas, elle n'est pas l'objet de mon propos. J'ai choisi de me centrer plutôt sur l'individu, quelles que soient ses étapes de développement, de l'inscrire dans son histoire générationnelle, de décortiquer les rouages de ses relations à son père et à sa mère. J'ai choisi de mieux comprendre comment cesser de subir son histoire pour aller librement de l'avant et s'assumer pleinement. J'ai choisi de reconnaître la propre part de responsabilité de chacun dans ce vaste ensemble de gens que constitue la société.

Je pars sur le chemin de ce livre avec un *a priori* : les parents ont été mal aimés et aiment mal à leur tour. Malgré leur bonne volonté, ils disent mal, ne disent pas, ou mentent trop souvent. Inconsciemment, les mieux intentionnés choisissent de ne pas dire au quotidien la vérité à leur enfant, pour le protéger d'informations vraies qui risquent de lui faire mal ; consciemment, les plus destructeurs choisissent délibérément de tromper leur enfant pour se défouler et évacuer un temps la rage de leur propre enfance. Les « bonnes intentions » et les « c'est pour ton bien » des parents prennent parfois des allures d'injonctions qui desservent grandement l'enfant ; ils peuvent malheureusement le marquer lourdement et affecter longtemps sa vie d'adulte. À l'extrême, les parents qui passent complètement à côté de la personnalité et des besoins affectifs de leur enfant ne se remettent jamais en question et le laissent sombrer dans sa détresse. Ceux-là nous confrontent à une réalité socialement inacceptable mais vraie : certains parents n'aiment pas leur enfant. Il faut bien pourtant qu'il en soit ainsi pour choisir de ne pas voir sa souffrance et perpétuer les mensonges et les non-dits. *A priori*, on a tendance à croire que, par nature, les parents sont aimants avec leurs enfants et fondent leur éducation sur cette prémisse d'amour inconditionnel… Au même titre, un enfant n'a pas le droit de dire qu'il n'aime pas ses parents et ne veut plus être en contact avec eux. Au même titre, il est considéré comme immoral que les enfants devenus adultes n'assistent pas aux réunions familiales : fête de Noël, fête des Mères, fête des Pères, anniversaires de naissances et de mariages, etc. Tant pis si Noël est l'occasion des mensonges les plus tordus que l'on fait aux enfants – même lorsqu'ils réclament la vérité – et le bassin des dysfonctions familiales, tant pis si la fête des Mères ne devrait être que la fête des « bonnes » mères… Tout le monde participe, avec une certaine lourdeur, à ces fêtes pleines d'hypocrisie, contraint et forcé, simplement « parce qu'il faut » et qu'au fond, une fois l'année, « c'est un mauvais moment à passer », pour ne pas briser la dynamique de la famille. J'aurai l'occasion de revenir sur Noël et ses tourments. Nous verrons combien, si l'amour est essentiel au développement harmonieux de l'enfant, il n'est pas du tout suffisant.

Pendant longtemps, les professionnels de la santé, l'appareil juridique, les associations et les citoyens se sont mobilisés pour sortir de l'ombre la problématique des enfants violentés et les protéger davantage. La violence manifeste, la violence physique, celle qui se voit, nécessite bien l'intervention judiciaire et la protection de la jeunesse. Il fallait le faire et accepter de poursuivre à jamais ce sérieux mandat de protection. Mais là ne sera pas le propos de ce livre.

Pour ma part, je veux plutôt éveiller les consciences sur une autre forme de négligence, pernicieuse, moins flagrante et qui comporte aussi son lot d'agressions, de violences subtiles : la négligence psychologique. Selon la personnalité et la sensibilité de l'enfant, elle peut être vécue comme une violence et un abus. Elle concerne la négligence perverse du quotidien, la négligence du mensonge et des non-dits, la négligence de l'abandon affectif, la négligence émotive, la négligence du manque d'écoute, la négligence des comportements de dénigrement et d'humiliation, tissées au sein de la famille. Ces familles, saines en apparence, ne défraieront jamais la chronique des grands quotidiens, parce que les drames que l'enfant y vit resteront pendant longtemps sous silence. Je parle des familles dans lesquelles les enfants reçoivent en apparence ce dont ils ont besoin : nourriture et vêtements, intégration dans un établissement scolaire (aux coûts parfois exorbitants), quelques activités parascolaires, des vacances à l'occasion, etc. Je parle des familles dans lesquelles, au-delà des belles apparences, on manque ouvertement de respect aux enfants dans les négligences affectives et émotives répétées tous les jours…

En 1998, Marie-France Hirigoyen, psychiatre française, dénonce le harcèlement moral comme une forme de perversité. La notion de harcèlement se définit comme « une conduite vexatoire se manifestant soit par des comportements, des paroles, des actes ou des gestes répétés, qui sont hostiles ou non désirés, laquelle porte atteinte à la dignité ou à l'intégrité psychologique ou physique… et entraîne un milieu néfaste… ».

L'auteur décrit, pour la première fois, une réalité largement répandue et vécue aussi bien dans les relations amoureuses que dans les relations professionnelles. Ses écrits ont l'effet d'un véritable raz de marée et son livre *Le Harcèlement moral* est traduit dans vingt-deux pays. Chacun à sa façon, les pays se mobilisent pour développer des modèles de prévention dans les entreprises et de nouvelles lois apparaissent pour modifier le code du travail. Désormais, chaque entreprise est dans l'obligation de se doter d'une politique de traitement des litiges incluant un processus d'enquête. Enfin, le harcèlement moral est reconnu comme justiciable : les plaintes affluent, les harcelés lèvent timidement le voile et demandent reconnaissance et réparation. Si la voie semble engagée dans la lutte contre la perversion morale dans l'environnement professionnel, on n'accorde aucune place à celle qui se déroule dans les familles et dont les victimes directes sont les enfants. Quand on connaît la détresse des adultes qui ont parfois tant de mal à dénoncer, je ne peux m'empêcher de penser à celle des enfants qui ne le pourront jamais.

Il est crucial de prendre conscience de ce phénomène de perversion déguisée et d'ouvrir enfin les yeux des parents quant à l'impact des manques affectifs, de certaines paroles et de certains comportements ; de décrire les empreintes sur les enfants et leurs répercussions à long terme, parfois dévastatrices pour certains. De nombreux adultes ont encore en tête des phrases assassines de leurs parents qui les ont marqués psychologiquement bien plus que des blessures physiques. Qu'enfin soient comprises les zones de fragilité de l'enfant, pour fournir aux parents des repères, pour qu'ils comprennent mieux comment éduquer sainement, et qu'ils cessent de reproduire les modèles éducatifs dont ils ont eux-mêmes souffert. Un enfant blessé par le mensonge et les non-dits risque fort de devenir un adulte qui se ment à soi et ment en couple. Ainsi, les couples qui baignent dans les mensonges et les non-dits subissent une fausse communication et vivent leur quotidien dans une position antagoniste. Par peur de dire, par peur de dévoilement, par peur de rejet ou d'abandon, le malaise s'installe et la distance grandit. Pourtant, il y aurait tant de rapprochements possibles, tant d'intensité et de bonheur tranquille à partager, dans une intimité sans limites, pour vivre la réussite de son couple.

Je déplore que, d'ordinaire, les prises de conscience chez l'individu ne soient initiées que dans l'urgence, au moment d'accidents graves de la vie et des crises qui s'ensuivent : séparation, divorce, accident, maladie, perte d'emploi, mort, etc. Dans l'urgence, les personnes découvrent tout à coup que la structure fragile de leur personnalité s'effrite et s'effondre, que la vie leur devient tout à coup insupportable, qu'elles s'enlisent et perdent pied ; car enfin, dans la perte de contact avec soi et les pertes de contrôle qui s'ensuivent, c'est la menace de la mort psychique qui pointe, à moins que ce ne soit le risque de la mort physique.

Je voudrais éviter au lecteur cette terrible descente aux enfers et que les crises se vivent, certes, puisqu'elles ont la valeur nécessaire de permettre de se redéfinir, mais de façon moins violente et désespérée. Quelle est donc la mécanique particulière de ces mensonges et des non-dits à soi, en couple et à l'enfant ? S'ils se justifient toujours dans l'esprit de celui qui les initie, ils prennent des allures de secrets et engendrent de lourds conflits individuels et familiaux. Solidement implantés au sein des familles, ils se transmettent de génération en génération, comme mode privilégié d'éducation des enfants et affectent en cascade le développement psychologique de chacun ; ainsi, les rôles de la mère et du père deviennent déstructurés. Quels sont les attitudes et les comportements nouveaux à développer ? Quels sont les avantages de l'authenticité ? Comment l'accès à sa propre vérité peut-il vraiment mener au bonheur ?

Je tiens à rassurer ceux qui craindraient de ce livre le jugement sévère de l'éducation qu'ils ont reçue ou de celle qu'ils prodiguent à leur enfant, un jugement accusatoire, sans indulgence aucune, qui ne relèverait que la marque de l'incapacité parentale. Il n'en est rien. Je sais que les parents se sentent, par nature, facilement coupables et sont parfois, de surcroît, culpabilisés par les médias et les professionnels de l'éducation. J'ai pleine conscience de la lourdeur de l'engagement du rôle de parent et de sa faible gratification, particulièrement dans les moments où la relation à l'enfant est chaotique. Nul n'a besoin d'être un parent parfait pour être un parent heureux, mais tout parent a la responsabilité d'être un parent « suffisamment bon » et de vouloir tendre vers le meilleur avec son enfant. Nous verrons largement ensemble ce que sous-tend cette expression dans les pages concernant l'éducation des enfants. Il est bien des comportements en matière d'éducation qui ont fait leurs preuves et qui peuvent singulièrement permettre au parent et à l'enfant de se rencontrer sur un terrain relationnel empreint de respect et d'harmonie. Je vous offre de les découvrir dans ce livre. Les pages que vous lirez ne constituent pas une base théorique sortie tout droit de grands penseurs aux concepts nébuleux : tous les contenus abordés dans cet ouvrage émanent d'histoires de vie bien réelles, de souffrances vécues, de victoires remportées à force de réflexions et de changements de comportements (seuls les prénoms ont été changés). Ces tranches de vie, moments charnières et sensibles de la vie des autres, seront parfois difficiles à lire et feront alors probablement écho à votre propre histoire. Mais le but n'est surtout pas l'apitoiement. J'ai toujours gardé en mémoire que je couchais sur papier des mots destinés à des adultes que je tiens absolument à traiter en adultes. J'ai procédé ici comme je procède dans l'intimité de ma pratique : « dire », même si les informations sont difficiles à entendre, même si elles ébranlent et percutent ; après tout, mon propos est bien celui de la vérité à soi et aux autres !

Aujourd'hui, on sait qu'il existe une voie privilégiée et efficace pour s'acheminer progressivement vers son propre épanouissement, un moyen dont l'investissement est avant tout celui de sa propre volonté, de sa propre responsabilité et de son propre engagement vis-à-vis de soi : l'introspection. Ma préoccupation est donc d'initier une réflexion profonde et individuelle sur les manques affectifs, les mensonges et les non-dits, et de faire prendre conscience, enfin, qu'elle est une étape essentielle à la résolution de son propre malaise intérieur. Montrer à quel point ne pas faire face à sa vérité a des impacts négatifs qui s'imposent, malgré soi, dans des mauvais choix de vie et des mauvais choix de partenaires. Devenir enfin tout à fait au clair avec soi-même et son histoire, pour développer des relations affectives saines et éviter de courir le risque de faire souffrir son entourage et ses propres enfants, comme on a parfois souffert soi-même, dans sa propre enfance.

J'espère sincèrement que ce vaste recueil d'informations fera jaillir chez le lecteur la force de s'ouvrir à un soi sincère et, pourquoi pas, à des prises de conscience salutaires. Puisse la lecture de ce livre vous inviter à une toute nouvelle lecture de votre histoire d'enfant pour mieux cerner les origines de vos difficultés, vous sentir plus actif dans leur résolution et agir avec plus de liberté, vers une plus grande aptitude au bonheur. Et que cesse enfin le mensonge à soi, en couple et en famille. Peu de gens goûtent au privilège du bienfait de l'authenticité, mais tous ceux qui ont fait le chemin vous le diront : cette lente conquête de soi en valait vraiment la peine.

Je dédie ce livre à tous les enfants à qui l'on manque de respect en cet instant, dans les non-dits et les mensonges, à tous les enfants blessés devenus adultes, à tous les êtres, célibataires ou en couple, qui luttent au quotidien pour ne pas reproduire la négligence de leur enfance. Ils se reconnaîtront dans ces pages et peut-être, se sentant compris, trouveront-ils aussi de nouvelles pistes de réflexion, de nouveaux comportements et l'inspiration de saines prises de conscience, pour contrecarrer davantage un passé injuste. Je rends hommage à tous les enfants meurtris sur le plan psychologique, aujourd'hui adultes survivants et heureux, qui n'ont jamais capitulé dans leur psychothérapie, malgré les moments de doute et de souffrance ; leur force intérieure a été et demeure pour moi une source inépuisable de motivation. Je dédie enfin ce livre à tous les professionnels qui luttent au quotidien pour le mieux-être des enfants et des adultes souffrants ; je sais combien on ne choisit jamais par hasard un métier en relation d'aide.

Première partie

Mensonges et vérité à soi

L'homme est de glace aux vérités.
Il est de feu pour les mensonges.

LA FONTAINE

Selon le *Larousse*, « mentir est nier ce qu'on sait être vrai ». Sur le plan psychologique, « se mentir » consiste alors à nier ce qu'on sait être vrai sur soi, inconsciemment ou intuitivement. Nous nous mentons tous – certains plus que d'autres ! – pour un temps ou pour toujours, à un moment de la vie ou pour la vie… Si le mensonge revient à vouloir tromper les autres, il revient surtout et avant tout à vouloir se tromper sur soi. Toute vérité sur soi n'est pas bonne à se dire parce qu'elle heurte, assomme, blesse, parce qu'elle va tout à coup à l'encontre de tant d'énergie employée à nier ce que chacun sait au fond : « Je n'ai pas eu une si belle enfance même si je me le fais croire », « Je ne me suis jamais senti aimé », « Je n'aime pas ma vie », « Je ne m'aime pas », « Je n'ai plus d'amour pour ma conjointe mais je suis incapable de la quitter », « Je préfère l'un de mes enfants », « Je hais l'hypocrisie des fêtes dans ma famille », « Je me sens incompétent et imposteur », « Je suis alcoolique », « Je n'ai aucun désir sexuel pour mon conjoint », « Je n'aime pas ma mère », « Je suis complètement démotivé professionnellement mais je fais mes heures pour mon salaire », « Mon père vieillissant ne mérite pas que je m'occupe de lui », « J'ai été abusée mais tout ça c'est du passé », etc. Ces phrases de vérités intérieures, inavouées, peuvent évidemment se décliner sans fin…

Les êtres se mentent par pure convenance, tout simplement parce que ça les arrange, parce que, pour un temps, ils ont le sentiment de préserver une image de soi faussement positive et durement construite ; malheureux, finalement, mais dans un certain équilibre précaire. Et toutes les raisons sont bonnes pour justifier la poursuite de cette mascarade : continuer à être aimés envers et contre tout, ne pas décevoir, ne pas ressentir la solitude, ne pas porter le poids de celui qui déstabilise la dynamique familiale. Si tout à coup tombait le voile du mensonge, les menteurs risqueraient-ils de s'effondrer, dévastés par le visage meurtri de leur propre réalité ? La réalité de ce qu'ils ont toujours su sur eux serait-elle soudainement invivable ? Les psychologues prônent la vérité de soi, mais pourquoi au juste ? Parce qu'ils savent qu'il existe un moyen éprouvé de lutter efficacement contre les maux de l'âme : reconstruire la vérité émotive de sa propre histoire de vie. Faire enfin tomber l'illusion d'une vie qui masque la vérité d'une profonde souffrance. Les psychologues valorisent l'accès à la vérité de soi pour la même raison profonde que celle qui motive le mensonge : le désir de s'aimer et d'être aimé. À la seule différence que la vérité de soi permet de s'aimer pour ce qu'on est vraiment, sans honte, en renforçant le meilleur, en travaillant le moins bon, tandis que le mensonge de soi condamne à l'amour inconditionnel et faux de ce que l'on prétend être. À l'authenticité du premier correspond l'imposture du second. Cesser de se mentir sur soi offre le bénéfice d'une humilité sincère et d'un respect de soi sans bornes, se mentir sur soi condamne à une souffrance grandissante avec le temps qui renforce toujours plus l'isolement intérieur et la distance aux autres.

Impossible de passer outre l'histoire du développement de l'individu, si l'on veut comprendre les racines de cette tourmente vis-à-vis du mensonge. Le mensonge n'a rien de génétique, il est acquis. Très tôt, les parents apprennent aux enfants qu'il ne faut pas mentir et réclament la vérité avec véhémence. Ils veulent savoir si l'enfant est coupable et sanctionnent alors selon un continuum allant de la simple réprimande – dans le meilleur des cas – au châtiment physique – dans le pire. D'un autre côté, l'enfant n'a pas le droit de dire la vérité du quotidien, par exemple s'il trouve quelqu'un laid ou gros, ou s'il n'aime pas le cadeau qu'il a reçu de sa tante : « Ça ne se fait pas, ce n'est pas gentil. » Vous concevrez que l'apprentissage est complexe pour l'enfant, car il doit révéler la vérité de ses actions mais pas celle de ses pensées. De toute façon, il est toujours perdant, car il reçoit en retour désapprobation et jugement. Finalement, pour se protéger des foudres parentales, il apprend surtout en bas âge l'art de la dissimulation et du non-dit. À la vérité qui sort pour un temps de la bouche des enfants, succède le mensonge, à peine après quelques années de vie, sous la pression conjointe de l'éducation parentale, des principes moraux et des conventions sociales.

Cette capacité de se jouer de la réalité va d'ailleurs se développer et s'affiner de façon remarquable, de l'accès aux premiers mots jusqu'à la préadolescence. Mentir se construit dans le temps et constitue un véritable exercice intellectuel qui comporte des avantages certains sur le plan du développement. Chez l'enfant en construction, le mensonge est souhaitable, nécessaire et au service de son psychisme. Je l'associe beaucoup aux fonctions du jeu qui, avant de devenir « jeu de règle », sera d'abord « jeu symbolique ». Dans le jeu symbolique, l'enfant est exclusivement investi dans son imaginaire et fait semblant, pour s'éprouver et éprouver son environnement. Il peut ainsi utiliser un balai comme une « fusée » et se mettre un seau sur la tête en guise de « casque ». Peu à peu, il grandit et intègre plus de réalisme dans ses jeux pour accéder à la forme la plus évoluée du jeu, le

« jeu de règle » : il désinvestit progressivement l'imaginaire pour le cognitif, avec des raisonnements plus logiques, stratégiques et abstraits. Freud considérait que le jeu fournissait aux enfants la possibilité d'accomplir leurs désirs ainsi que la maîtrise d'événements perturbateurs, voire traumatisants. De nombreux auteurs sont allés dans ce sens pour reconnaître au jeu sa qualité de réduction de l'anxiété et sa valeur cathartique. Dans le mensonge aussi, on note cette même évolution de la pure fantaisie au réalisme : aux mensonges les plus farfelus pour défendre des réalités improbables, l'enfant va passer à des mensonges plus élaborés et beaucoup plus plausibles. Nous verrons plus loin que, tout comme le jeu, le mensonge est utilisé par l'enfant de façon stratégique, à partir des sentiments d'amour et de haine que lui évoquent les adultes qui comptent pour lui et toujours dans la ferme intention de maintenir avec eux un lien d'attachement.

Avant l'âge de 6 ou 7 ans, on ne peut pas dire que l'enfant ment, car il est réellement convaincu de ce qu'il avance et sa structure intellectuelle ne lui permet pas de faire la différence. À cette période de son développement émerge de façon typique une forme de pensée où tout est possible, au-delà des lois physiques et du réel, dans le jeu comme dans les échanges verbaux avec l'entourage : c'est l'heure de la « pensée magique ». Ainsi, Marie-Pierre (4 ans) jure sur son honneur ne pas avoir fait de dégât : « C'est le nuage qui est rentré dans la maison qui a mouillé partout dans la salle de bains. » Éric (5 ans) écarquille de grands yeux d'innocence quand on le soupçonne d'avoir été brusque avec le chat et rétorque avec aplomb : « Le chat est parti vite parce qu'il m'a dit que le monsieur qui répare la porte sent trop mauvais. » Avec la maturité, le préadolescent devrait de plus en plus abandonner le recours à la pensée magique, pour faire face à sa réalité quotidienne et anticiper les conséquences de ses actes. Or, force est de constater que, si certains adolescents ont parfois du mal à s'en départir complètement – ce qui n'est pas forcément inquiétant –, il est plus grave d'observer que nombre d'adultes restent prisonniers de ce mode de fonctionnement et se mettent alors en danger, pensant que « la vie » se chargera de régler les conséquences négatives de leurs actes. L'adulte qui se refuse à la réalité va souvent se retrouver dans des situations de défaut sur le plan financier ou légal ; c'est l'exemple typique de l'individu qui joue au casino et perd des sommes importantes, au lieu de les utiliser pour épargner ou rembourser ses dettes.

1

Se construire dans le mensonge

Dès sa plus tendre enfance, l'individu développe une aptitude au mensonge dont les fonctions sont extrêmement diversifiées : aider à se construire, se rassurer sur l'attachement des autres, mettre une distance entre soi et une réalité difficile, etc. Ainsi, dans les pages qui suivent, nous allons voir plusieurs facettes du mensonge. Il sert, bien sûr, à dissimuler les bêtises et les fautes commises. Il est aussi le prétexte à tester et à valider l'affection de l'entourage immédiat. Il aide encore à déterminer les comportements à adopter dans des situations du quotidien, conformément aux stéréotypes sexuels. Quelles que soient ses expressions variées, le mensonge partage toujours une trame commune : celle d'une distance à soi, apprise, expérimentée et intégrée dans le quotidien de l'enfance. Il en résulte le lent apprentissage de la peur de la vérité qui handicape tant d'adultes.

Piégé dans les stéréotypes

À titre de psychologue, je ne m'inquiéterai pas si une fille ne désire pas jouer avec une poupée et je ne craindrai pas davantage pour la virilité future d'un jeune garçon qui joue à la poupée. En manipulant les objets, l'enfant se construit. L'important est de respecter sa spontanéité afin qu'il se découvre et se développe librement, sans censure ou jugement : selon sa personnalité et ses besoins, un garçon ne jouera jamais avec une poupée, alors qu'un autre en aura besoin, pour un temps, avant de s'en détourner.

Un garçon au développement harmonieux se sentira très à l'aise, à la fois de se chamailler avec ses copains et de s'asseoir calmement par terre pour discuter avec un groupe de filles. Dans la même veine, un homme-adulte ayant intégré un modèle sexuel équilibré se plaira à la fois à faire du sport avec un groupe d'amis hommes et à s'occuper de son bébé pour changer sa couche ou lui donner le bain. Les différences entre hommes et femmes ne devraient donc pas s'exprimer dans des comportements ou des attitudes interdits aux uns et aux autres en fonction de leur sexe, mais bien dans les façons de faire différentes dans ces comportements et attitudes. Par exemple, un homme ne devrait pas s'interdire de donner le bain à son nouveau-né ; il devrait être libre de le donner à sa façon. Il devrait également pouvoir affirmer ses idées et poser ses limites en fonction de ses convictions et de sa sensibilité, mais pas forcément comme le ferait une femme. Il revient donc à un homme la responsabilité d'une part de s'affirmer, d'autre part d'adopter un style tout à fait explicite dans cette affirmation. Telle est l'acceptation de la différence sans sa négation. Comme le souligne très justement la philosophe Paule Salomon : « Plus une personne évolue, plus elle se “sexue”. Non pas dans l'opposition à l'autre, mais dans une différence qui est aussi une affirmation de soi. »

Il serait temps de dépasser enfin les stéréotypes archaïques liés aux comportements et attitudes masculins et féminins, surtout lorsqu'ils oppriment les êtres et les empêchent de s'accepter tels qu'ils sont. Par exemple, l'un des stéréotypes archaïques masculins des plus communs est de considérer et de véhiculer que « les garçons/les hommes ne pleurent pas », sous-entendu « parce que ce sont les filles qui pleurent et que pleurer est une faiblesse ». Il est d'ailleurs surprenant de constater combien la phrase est largement véhiculée par certains parents dans leur pratique éducative, et combien ces enfants, devenus adultes, restent prisonniers de cette injonction. Précisons qu'en ce qui concerne les pleurs, les paradoxes touchent aussi bien les hommes que les femmes. Ainsi, il semble acceptable pour les femmes de pleurer, même si l'on considère que pleurer est l'expression d'une faiblesse. Implicitement, on induit donc bien que les femmes sont faibles, mais personne ne semble s'en offusquer, pas même les femmes ! Je sais pourtant que l'on pleure, par exemple, par tristesse.

Tous les hommes qui passent dans mon bureau pleurent, à un moment ou un autre de leur thérapie. Seraient-ils moins hommes pour autant ? Non, bien sûr. Je les perçois à ce moment-là comme des êtres certes tristes et fragiles, mais jamais faibles, et ils ne font pas honte. Bien au contraire, j'ai personnellement beaucoup de respect pour les personnes qui expriment avec justesse leurs émotions. D'ailleurs, dès que l'occasion m'en est offerte en psychothérapie ou lors d'émissions de radio ou de télévision, comme éducateur de foule, j'explique toujours que l'expression adaptée d'une émotion est le signe indubitable d'un fonctionnement sain sur le plan psychologique. Ainsi, si une personne pleure du fait d'un événement triste et significatif pour elle, je considère qu'elle affiche une réaction tout à fait adaptée au contexte. Par contre, l'inverse est beaucoup plus inquiétant : une personne aux prises avec un événement dramatique qui ne réagit pas, ou de façon très atténuée. Là, il faut s'inquiéter de la présence éventuelle d'un trouble psychologique.

Les spécialistes du corps humain le savent bien : la fabuleuse machine humaine est si bien faite qu'elle ne garde rien d'inutile… Ainsi, mis à part un conditionnement social forcené, on pourrait donc affirmer, *a priori*, que les hommes ont tout ce qu'il faut pour pleurer !

Soyons clairs sur ce point une fois pour toutes : si l'on considère les pleurs comme l'expression d'une émotion intense vécue par un individu, il devient impossible de préciser quel est, de la femme ou de l'homme, celui que l'on peut extraire de cette définition. Pleurer n'est donc pas l'apanage des femmes, ni celui des faibles, mais la réponse adéquate de tout individu qui ressent. J'ai demandé à un groupe de jeunes de 12-13 ans ce qu'ils pensaient de la phrase suivante : « Les garçons ne doivent pas pleurer, parce que ce sont les filles qui pleurent et que c'est faible de pleurer. » J'ai vu tout à coup de grands yeux s'écarquiller, surpris de ma demande et un garçon – un préadolescent – se lever pour me dire : « C'est ridicule, tout le monde a des sentiments ; les garçons aussi ont des sentiments et on ne peut pas s'empêcher de pleurer, c'est normal. Ses amis le regardaient et hochaient la tête d'approbation. Pendant un instant, j'ai cru que des siècles d'évolution s'étaient écoulés et que, le plus naturellement du monde, garçons et filles étaient libérés du poids de leurs aînés, libres d'exprimer leurs émotions sans honte. Je ne l'ai pas démenti, je ne voulais pas courir le risque de semer chez lui – chez eux – le doute. Alors je n'ai rien ajouté. Je ne leur ai pas dit que les êtres, peut-être même ceux de leurs familles, ne pleurent pas parce qu'ils ont appris à bloquer leurs émotions, ou ont perdu le sens du ressenti. Je ne leur ai pas dit que ce n'est pas un fait en soi de leur nature profonde, pas un trait génétique, seulement la triste expression d'un conditionnement parental repris et renforcé négativement par la société.

Je souhaite ardemment que les êtres, hommes ou femmes, s'extirpent le plus possible de ces stéréotypes destructeurs qui tuent avec le temps leur spontanéité émotionnelle. Il est si bon de ressentir, à la mesure de sa personnalité, à la manière de sa personnalité de femme ou de sa personnalité d'homme. Un homme qui pleure n'est pas comme une femme qui pleure, il est tout simplement un homme qui pleure comme un homme. Tel ce raisonnement sur l'interdit des pleurs chez l'homme, j'invite le lecteur à l'introspection afin qu'il s'interroge sur tous les stéréotypes qui dictent sa vie au quotidien et le musellent dans son expression verbale et non verbale. Conscient de ses brides, on peut alors s'atteler à les briser par la pleine conscience de soi, pour espérer un jour se découvrir libre de s'exprimer en toute liberté.

Dans une culture donnée, je considère que l'obligation des parents est de faire en sorte que l'enfant soit bien dans sa peau, quel que soit son sexe et à en tirer un épanouissement réel plutôt que de le vivre comme une limite ou un empêchement. Nous avons tous intégré des stéréotypes, des images préconçues, parfois avec une conscience très relative. Pourtant, plus ils sont de nature tendancieuse, plus ils ont une incidence sur nos réflexions, nos relations et nos choix de vie. Par exemple : les femmes sont bonnes pour les tâches ménagères, les femmes ne savent pas conduire et sont dangereuses au volant, les blondes sont stupides et les roux sentent mauvais, les hommes sont violents, les Arabes sont des voleurs, les Juifs sont radins, les Africains sont fainéants, les garagistes sont malhonnêtes, les policiers sont avides de pouvoir, etc. Que les stéréotypes soient sexistes, sexuels, physiques, raciaux ou associés à une profession, l'essentiel est d'être tout à fait au clair avec ceux que l'on nourrit ou véhicule, pour ne pas brimer notre entourage. Ainsi, les parents doivent comprendre leurs propres stéréotypes, les questionner et choisir éventuellement d'en abolir certains, dans l'éducation offerte à leur enfant, pour ne pas polluer sa personnalité. Le rôle premier des parents est de permettre à leur enfant – garçon ou fille – d'identifier au plus tôt les dimensions masculines et féminines qui le caractérisent et de lui montrer comment y recourir dans ses relations intimes, amicales, et en société. Une fois encore, l'enjeu d'une personnalité équilibrée n'est pas l'adhésion à un modèle identitaire extérieur à soi, strictement social, mais à un modèle individuel, basé sur la personnalité propre à un individu. C'est à cela que doivent s'employer les parents : faire éclore la personnalité de leur enfant avec ses dimensions masculines et féminines et les valider pour qu'il se sente libre de les utiliser à bon escient, lorsque nécessaire. Pour conclure ce propos, j'insisterai sur deux éléments :

- que l'enfant soit libre de ne pas adhérer à tel ou tel modèle sexuel imposé par les parents, en fonction de ce qu'ils observent dans la société ;
- que l'enfant ne soit pas contraint de suivre des stéréotypes liés à son sexe – « une fille n'est pas agressive », « un garçon ne pleure pas » – si ceux-là ne correspondent pas à sa personnalité.

Sur le plan éducatif, bien des parents confient être démunis face aux mensonges de leur enfant et se questionnent quant aux pratiques à adopter : ils vacillent entre rire, sévir ou feindre l'indifférence. Mais de quel mensonge parle-t-on au juste ? Par exemple, est-ce du mensonge que l'enfant produit pour cacher une bêtise par peur de la réaction du parent, du mensonge visant à faire passer un message à ses parents, ou enfin du mensonge pour tester l'amour de ses parents ? Ces trois types de mensonge réfèrent à des réalités et à des dimensions psychologiques tout à fait différentes, et il me semble important d'apporter à ce propos certaines distinctions.

Cacher une bêtise par peur

Commençons par le mensonge de l'enfant qui concerne le vaste champ de ses bêtises. Elles fleurissent au quotidien et se déclinent à l'infini dans le cours normal de la vie des petits : casser un objet, ne pas se laver, oublier le rendu d'un devoir, avoir fait mal à un ami, voler des bonbons, dire des gros mots, déchirer ou perdre un vêtement, etc. Comme parent, il est peine perdue d'essayer de raisonner l'enfant de moins de 7 ans et de le confronter à la réalité des « preuves à l'appui », car cela n'a aucun sens pour lui : physiologiquement, son cortex préfrontal encore en construction ne lui permet pas tout à fait de distinguer le vrai du faux, la réalité de la fiction. Le parent qui comprend le développement de son enfant peut sortir de l'évidence du premier degré, pour décoder ce que l'enfant essaie de dire autrement et maladroitement. Il y a toujours un message derrière le mensonge de l'enfant, une tentative pour lui de protéger une image de soi soudainement menacée, et le parent qui veut rester proche doit apprendre à le décoder : malaise intérieur, peur du parent, faible estime de soi, surdramatisation des conséquences, etc. ; il est important de se décentrer du mensonge lui-même et de ne pas remettre en question la parole de l'enfant, sinon les conséquences peuvent être dramatiques et durables sur la construction de sa personnalité.

De ce point de vue, l'histoire de Lucie est édifiante. Elle vient un jour me consulter pour des problèmes majeurs d'estime de soi. Elle m'explique que petite, à peine savait-elle écrire, sa mère lui demandait de s'installer à la table familiale pour écrire dans un « journal des mensonges » (tel en était le nom !) les mensonges dont elle s'était rendue coupable dans la journée. Ce rituel rythmait au quotidien ses retours de l'école. Sa mère insistait lourdement sur le fait qu'il était mauvais et méchant de mentir. Mais Lucie ne pouvait s'en empêcher et constatait même, à son grand désespoir, que sa tendance au mensonge s'accentuait. Aujourd'hui encore, elle se rappelle très clairement que sur le chemin du retour d'école, elle marquait la cadence de ses pas avec cette phrase qu'elle se répétait sans cesse : « Je suis menteuse, je suis mauvaise, je suis méchante... Je suis menteuse, je suis mauvaise, je suis méchante... » Un jour, trop honteuse de ses nombreux mensonges, elle décide d'en dissimuler à sa mère qui ne s'en rend pas compte. Certes, elle se fait moins réprimander, mais elle développe alors une terrible culpabilité. Émue, elle confie à quel point la culpabilité la ronge depuis et l'empêche de fonctionner au quotidien, car elle se sent toujours fautive et inadéquate. Mère de deux petites filles, elle veut à tout prix se débarrasser de cette lourdeur pour être un bon parent.

En thérapie, Lucie a réussi à relativiser le poids de sa culpabilité : elle a principalement compris que le mensonge faisait à l'époque partie de son développement normal et que tout enfant mentait. Dans son cas, les mensonges étaient certainement renforcés négativement par les réactions vives de sa mère, et Lucie les maintenait pour marquer son opposition. Elle n'avait pu s'en défaire facilement parce qu'elle se heurtait à l'obsession démesurée de sa mère. Lucie ne savait pas exactement ce que sa mère avait vécu de conflictuel par rapport au mensonge, mais ce n'était pas le plus important. Le plus fondamental pour elle était d'intégrer profondément que cette obsession n'était pas la sienne, même si sa mère la lui avait fait porter pendant de longues années. Elle avait fini de subir l'histoire de sa mère et posait clairement ses limites pour ne plus courir le risque d'en être affectée.

Se dévoiler dans le mensonge

Que le parent parte avec un « *a priori* » positif sur la parole de son enfant va d'emblée établir le climat de la relation et lui envoyer un signal puissant de confiance. L'essentiel ne consiste plus alors à traquer le mensonge, à « croire » ou « ne pas croire » ce que dit l'enfant, selon le critère limitatif de l'existence réelle et prouvée de ses actes ou de ses propos. Il s'agit plutôt de mettre de côté son scepticisme d'adulte, pour apprendre à écouter ce que l'enfant dit, à sa façon, et particulièrement de manière détournée dans le mensonge. En psychologie, on sait que ce qui est « vrai » peut aussi n'être vrai que dans la tête de l'enfant, au-delà du concret et de l'observable, en fantasme. Le parent peut changer radicalement sa perspective sur le mensonge de son enfant s'il s'ouvre à considérer que dans tous les cas, que le mensonge soit bénin ou aussi grave que menant à une accusation criminelle, il y a toujours une motivation profonde chez l'enfant. Si celui-ci ment pour cacher un malaise ou un mal être, il ment surtout pour dire maladroitement sa détresse, sa panique, son besoin d'amour et de réassurance. Et c'est bien là qu'il faut se questionner, sur cette débâcle intérieure qui pousse l'enfant à recourir au mensonge pour « dire », au lieu de s'exprimer sans équivoque. Quelle est la trame intérieure qui le prive de dire ouvertement son malaise ou son attachement ? À quel instant pivot de sa relation à son parent a-t-il perdu la confiance de s'abandonner au dévoilement de ses émotions et de son affection ?

Cette nouvelle lecture de la pensée et des actes de l'enfant devrait aider le parent informé, en lui permettant de mieux saisir ces agissements : un mensonge apparent de l'enfant peut alors plus justement être interprété et conçu sous l'angle d'une tentative de sa part de corriger une réalité pénible et insatisfaisante pour compenser des manques, des déceptions, des frustrations, des colères, des peines, des douleurs, etc.

Dès que l'occasion m'est offerte, j'insiste toujours beaucoup sur l'idée suivante : éduquer un enfant réclame d'abord d'être au clair avec sa propre histoire d'enfant, requiert conjointement une grande sensibilité aux non-dits et un sens aigu de l'observation. Il s'agit essentiellement de décoder les significations au-delà des actions et des mots, pour en comprendre leurs sens cachés et guider l'enfant.

Entre 2 ans et 7 ans, il faut absolument laisser l'enfant évoluer à volonté dans le monde imaginaire et fantasmatique qu'il érige, car il en a besoin pour se construire, sans dresser devant lui les frontières de la réalité. Bien sûr, les limites – punitions incluses – sont nécessaires dans certaines situations, mais simplement pour l'aider à intégrer ses routines de vie et assurer sa sécurité, jamais pour casser son imaginaire ; les parents le priveraient alors d'un outil de développement significatif.

Dès l'âge de 6 ou 7 ans, l'enfant développe une conscience grandissante de sa toute-puissance dans l'imaginaire et des limites du réel. L'acquisition de cette conscience est fondamentale pour lui, car il découvre du même coup la capacité relative de l'adulte de « tout savoir ». L'enfant affine ses rapports avec l'adulte et s'il subit, à l'occasion, les conséquences de ses actes de mensonge, il constate aussi un jour que son mensonge n'est pas détecté et qu'il peut en tirer ainsi un certain répit, voire quelques bénéfices, tel que nous l'a montré précédemment l'exemple de Lucie. Cette première fois marque une étape importante de son développement. L'enfant prend alors clairement conscience que ses parents n'ont pas le pouvoir de lire ses pensées, de percevoir ses tourments. Il réalise soudainement qu'il peut dissimuler ses intentions, cacher ses malversations, disposer d'un terrain vierge auquel ils n'ont pas accès : il découvre qu'il peut avoir des secrets.

Un nouveau champ de réflexions s'offre à lui dans lequel il peut, à souhait, jouer avec les idées, quelles qu'elles soient, sans faire de bien et sans faire de tort. Personne ne pourra jamais savoir ce qu'il pense au fond, et avec cette garantie vient aussi la liberté fondamentale de réfléchir, tranquille et en toute autonomie. Fort de cette nouvelle conscience, l'enfant en évolution accède du même coup à l'occasion de s'affranchir de ses parents, de prendre une certaine distance. Certes, l'occasion est là, mais saura-t-il la saisir ? Pour cela, il faut qu'il ait suffisamment reçu sur le plan affectif, qu'il dispose d'une solide sécurité intérieure et d'un narcissisme équilibré. En d'autres mots : un enfant ne peut devenir psychologiquement autonome que lorsqu'il ne doute pas de l'amour de ses parents équilibré de la place qu'il occupe pour eux.

Le parent proche de son enfant saura identifier si le recours au mensonge est très ponctuel et sans conséquence, ou si le mensonge fait partie intégrante du mode relationnel de l'enfant, à fréquence élevée et dans des mensonges qui le mettent sérieusement à défaut. Derrière le mensonge, il faut surtout entendre la vérité du sentiment de son enfant ; si cette vérité est parfois presque inaudible, elle est tout de même présente. En grandissant, un enfant devrait abandonner le recours aux non-dits et aux mensonges, s'il évolue dans un milieu sain qui aime ce qu'il est. Aux parents revient la tâche délicate d'enraciner profondément, d'année en année, la confiance qu'ils portent à leur enfant et d'insuffler la sécurité intérieure qui lui fera accepter de se montrer parfois sous un moins beau jour, sans jamais douter qu'au-delà de ses actes de mensonge – et de ses actes en général – il continue d'être aimé de ses parents. Pour être vrai, les parents se doivent de montrer à l'enfant les conséquences de ses mensonges, justement pour l'amener à concevoir une dimension à côté de laquelle il risque de passer, par manque d'anticipation : les effets que produisent ses actes ; aptitude d'ailleurs incontournable à développer, car que serait la vie sans anticipation des conséquences de nos actes ? Pur chaos. L'actualité est pleine de terribles exemples d'individus qui se rendent coupables d'actes d'horreur, sous le coup de gestes impulsifs.

Tester l'amour dans le mensonge

À sa façon, l'enfant teste la qualité du lien établi avec l'adulte/parent, pour fixer notamment son propre seuil de tolérance quant aux risques et aux bénéfices encourus dans les mensonges adressés aux autres. Rappelons que l'usage du mensonge et le vécu de ses conséquences en termes de punition témoignent chez l'enfant d'une personnalité normale en construction : ce jeune individu, adulte en devenir, tente d'être plus en contrôle des différents environnements dans lesquels il évolue. Pour cela, il « s'éprouve », procède par essais-erreurs, en conjuguant raisonnements, langage et actions, dans son milieu familial d'abord, lieu privilégié d'expérimentations, puis dans son milieu scolaire et dans la société en général. L'enfant utilise le mensonge comme un moyen efficace de décevoir ses parents ou les personnes qu'il juge significatives : le mensonge comme mesure observable de leur attachement. Malgré ses mensonges et leurs déceptions, vont-ils tout de même continuer à l'aimer ? Y aura-t-il punitions ? Seront-elles vraiment maintenues, douloureuses et sans appels ? Mais il choisit également d'éviter de mentir pour continuer à avoir de la valeur à leurs yeux. Il peut alors limiter grandement les bêtises, adopter des comportements valorisés par ses parents, ou parfois cacher la réalité, en toute connaissance de cause donc, simplement pour se conformer à ce qu'il a saisi des attentes de ses parents.

L'enfant acquiert progressivement cette conscience de plus en plus fine de juger ses propres comportements et leurs impacts sur les autres. Avec le mensonge, l'enfant se donne donc une nouvelle occasion d'ériger son propre système de valeurs et d'aiguiser son sens moral. Si le mensonge est au cœur du développement du raisonnement moral de l'enfant, son pendant est l'autorité ; d'abord celle des parents, puis celle du groupe d'appartenance, et enfin celle de la société, avec ses règles et ses lois. Avec le mensonge et les risques de punition, l'enfant s'exerce ardemment, au quotidien, à développer un plus grand sens moral. Avant 6-7 ans, son jugement s'appuie surtout sur une conception de l'autorité qui est totalement extérieure à lui, celle de ses parents. Comme il les perçoit « tout-puissants », il se fie exclusivement à eux pour déterminer ce qui est acceptable et ce qui ne l'est pas. Aucune conception morale personnelle n'est encore intériorisée. Dans cet embryon de morale, seul est considéré le jugement des comportements, et l'enfant se centre essentiellement sur les notions d'obéissance ou de punition. Sa logique est binaire : un comportement toléré par ses parents est bon, un comportement sanctionné est mauvais. Ainsi, si un mensonge est découvert, il s'ensuit une réprimande ou une punition et donc l'enfant l'étiquette de mauvais comportement. À partir de 6-7 ans, toujours à la conquête de l'approbation parentale, l'enfant va opérer un certain mouvement dans ses actions. Progressivement, il diminue les comportements négatifs visant à tester les limites du cadre éducatif et choisit plutôt d'adopter des attitudes davantage susceptibles de produire le regard positif de ses parents. L'enfant recherche activement la récompense et tente tout aussi activement de réduire les mensonges et les punitions. En grandissant, il va petit à petit s'affranchir de l'autorité parentale pour intégrer d'autres sources d'autorité qui deviennent pertinentes et cohérentes quant à la diversité croissante de ses expériences de vie quotidiennes : les autres membres de la famille, les pairs, la société et son système complexe de normes et d'interdits. Surtout, il va devenir sa propre source d'autorité, apte à s'imposer lui-même des règles morales qui vont dans le sens du respect de soi et du respect des autres. Il est intéressant de noter que les recherches montrent que ce développement du raisonnement moral chez l'enfant est universel, donc tout aussi présent dans des cultures fort différentes, au Mexique, par exemple, comme à Taiwan.

S'affranchir peu à peu du jugement des autres

L'attention bienveillante que les parents vouent à l'enfant et leur disponibilité changent dramatiquement le cours de sa vie. Cette attention – et le cadre éducatif dans lequel elle se vit au quotidien – participe à l'instauration durable de l'image de soi et de l'estime de soi de l'enfant. Lorsque l'affection des parents est modulée et adaptée en fonction des besoins particuliers de leur enfant, celui-ci érige sa sphère émotive sur des fondations solides. Même si le regard que ses parents posent sur lui a toujours une valeur significative, il a de moins en moins besoin d'une validation systématique et peut intégrer progressivement leur désapprobation ponctuelle sans se sentir menacé sur le plan de la personnalité : il peut vivre avec cette désapprobation, sans que cela remette en question toute sa personne. Telle est d'ailleurs la difficulté majeure des êtres qui n'ont pas pu développer une solide estime de soi : s'ils font une erreur ou si le regard de l'autre n'est pas positif, ils se dévalorisent grandement. Au contraire, un enfant équilibré n'aura pas besoin de mentir, ou de dissimuler ce qu'il est, pour se faire aimer en retour ou même répondre à l'idéal de ses parents. En effet, ressentir sans équivoque et de façon constante l'amour, l'intérêt et l'affection de ses parents mettra l'enfant à l'abri du recours aux mensonges ou à tout autre acte de manipulation pour attirer « positivement » le regard : il n'en aura tout simplement pas besoin pour être valeureux.

Foncièrement, l'enfant en pleine santé physique et mentale est résolument bon et bien intentionné. Il veut acquérir de nouvelles compétences, est curieux par nature, ne demande qu'à être stimulé, adore plaire à ses parents et veut désespérément être aimé. Dès ses premiers jours de vie, il est surtout mobilisé par la validation et la reconnaissance parentales, dans une recherche permanente d'affection, sous quelque forme que ce soit. Pour cela, il est naturellement prêt à se rapprocher des idéaux de ses parents, de leurs attentes et de leurs systèmes de valeurs. Adolescent ou jeune adulte, s'il a été élevé comme un être libre sur le plan psychologique – c'est-à-dire libre sur les plans intellectuel et émotif –, il remettra alors en question le système de valeurs parentales pour développer le sien propre, mais en aucun cas ne craindra-t-il de perdre l'amour et l'attachement de ses parents. Plus ses expériences interactionnelles sont riches, diversifiées et vécues dans un milieu familial et social dans lequel il est aimé et respecté, plus il accédera à une conscience solide et développera des principes moraux qui feront de lui un être doté d'une intelligence sociale vive.

Pas de méprise, je ne nourris pas de l'enfant une vision idéaliste ou idéalisée dans laquelle il ne serait que « bon et bien intentionné » : comme tout être à tout âge, je sais que l'enfant navigue aussi dans les méandres de sa propre vie, avec des moments de troubles et de grandes victoires. Mais, à la différence de l'adulte qui est censé avoir acquis pleine conscience de ses choix de vie et de leurs conséquences sur lui-même et autrui, l'enfant, lui, est toujours en mouvement, mobilisé par sa propre croissance, à la recherche d'un plus grand équilibre qui le pousse à expérimenter et à produire des effets sur son entourage. Son statut d'enfant lui confère de plein droit de faire des erreurs, d'avoir mal anticipé les bienfaits et les méfaits de ses actes, tout simplement parce qu'il faut une première fois et bien des fois encore pour saisir plus intuitivement ce qui fait du bien et ce qui fait mal. Si l'enfant a toute mon indulgence, car il a un besoin ardent d'être guidé avant d'avoir une « conscience », l'adulte est responsable de choisir la pleine conscience sans évitement, refoulement, déni, etc. Je déplore le refus de l'adulte de s'engager psychologiquement dans sa propre vie d'adulte, même si cela lui impose une relecture de son histoire, la reconnection à certaines souffrances et, conséquemment, la résolution de ce qu'il sait faire défaut chez lui. Tenter sur soi ce travail exigeant et ingrat ne garantit rien mais offre la perspective d'accéder à son potentiel de bonheur ; le refuser condamne sans aucun doute à une vie faite de compromis avec soi, qui assure des moments furtifs de joie sur une trame permanente de tristesse intérieure : le faux bonheur d'un faux soi.

En résumé

Tous les enfants en manque d'amour resteront plus longtemps « collés » – physiquement et/ou psychologiquement – à leurs parents et partiront plus difficilement à la conquête de leur autonomie. Particulièrement lorsque les parents sont toxiques, lorsqu'ils développent un lien d'attachement pathologique à l'enfant, celui-ci sera prêt à mentir et à se mentir, pour maintenir à tout prix un lien qu'il sent déjà ténu. Tel est le cas des parents qui fusionnent dans un lien de forte proximité avec leur enfant ou de ceux qui isolent et maintiennent toujours l'enfant à distance. Ces comportements extrêmes se rejoignent : que les parents soient fusionnels ou distants, l'enfant craint toujours de perdre leur affection s'il ne se conforme pas à leurs attentes, s'il ne devient pas l'enfant idéal, s'il ne comble pas efficacement les désirs déclarés ou sous-tendus, au-delà des mots.

Selon la personnalité de l'enfant, ces deux profils de parents peuvent générer chez lui une angoisse qui évoluera, par exemple, en angoisse de séparation ou en angoisse d'abandon. L'enfant vivra sous la terreur permanente de se séparer ou d'être abandonné par ce parent aliénant. Toute son énergie relationnelle sera employée au maintien de ce lien et le recours au mensonge sera – malheureusement – une stratégie efficace pour ne pas perdre l'attachement parental. Il sacrifiera le dévoilement de sa personnalité et brimera sa spontanéité pour ne pas risquer de faire de la peine à ce parent malade.

Au cours de ces quelques pages, j'ai largement développé en quoi le mensonge participe activement à la construction de la personnalité de l'enfant. Il en ressort que le mensonge est un outil de développement savamment utilisé par l'enfant, essentiellement pour expérimenter dans son environnement et éprouver son entourage pour s'éprouver. Avec l'âge, l'enfant évoluant dans une famille où il a pleinement sa place délaissera progressivement l'usage du mensonge au profit de raisonnements, d'attitudes et de comportements qui sont valorisés d'abord par ses parents immédiats puis socialement, et qui lui renverront de lui-même une image positive. L'adulte bien construit n'est donc pas menteur. Bien sûr, l'adulte peut mentir socialement, par convention, par politesse mais il n'y recourt jamais de façon systématique, comme mode privilégié de communication. Pourtant, certains adultes n'ont jamais quitté tout à fait le mensonge, et en cela sont restés coincés dans l'immaturité. Ils mentent sans sourciller, au-delà des conventions sociales, pour rehausser leur personnage, capter l'attention des autres, avoir peut-être plus de chances de s'aimer et d'être aimés. Ils se mentent au quotidien et mentent à leur famille, à leurs amis et au travail, pour susciter une émotion dont ils tirent avantage, et développent, avec les années, des talents inégalés de manipulation et de contrôle : hypercontrôle dans leurs rapports à l'autre et hypercontrôle de leurs propres émotions. Ils adorent « produire un effet » chez l'autre et sentir tout à coup l'ivresse du pouvoir : ils savent les histoires qui bouleversent, les réflexions qui percutent, les expressions faciales à adopter, les moments clés des pauses et des silences, l'impact du rythme modulé d'un discours, le mot qui fait sourire, celui qui fait éclater de rire, l'instant où leur intelligence séduit, celui où leur propos va droit au cœur. L'adulte menteur est un séducteur invétéré et un manipulateur efficace qui cherche à calmer un peu la tristesse, voire la douleur de ne pas s'aimer du tout. Mais cet art est aussi son calvaire, à l'image du drogué qui vit le bien-être illusoire de la nouvelle dose et la souffrance effroyable du manque de la prochaine. Psychologiquement, cet adulte est bousculé dans un mouvement intérieur de perversion, abuseur dans le plaisir sadique qu'il retire à manipuler l'autre, victime dans le plaisir masochiste que lui inflige la solitude toujours plus grande de ses mensonges. Avec le temps, il renforce l'interdit et le danger de dévoiler qui il est réellement. Il est intimement convaincu que personne ne peut comprendre ses insécurités et qu'il ne peut trouver sa place que s'il entretient en lui, et montre aux autres, une image tronquée qui ne suscitera jamais le rejet. Tel est le mécanisme intérieur de l'adulte menteur, le résultat d'un lent processus de dépersonnalisation amorcé dans l'enfance, lorsqu'on lui a fait passer le message de ne surtout pas être lui-même pour devenir plutôt conforme aux idéaux parentaux. Le mensonge est son arme privilégiée pour lutter contre la douleur vive de son manque de valeur : il ne travaille pas à réduire son manque d'estime de soi, il le cultive en le dissimulant. Sa stratégie est finement élaborée : puisqu'il est sans valeur, il doit s'inventer un personnage qui en a, et cette projection de ce faux lui-même, cette doublure, lui garantira le regard positif de son partenaire amoureux et de son entourage.

2

À la rencontre de l'autre

Sans pouvoir l'expliquer, de façon presque « naturelle », certaines rencontres s'imposent à nous, nous parlent dès le premier instant, dès le premier regard : la rencontre de deux inconscients. Une personne incontournable, que nous avons le sentiment de connaître depuis longtemps, depuis toujours, au plus fort de nos sentiments, et avec laquelle nous nous sentons bien, instantanément bien. Pourtant, notre rationnel nous parle, nous confronte à la réalité de ce contact récent, à l'impossibilité de quelconques retrouvailles : comment puis-je être si fortement attiré par quelqu'un que je ne connais pas ? Et l'irrationnel s'exprime aussi, forte intuition qui, de l'intérieur, nous dit combien notre vibration est intense, comme nous nous sentons bien avec cette personne, d'un bien-être familier, lointain, au cœur d'une profonde sérénité. La dissonance entre le rationnel et l'irrationnel s'exprime réellement en soi et provoque le trouble. En fait, les deux perceptions sont vraies : le rationnel reconnaît l'évidence de la nouveauté de la rencontre ; effectivement, ce visage et ce regard n'ont jamais croisé le nôtre. L'irrationnel nous plonge au cœur de notre monde émotif, nous révèle l'écho que provoque cette personne avec notre histoire.

Toutes les personnes qui nous touchent sur le plan émotif révèlent une part inconsciente de notre histoire émotive. Seulement voilà, histoire d'amour ou histoire de haine, tel est le lien qui déterminera si cette rencontre sera par la suite salutaire ou dévastatrice, constructive ou destructive, saine ou névrotique ? Est-ce une rencontre qui nous enrichit ou nous contraint dans nos blessures d'enfant ? Comment le savoir ? Tout est fonction du point d'ancrage où se situe la personne dans son histoire. Une personne qui a fait le bilan de ses douleurs d'enfant en thérapie choisira d'entrer ou non dans une telle relation. Malgré l'attirance intense du départ, une personne au clair avec son passé, sera libre d'accepter ou de refuser le contact. Elle sera en mesure d'anticiper, d'illustrer intérieurement la suite possible d'une telle rencontre. En thérapie, lorsque la personne développe progressivement un meilleur contact avec elle-même, elle devient capable de saisir, dès les premiers instants d'une nouvelle rencontre amicale ou amoureuse, si elle est en présence d'un individu qui lui serait néfaste ; si tel est le cas, elle est libre, surtout, de l'écarter immédiatement de sa vie.

Une personne qui ne se comprend pas peut, certes, se leurrer au tout début et croire avoir enfin trouvé cet amour qu'elle recherche depuis longtemps, celui qu'elle n'a jamais reçu dans sa vie – à l'origine, mais sans le savoir, l'amour absent de ses parents. Empêtrée dans le terrain boueux de ses propres incompréhensions, la personne blessée s'accroche désespérément à cet « amour-mirage », idéal et salvateur. Mais très vite, un malaise s'installe, une véritable frustration : au bien-être succèdent la souffrance, l'incommunicabilité et une impossibilité d'exprimer ses besoins. La personne rencontrée ravive en direct un lien douloureux et inconscient : elle met à distance et elle méprise, comme les parents l'ont fait, elle est incapable d'amour. La dynamique perverse s'installe : d'un côté, c'est la course perpétuelle à l'autre, pour être reconnu, apprécié, aimé. Mais la reconnaissance et le rapprochement ne viennent jamais ; au contraire, la distance s'installe, impossible à combler. La vie du moment devient cet épisode bien connu, qui se répète une fois encore dans la souffrance intérieure et plonge l'individu dans le plus grand désarroi. Après plusieurs rencontres, la dynamique relationnelle dira combien la rencontre est névrotique. L'ampleur de la destruction sera à la mesure du mensonge à soi : malgré le manque de respect de l'autre, malgré les crises, les colères, les déceptions répétées, malgré les compromis douloureux, malgré l'intuition qui crie combien cette relation est pénible et malsaine, l'individu se ment, nie les faits et continue de croire que la relation amoureuse est satisfaisante. Le mensonge ultime, c'est savoir au fond que le lien est impossible, faire taire cette vérité et se vendre l'idée qu'après tout ce n'est pas si mal. Faut-il être désespéré pour s'enraciner farouchement dans ce déni ?

Se mentir à soi en solitaire ou en fusionnel ?

Quelle que soit notre relation à l'autre, elle est toujours fonction de notre personnalité. Mais j'irai plus loin : quelle que soit la dysfonction dans la relation à l'autre, elle est avant tout « choisie » par soi, que l'on en soit conscient ou pas. J'insiste bien sur le mot « choisie » et je le dis souvent aussi aux personnes avec lesquelles je travaille : « Responsable de ses choix de vie mais pas coupable ! » ; simplement parce qu'on ne construit rien de solide et de durable sur la culpabilité. Si l'on accepte la responsabilité de ses choix de vie en général, et de ses mauvais choix en particulier, il devient possible dans la même perspective de considérer son propre pouvoir de les transformer – au lieu d'attendre après l'autre – et, par la suite, de récolter le plein bénéfice de meilleurs choix ultérieurs.

Comme le décrit très justement la sexologue Claire Reid dans son livre sur la relation de couple, la vie affective, émotive et relationnelle nous confronte fréquemment à deux grands types de personnalité : la personnalité fusionnelle ou la personnalité solitaire. Cette auteure s'intéresse à ces deux dimensions dans la perspective du couple, pour faire émerger de cette compréhension la définition du « nouveau couple », tel qu'elle le nomme, plus sain et plus libre. Pour illustrer le mensonge à soi, je vais m'appuyer sur le profil psychologique du « solitaire » et du « fusionnel ». Pourquoi devient-on « solitaire » ou « fusionnel » ? Quels sont les traits du « solitaire » et du « fusionnel » ? En quoi être « solitaire » ou « fusionnel » est un véritable mensonge à soi ? Quelles en sont les conséquences néfastes ? Comment se sortir de cet extrême pour plus d'équilibre ?

Pour certains individus, la tendance à être solitaire ou fusionnel prend la tangente d'un extrême qui emprisonne, dicte les comportements et les choix dans la relation à soi et à l'autre. Ainsi assiste-t-on fréquemment à des courses effrénées entre le solitaire et le fusionnel. Pour le solitaire : « Tu m'envahis, tu m'étouffes, j'ai besoin de distance » ; et pour le fusionnel : « Je te veux, je suis complètement disponible et toi tu me fuis toujours. » Combien de fois, en bon solitaire, avez-vous été envahi par une peur panique de l'intrusion de l'autre ? Combien de fois, en bon fusionnel, avez-vous couru après un solitaire convaincu qui s'évertuait à mettre de la distance entre lui et vous ? Combien de fois avez-vous souffert de ce décalage répété entre vous et l'autre, dans vos relations passées ou votre relation actuelle ? Combien de fois vous êtes-vous senti démuni, ne sachant que faire pour sortir de ce cycle destructeur ? Sachez d'emblée que dans cette tentative maladroite de rapprochement à l'autre, il y a toujours cette volonté troublante de vouloir acquérir la partie déficiente de soi : l'autonomie pour le fusionnel et la capacité d'intimité pour le solitaire. Partons à la rencontre de votre personnalité pour mieux saisir en quoi solitaires et fusionnels fondent leur rapport à l'autre sur un profond mensonge à soi.

Le profil psychologique du solitaire

Le solitaire a développé une grande autonomie extérieure et semble n'avoir besoin de personne. D'ailleurs, il lui est fort difficile de demander quoi que ce soit, pour remplir ses besoins ; du reste, il a depuis longtemps abandonné l'idée que l'autre puisse y répondre sainement et sans condition. Il entretient la conviction de pouvoir se débrouiller seul et en toutes situations. Laissé pour compte sur le plan émotif depuis sa plus tendre enfance, ses parents ont très peu compris le merveilleux enfant qu'il était, même s'il a cherché par tous les moyens à le leur prouver. Malheureusement, il n'a jamais vraiment réussi et s'est senti profondément blessé par cet échec dont il s'est cru seul responsable ; de là est né ce sentiment de culpabilité qui ne l'a jamais quitté.

Devenu adulte, le solitaire ne fait pas de concession et coopère difficilement. C'est un individualiste et, par nature, c'est lui qui mène. Il est le plus savant et a des idées sur tout. Il exerce un contrôle serré sur le cours de sa vie et tente même de le faire avec les rares élus de son cœur, ceux avec lesquels il voudrait entretenir une relation intime. Gare à vous si vous l'empêchez d'exercer sa subtile hégémonie – bien réelle mais difficile à détecter –, vous vous attirerez ses foudres. Vous avez pensé un instant refuser vous soumettre... Il sera là pour vous rappeler, par des moyens verbaux et non verbaux directs ou détournés, que vous êtes son sujet.

Le solitaire possède un grand potentiel analytique qui lui permet de cerner ses manques ; en aucun cas, cependant, il ne les dévoilera. Doté d'un bel esprit, il est individu à savoir choisir avec justesse les mots et les arguments pour convaincre. C'est un défi qu'il prend très à cœur. Il lui faut garder le contrôle et faire en sorte que l'autre conserve en tout temps l'image de sa suprématie intellectuelle. À cette fin, il est capable de mobiliser une énergie physique et intellectuelle sans bornes et les obstacles ne l'arrêtent pas, au contraire, ils le stimulent. Évidemment, il est en compétition – perpétuellement – et si elle n'est pas présente, il la recherche. Le défi représente pour lui une balise, un point de repère évident dont le résultat concret rappelle sa supériorité, aux autres autant qu'à lui. Se mesurer à l'autre lui permet d'exister... ou d'en avoir le sentiment.

Le solitaire vit beaucoup dans la planification acharnée de projets futurs qui le stimuleront et rehausseront son estime de soi, surtout une fois réalisés. Évoluant dans ce cadre rigide et contraignant, il développe une série impressionnante d'actions visant les objectifs à atteindre. Il faut qu'il soit dans le mouvement – encore une fois pour avoir le sentiment d'exister –, aller toujours plus vite et plus loin. Le pire serait de s'arrêter et de se poser. Ne rien faire, c'est l'enfer ! Ne rien faire, ce serait être brutalement en contact avec l'ampleur du malaise intérieur, mesurer la profondeur du vide et ressentir la lourdeur du manque. Arrêter le tumulte du mouvement incessant reviendrait du même coup à cesser la fuite et laisser aller à soi les émotions spontanées.

Quel risque impossible à concevoir ! Le danger serait imminent, celui du morcellement, de l'éclatement et de la débandade. Arrêter de fuir dans le mouvement et accepter la perspective d'une fatalité inévitable : la mort de l'âme.

Le solitaire n'est pas un jouisseur et les contraintes font naturellement partie de son monde intérieur. N'oublions pas que les plaisirs gratuits lui sont étrangers. Pour avoir du plaisir, il faut préalablement qu'il ait payé, d'une façon ou d'une autre, par un travail acharné et la dépense d'une énergie coûteuse. Recevoir sans avoir donné est impossible. Extérieurement, sa vie ressemble à un immense échéancier dans lequel il cumule les retards à combler. La culpabilité est toujours présente, surtout lorsqu'il prend du temps pour lui. Ce temps est toujours perçu sur un mode coupable et il multiplie alors les images dévalorisées de soi. Globalement, il n'est jamais assez bon ou assez efficace et souffre d'un profond sentiment d'infériorité. Le super-*ego* que l'on constate fréquemment, à l'extérieur, est la réponse observable qu'il fournit pour compenser, à l'intérieur, les doutes qui l'habitent et avec lesquels il se bat sans cesse. Sa vie est une course perpétuelle. Planifiée au quotidien, elle incorpore un horaire chargé avec de brefs moments de plaisir qui se bousculent et dont il ne profite jamais réellement. Alors qu'il vit un instant furtif de bonheur, il lui faut déjà passer à la réalisation du projet suivant. Bref, son rythme de vie ressemble à une histoire sans fin peuplée d'innombrables frustrations.

Le solitaire a le sentiment qu'il doit tout mener de front et qu'il doit être fort, compétent et sans limite. Apparemment, tout lui réussit, et effectivement, il excelle souvent dans tout ce qu'il entreprend. Quels que soient les domaines dans lesquels il se lance, il acquiert toujours la reconnaissance de son entourage. Il est tellement compétent que les autres s'aventurent rarement à entrer en compétition. Et s'ils le font, c'est pour lui l'occasion rêvée de se mesurer, un nouveau défi qu'il relève immédiatement. « Vaincre les autres pour s'aimer et régner », telle devient alors sa devise. Bien sûr, son objectif premier n'est pas d'écraser l'autre, mais cela peut bien être une conséquence pour ceux qui le côtoient. Il ne l'affirme jamais ouvertement et n'en est parfois même pas conscient lui-même, mais son inconscient fonctionne sur ce mode de compétition, de défi et de performance.

Socialement, le solitaire est un individu qui s'affirme subtilement et entre facilement en contact avec les autres. Intérieurement, le regard de l'autre le torture, il n'est pas du tout à l'aise, mais ceux qui l'observent de façon superficielle jureraient du contraire. Il sait fixer ses propres limites et se protège en permanence de l'autre ; une fois encore, cela sera perçu comme de la force alors qu'il se mobilise pour se protéger du risque d'intrusion.

Le solitaire est un être narcissique, son premier objet d'amour et d'admiration est donc lui-même. Le mot « narcissique » m'est inspiré de la légende grecque dans laquelle Narcisse, personnage mythologique, célèbre par sa beauté, s'était épris de lui-même en se regardant dans l'eau d'une fontaine. Il s'est laissé mourir de ne pouvoir saisir sa propre image et sur son lieu de mort a poussé la fleur qui porte son nom. Chez le jeune enfant, cette étape d'amour total de soi dans un égocentrisme exacerbé est normale dans le développement de la personnalité : il ne s'est pas encore nettement différencié du monde extérieur, croit à la toute-puissance de ses pensées et demeure convaincu de se suffire à lui-même. Le solitaire n'a pas dépassé ce narcissisme de l'enfance et cela témoigne bien de sa blessure psychologique. Persuadé qu'il ne peut avoir confiance en l'amour des autres

– comme il n'a pas pu faire confiance à celui de ses parents –, le solitaire entretient un amour exclusif pour lui-même, ainsi il ne peut être ni déçu ni trompé.

La face cachée du solitaire

Derrière l'ensemble de ses attitudes qui cherchent à vendre aux autres l'illusion d'un être fort et inébranlable, essayons de mieux comprendre qui est le solitaire au fond et quel est son mensonge ?

L'enfance du solitaire s'est soldée par une profonde blessure issue de sa relation avec les premières personnes significatives de son entourage, la plupart du temps la mère et le père, ou encore les substituts parentaux : manque de disponibilité psychologique, manque affectif, conflits entre les parents, relation fusionnelle aux parents, froideur de la mère, absence du père, agressivité des parents, etc. Autrement dit, ce qui a créé des dommages chez lui, ce sont les premières relations affectives vécues et subies ; il en a été profondément blessé. Aujourd'hui adulte, le solitaire n'a jamais oublié la douleur des relations affectives, alors il s'en protège. Son champ émotif est extrêmement troublé et il sait que c'est le lieu de sa perte de contrôle : il ne peut y entrer librement – pire encore, il doit se mobiliser pour ne jamais trop s'en approcher. Le solitaire est facilement coupé de ses émotions et de sa spontanéité ; observez-le à l'occasion, en situation sociale par exemple, et vous noterez aisément cette rigidité contrôlée dans ses mouvements et son hypervigilance ; vigilance quasi permanente quant à ce qui se déroule autour de lui, dans son environnement immédiat. Si le solitaire n'est pas libre dans sa tête, il n'est pas libre de ses gestes.

En reflet, les émotions des autres le perturbent au plus haut point, surtout si elles l'impliquent. Par exemple, il navigue très mal au milieu des conflits, les pires étant les conflits amoureux. Il n'aime pas vivre l'intensité déroutante des émotions et il est mal à l'aise de les partager. Parce qu'il dispose d'une intelligence rationnelle, il cherchera plutôt à intellectualiser la situation ou à donner des conseils ; nous verrons plus loin combien l'intellectualisation est en soi un mécanisme psychologique de défense contre toute intensité émotive qui met à risque de perdre le contrôle installé de longue date. Habitué à gérer froidement et efficacement les situations du quotidien, il pourra rapidement passer sur le moment présent et laisser croire que tout est oublié… encore une fois en apparence seulement. À l'occasion, il ruminera et nourrira une certaine rancune qui s'exprimera de façon tout à fait impromptue sous une forme détournée et hors contexte. Chez le solitaire, la revanche n'est pas franche. Il est torturé et ses représailles sont pernicieuses. Le pire serait pour lui de perdre la face en public. Si tel était le cas, méfiance… Vous paieriez cet affront au centuple ! Le solitaire domine son partenaire et son entourage et ne faillit jamais à la tâche : il est un être d'excellence.

Le mensonge à soi du solitaire

Ce mensonge à soi est à la mesure du paradoxe contre lequel le solitaire se bat en permanence : au plus profond de lui-même, il voudrait être accueilli et sécurisé par l'autre, mais si quelqu'un semble s'intéresser à lui, cette personne – pourtant tant attendue – devient du même coup dangereuse, le gêne et l'agresse. Alors il se méfie, se replie et vit toute tentative de rapprochement de l'autre comme une intrusion qui va en toute certitude lui être fatale. Il est aisé de comprendre que le solitaire est naturellement attiré par deux types de personnes : les « fusionnels », diamétralement opposés à lui, qui disposent donc d'une dimension qu'il sait manquante chez lui et qu'il convoite, et les « solitaires », comme lui, dont il peut se rapprocher sans danger puisqu'ils cherchent constamment à mettre de la distance. Dans ces attitudes qui alternent rapprochement et éloignement, le solitaire n'a jamais le sentiment profond d'être heureux ; tout au plus il s'en convainc et s'en illusionne. Le solitaire sait très peu de lui, tout ce qu'il connaît se résume au rôle social qu'il s'est construit au fil des ans. En fait, le solitaire n'est jamais seul ! Il a sans cesse la conviction profonde que quelqu'un est présent, l'observe et le juge. Il est sans cesse sous l'œil de la caméra – la mère, envahissante ou victime, omniprésente et toute-puissante, ou le père agressif et négligent. À l'extrême, le solitaire, profondément déstructuré par une lourde histoire familiale, affirme qu'il est parfois incapable de fonctionner au quotidien sans cette présence symbolique de l'autre qui l'observe et le juge ; alors, il n'a d'autres choix que de l'évoquer lui-même mentalement, par une voix intérieure. Ainsi, il est maintenu dans cet éloignement de soi, cette absence douloureuse de conscience de soi, privé d'individualité. Selon la profondeur et l'intensité de ses blessures d'enfant, le solitaire n'existe pas, ou peu, ou mal. Et en cela consiste son mensonge : au lieu de sortir de son enfer en baissant la garde pour prendre conscience des travers de son histoire, il renforce négativement sa tendance à se protéger de l'autre ; pourtant, il sait très bien, au fond, qu'il s'interdit au bonheur. Sans un travail incontournable sur lui-même, il est incapable d'assumer l'altruisme qui le rapprocherait sainement de l'autre pour sortir du danger. Bien sûr, il s'agit là d'un processus inconscient, d'une réponse conditionnée qu'il fournit naturellement dans une situation donnée qui le ramène automatiquement à la douleur de son enfance. Tant qu'il est coincé dans cette conviction que l'autre est l'objet de ses tourments et à la fois la clé de son bonheur, il tourne en rond et se nuit.

Daniel, le solitaire

L'histoire de Daniel nous offre un bel exemple de la réussite d'un mouvement intérieur témoignant du passage d'un fonctionnement rigide et stéréotypé de « solitaire » à une ouverture consciente, choisie et adulte, dans sa relation de confiance à soi et à sa conjointe.

Daniel, 36 ans, est issu de ce milieu familial où père et mère lui ont dit un jour, par des actes et par des mots, combien ce qu'il était ne les intéressait pas, combien il devait se conformer à leurs valeurs et ne pas décevoir leurs attentes. Fils unique, il est élevé par des parents qui ne s'entendent plus peu après leur mariage et se séparent dans un climat difficile. Daniel reste avec sa mère alors que son père s'installe avec une autre conjointe. L'enfance de Daniel est marquée par un renoncement amer : devenir un sportif professionnel. Même s'il est doué et plein de potentiel, il ne reçoit aucun soutien de ses parents ; au contraire, on le dissuade de s'engager dans une telle voie. Son père est peu disponible pour lui, très mobilisé par son entreprise et sa nouvelle relation amoureuse. Sa mère est maintenant monoparentale et verse davantage dans ses convictions religieuses. Il est élevé dans des principes de vie stricts dans lesquels sa mère impose sa philosophie, avec un père trop peu présent pour les moduler. Son père est absent, sa mère lui dicte les principes religieux à respecter et ainsi se construit-il dans l'enfance, avec un père qui ne voit pas qui il est et une mère qui lui dit comment être. Petit garçon sensible et brillant, il essaie de plaire à ses parents ; il devient le « bon » garçon de sa mère. À défaut de pratiquer le sport qui le passionne vraiment, il pratique le même sport que son père. Au lieu de les rapprocher, le sport crée une distance supplémentaire : le père instaure un mode de compétition avec son fils. Il ne manque jamais l'occasion de lui montrer ses faiblesses et surtout de lui rappeler qu'il n'atteindra jamais son niveau. Daniel grandit et la compétition vécue dans le sport se vit bientôt dans l'emploi qu'il occupe au sein de l'entreprise familiale.

Au cours des vingt années qui suivent, il tentera par tous les moyens de montrer à son père combien il est compétent, dynamique, inventif, attentionné, disponible. Effectivement, il réussit bien et fait croître l'entreprise qui rencontre un franc succès : il reçoit plusieurs marques de reconnaissance des professionnels de son milieu… mais aucunement de celle tant attendue de son père ! Pire encore, son père parasite certaines de ses initiatives en discréditant ses choix d'affaire et en opposant une forte résistance dans des moments stratégiques de collaboration nécessaire. À maintes occasions, Daniel constate amèrement combien son père s'arroge le crédit de ses réussites.

Dans l'entreprise, son père se pose en tout-puissant : homme tyrannique et contrôlant, il règne comme un dictateur sur son peuple. Il est inconstant et inconséquent dans ses décisions, globalement peu satisfait et toujours en demande. Malgré les multiples affronts, les disputes, les blessures, Daniel cherche toujours désespérément la validation de son père dans une ambivalence intérieure qui lui fait nourrir avec force des sentiments confus de haine non déclarée. À quelques reprises, il quittera l'entreprise mais toujours pour y revenir et se sentir progressivement moins solide, déprimé, coincé entre la volonté de passer à autre chose et l'incapacité de faire tout à fait le deuil de cette relation professionnelle et avant tout parentale. Il se sent tout simplement interdit de démissionner de l'entreprise de son père, car cela sous-entendrait à la fois de le quitter définitivement, physiquement et psychologiquement.

Une pensée obsédante le plonge dans une terrible ambivalence : la volonté de mettre son père à distance et celle de rester proche pour une dernière tentative – une de plus – pour réussir enfin à prouver sa valeur. S'il quitte l'entreprise, il sait que son père ne lui pardonnera pas et vivra sa démission comme une trahison. Il sait perdue alors à jamais l'occasion d'être un jour reconnu par lui comme un professionnel compétent et surtout, comme un fils ayant de la valeur.

Avec sa mère, il apprend à se mettre de côté pour privilégier ses besoins, lui rendre la vie plus facile. Chaque fois qu'il essaie d'ouvrir la discussion sur ses propres convictions, elle réagit et exprime avec véhémence sa désapprobation. Alors, il ne confronte plus ses valeurs, même si elles ne correspondent pas aux siennes. Il choisit de se taire, dissimule de plus en plus, ment davantage et relègue loin en lui le droit de dévoiler sa personnalité, ses idées et d'adopter les comportements inhérents. Il devient le fils parfait, investi de la mission de devenir, plus tard, l'homme parfait ; dans l'immédiat, il se conforme à l'injonction d'être le « petit mari idéal ». La tyrannie de sa mère est donc tout aussi présente que celle de son père mais s'exprime autrement et sur d'autres dimensions. Notamment, elle ne l'encourage pas dans ses aspirations, lui fait passer régulièrement le message de l'homme qu'il doit devenir et réclame une totale disponibilité. Parfois, ce sera clairement dit avec des mots, parfois, son non-verbal parlera pour elle, au-delà des mots, avec les expressions typiques de son visage, son manque d'intérêt soudain pour lui ou encore l'état dépressif qui l'envahit tout à coup. Intuitivement, il sent bien que sa mère navigue entre la femme forte – où elle devient alors affirmée et écrasante – et la femme fragile, où elle a alors besoin de soutien pour calmer un désarroi mêlé de tristesse et de colère.

Ses deux parents se retrouvent sur des points majeurs : leur agressivité et leur refus de laisser leur fils exprimer librement ce qu'il pense et ce qu'il veut être. Les parents de Daniel le bombardent de messages absolument dévastateurs pour un être en construction : « Nous ne voulons pas savoir ce que tu es... Fais ce que l'on attend de toi... Deviens l'idéal de fils que l'on a en tête... Réduis nos insécurités. » Ces messages sèmeront le doute en lui, pour longtemps. Il les interprétera comme suit : « Je ne dois pas montrer qui je suis... Je ne dois pas faire ce que je veux... Il faut que je pense d'abord à l'autre. » Les moments de répit et de bonheur relatifs que Daniel vivait, il allait les « chercher » à la sueur de ses actes, dans cette énorme quantité d'énergie développée auprès de chacun de ses parents, à leur montrer au quotidien combien il était conforme à leurs attentes, à ne surtout pas leur poser problème, à leur rendre la vie facile. Après ces années de croissance, il est devenu un adulte qui a continué à dissimuler sa vraie personnalité. Trahi dans l'enfance, il s'est juré intérieurement qu'on ne le blesserait plus jamais. Il a choisi une conjointe juste assez fragile et juste assez peu construite pour qu'elle soit psychologiquement contrôlable. Non qu'il soit mal intentionné, non qu'il soit avide de pouvoir... Mais que lui reste-t-il comme autre choix que celui du contrôle et de la manipulation pour ne pas risquer une fois encore, une fois de trop, de souffrir de l'ascendant d'une femme avec laquelle il serait dans l'intimité ? Il s'est juré ne plus jamais s'y faire prendre. Avec ses amis, il n'est pas lui-même non plus et se voue corps et âme pour faire de ces amitiés – comme dans sa vie de couple – un havre de paix pour les autres dans lequel il s'oublie complètement. Il est disponible, à l'écoute, organise de belles fêtes et développe des trésors de créativité pour que leurs vacances ensemble soient mémorables. Évidemment dans cette vie, Daniel n'est pas comblé, il est malheureux et ressent que le vide et la solitude intérieurs grandissent : au fond, Daniel est déprimé. À ses dépens, il a donné raison à ses parents malgré lui, en adoptant les mêmes protections que dans l'enfance, il n'a fait que dissimuler : Daniel est devenu un adulte-menteur.

Après plusieurs années de psychothérapie, Daniel a compris que toutes les personnes ne sont pas ses parents et qu'il est possible de développer des relations d'amour et d'amitié avec des êtres respectueux et aimants qui ne seront jamais abuseurs. Il a redéfini son cercle d'amis et s'est ouvert à sa conjointe pour développer de nouveaux rapports sains et harmonieux. Il a rencontré à quelques reprises ses parents pour leur expliquer en quoi il souhaitait que leurs rapports évoluent, notamment en leur demandant de respecter l'individu qu'il est, même si cela ne correspond pas tout à fait à l'idéal de fils qu'ils ont à l'esprit ; ceux-ci ne lui ont jamais reconnu ce droit au respect...

Aujourd'hui, Daniel a choisi de ne plus être en contact avec ses parents et de renforcer son lien d'attachement avec sa conjointe, en se dévoilant davantage, en la laissant petit à petit se rapprocher de lui sans la repousser comme avant. Il se retranche de moins en moins dans la solitude, réduit la distance émotive avec son épouse. Aujourd'hui, Daniel lutte plus aisément contre ses réflexes d'isolement. Il sait qu'il peut parler à sa partenaire, il sait qu'elle le respecte dans ses limites. Il ressent qu'elle ne lui réclame ni dépendance ni soumission ; avec elle, il n'est pas à risque d'abus psychologique, comme avec ses parents. Aujourd'hui, Daniel apprivoise l'affection sincère, l'attachement honnête et du coup, il aime mieux.

Le profil psychologique du fusionnel

Le fusionnel est le pendant du solitaire, son miroir ; comme lui, il a une peur panique d'être abandonné. À l'extérieur de sa relation à l'autre, il n'existe pas.

On reconnaît aisément le fusionnel dans cette tentative perpétuelle de vouloir rester en contact et en relation avec l'autre, grâce aux manipulations les plus créatives : pour être aimé, il est prêt à tout. Son drame réside en ce que le lien qu'il entretient avec lui-même est quasi inexistant ou très négatif. Tout à coup, il s'anime dans le regard de l'autre. Pour maintenir le contact, il s'oublie et dédie une part significative de sa vie à la réussite de l'autre. Souvent, il évitera les conflits et la verbalisation de ses propres besoins, même les plus élémentaires. D'ailleurs, ses demandes sont souvent mal perçues par le solitaire qui les décode, évidemment, comme des tentatives d'intrusion et de contrôle. Par peur de perdre l'autre, le fusionnel développera toutes les stratégies possibles afin d'éviter les confrontations : il est toujours prêt au compromis. En soi, la tendance est honorable mais pas dans son cas, car il n'a pas le choix pour éventuellement garder l'autre près de lui. L'estime de soi est extrêmement déficiente, car il n'est pas en contact avec son individualité. Son objectif de vie réside essentiellement à satisfaire les besoins de l'autre et telle devient la source dans laquelle il puise son propre oxygène. Il est alors clair que l'absence de l'autre génère une véritable asphyxie : il se sent vide et extrêmement angoissé. Pour lui, la solitude est synonyme de malaise et de panique. Incapable de se poser un temps pour prendre soin de lui, il est cet éternel actif qui fuit dans l'action. S'il accomplit quelque chose, aussi banale soit la tâche, il acquiert du même coup une emprise sur l'instant et crée alors une empreinte concrète sur le chemin de sa vie qu'il craignait un temps devenu invisible.

Le fusionnel est près de son corps, entre de plain-pied dans le champ des émotions et nourrit un imaginaire fertile. La sociabilité est l'un de ses principaux traits de caractère. Il est très facile d'entrer en contact avec lui car il est fort agréable, invite à la discussion, fait preuve d'un intérêt manifeste aux propos de l'autre et n'hésite pas à se dévoiler. Il a tendance à faire confiance et inspire rapidement aux autres le même sentiment : on aime se confier à lui. Le fusionnel vibre littéralement aux émotions de ses interlocuteurs. Il est capable de compassion, mais au lieu de se limiter à de l'empathie, il aura une fâcheuse tendance à tomber dans la sympathie et à porter les difficultés des autres : il est le bon ami que l'on peut appeler en tout temps, le partenaire amoureux sur lequel on peut toujours compter. Tel est d'ailleurs son drame, car, incapable de conserver dans ses relations une distance raisonnable qui le protège de tout envahissement, il se sent vite investi de la responsabilité d'alléger le quotidien difficile de ceux qui l'entourent. Sa mission consiste systématiquement à jouer le rôle « d'antidépresseur » et de « motivateur », en assurant le bien-être de son entourage. Malheureusement, il arrive parfois qu'il s'attire aussi leurs foudres, pour ne pas avoir été présent et disponible au bon moment.

S'il est blessé, il peut se refermer et s'isoler, à l'occasion, en gardant rancune, mais il ne dispose pas longtemps de ce luxe, car la distance lui est insoutenable. Très vite, alors, il retourne à l'autre dans un élan de panique, pour réitérer et renforcer ses comportements de soutien inconditionnel. Il veut tenter de prouver – désespérément – comme il est plein d'intégrité et de dévouement ; après tout, il a fauté de ne pas avoir été brièvement disponible, il s'est senti bien « méchant » et coupable d'abandonner l'autre. Pour maintenir de lui une image positive, il se convainc de sa générosité et de l'affection qu'il porte à l'autre. Il se vend l'idée que l'intensité de la panique qu'il vient d'expérimenter si douloureusement est à la mesure de sa peur de perdre cet être qu'il aime tant. Cette perspective de perte a été déjà si vive dans l'enfance, qu'il se sent aujourd'hui tout à fait incapable de survivre à une séparation effective. Bien sûr, cette perception est fausse, mais il vit avec cette peur au quotidien. En fait, son malaise ne concerne en rien l'autre : tout à coup, le fusionnel a risqué de perdre la fusion, d'être en contact avec lui-même et ce vide profond qui le hante. Il sait que dans la solitude il déprime et se sent dépérir.

Le fusionnel est intuitif, même s'il n'accorde à son intuition qu'un crédit très relatif et ne l'utilise pas à bon escient, notamment pour prendre soin de lui. La plupart du temps, son cœur ressent avec justesse ce qui fait défaut, mais il a tendance à rationaliser et à douter de lui ; il se conforme alors à la logique de l'autre pour satisfaire ses besoins. Pour trouver sa voie, ajuster ses comportements, il se met dans la position de l'autre – ce qui plairait à l'autre ou lui ferait de la peine. Idéaliste de nature, il échafaude des scénarios romantiques qui restent le fruit de son imagination et dans lesquels l'autre prendrait bientôt soin de lui... mais ce temps n'arrive jamais et cela le plonge dans une profonde tristesse. Sentant pointer les signes avant-coureurs d'un état dépressif latent qu'il étouffe depuis de longues années, il s'étourdit de plus belle en multipliant les actions et les actes de dévotion à l'autre.

Le dynamisme du fusionnel est au cœur de son charme. En apparence, il est plein d'une énergie vive et bouillonne de passion. Il est l'être du moment présent et recherche perpétuellement les gratifications immédiates dans des actions orientées vers l'autre. Ainsi, il lui est fort difficile de développer la motivation intrinsèque nécessaire à la conception et à la réalisation de projets qui n'impliquent que sa propre satisfaction : sa stimulation lui vient avant tout du regard de l'autre. Et même lorsqu'il est seul, il puise la motivation dans des pensées qui impliquent l'anticipation du jugement positif de l'autre face à ses actions ; position immature dans laquelle il se pose comme un enfant en attente de la validation parentale.

Vivre à deux et maintenir le lien à l'autre constituent ses préoccupations principales et monopolisent une part significative de son énergie mentale et de ses actions. Vous l'aurez compris, il doit absolument, envers et contre tout, être en relation... pour être ! Lorsque finalement quelqu'un lui témoigne de l'intérêt, il se pose en séducteur et développe des trésors d'ingéniosité pour se souder à l'autre. Rien ne l'effraie en ce début de relation.

Quelles que soient les difficultés de l'autre et leur ampleur, il est là pour signifier combien il est plein de ressources, combien il est créatif au quotidien, combien la vie est douce auprès de lui : alors, comment pourrait-on se passer de lui ? Il est cette perle rare, tant attendue dans les relations amoureuses, qui invite vivement à s'abandonner tout à fait. Pour autant, l'autre ne saura jamais à quel point, déjà, il doute singulièrement de lui. Avec ses conquêtes, le fusionnel instaure habilement et systématiquement un lien de proximité. Si le fusionnel cherche à amorcer la fusion, la réciproque est loin d'être vraie et dépend surtout du profil psychologique du partenaire : un solitaire refusera, un autre fusionnel acceptera immédiatement, une personne psychologiquement en équilibre détectera vite le trouble et mettra rapidement fin à ce début de relation. Dans tous les cas, il est notable que le fusionnel vivra toujours coincé dans la rigidité de son rôle, où la spontanéité et le libre-échange n'ont aucune place. Le fusionnel est condamné à la représentation perpétuelle de la même scène de sa mascarade.

Solitaires et fusionnels, des extrêmes aux points communs

Psychologiquement, le « fusionnel » et le « solitaire » procèdent selon les mêmes schèmes cognitifs, seuls les comportements et les réactions observables sont différents. Sur un continuum des types de personnalité existants, les fusionnels et les solitaires se trouvent à la fois aux antipodes et aux extrêmes ; ainsi, l'ensemble de leurs comportements se répondent, en miroir. Ils partagent le même mensonge à soi : « Je ne suis ni le problème ni la solution, mon problème est l'autre, ma solution est l'autre ! »

Dans cette croyance, ils sont tous deux empêchés d'entrer en relation, car ils jouent en permanence un personnage au profil travaillé, portent un masque et ne sont jamais confiants des intentions de l'autre. Il leur semble inconcevable que l'on s'intéresse à eux pour ce qu'ils sont, plutôt que pour ce qu'ils possèdent – particulièrement pour le solitaire – ou pour ce qu'ils font – particulièrement pour le fusionnel, dans son hyperdisponibilité. Du coup, ils tombent aisément dans l'ambivalence d'un décalage irritant entre ce qu'ils « veulent » et « peuvent ».

Pour cela, prenons l'exemple du fonctionnement du solitaire, lorsqu'il fait un cadeau. Malgré son intention, et même s'il nourrit le profond souhait d'être généreux, il a une fâcheuse tendance à l'avarice, ou disons plutôt qu'il est d'une générosité calculée. Foncièrement, il n'est pas pingre du tout, mais offrir est un acte d'engagement. Encore une fois, le solitaire n'est pas avare, il est interdit à la liberté de donner. Donc, son cadeau est mûrement réfléchi et il vous le donnera de façon solennelle. Près de vous, pendu à vos lèvres, vous le sentirez fébrile, observateur attentif de votre réaction. Il s'attend à ce que vous réagissiez en lui témoignant votre plus grande gratitude pour un si beau présent. Si votre réaction ne le satisfait pas – entendez si vous ne flattez pas assez son narcissisme ! –, il attirera votre attention sur tel ou tel détail du présent, pour que vous en notiez bien sa valeur. Son absence de générosité dépasse largement le cadre de l'avarice : elle s'exprime également dans son manque d'énergie, de temps pour les autres, dans son insensibilité face aux besoins des autres, etc. C'est une forme subtile de rigidité et d'agressivité qui traduit bien sa protection face aux stimulations de l'environnement immédiat.

Pour le fusionnel et le solitaire, les échanges avec l'autre paraissent simples et sans enjeux, mais sont en fait de véritables actes d'agressivité, présents, mais non déclarés ouvertement. Pour le solitaire, ces actes consistent à opérer sur un mode de rétention, et ce, sous toutes ses formes : retenir son affection, son orgasme, ses compliments, ses cadeaux, etc. ; pour le fusionnel, il s'agit de donner et donner encore, sans répit, en allant chercher l'autre dans sa culpabilité, s'il refuse ou met de la distance. Le solitaire retient et se retient, le fusionnel fait don de sa personne et se pose singulièrement en victime. Inexorablement, le solitaire dérive vers l'autarcie et le repli sur soi, le fusionnel vers l'abnégation et les attentes insatiables. Le solitaire et le fusionnel partagent cette agressivité du contrôle de leurs actions et des échanges avec leur partenaire dans le but dirigé de satisfaire leurs attentes grâce à un « agenda caché » dont ils sont les seuls maîtres. Si l'autre ne s'y conforme pas, il y aura représailles... dans une agressivité cette fois non équivoque.

Pour ces deux types de personnalité, l'accès au plaisir n'est pas aisé... Il leur est tout simplement interdit et ils le vivent sur un mode de culpabilité. Ils ont la conviction de ne pas le mériter vraiment et ont beaucoup de difficulté à cesser d'être en action. Ils ont toujours le sentiment d'avoir « à faire », et réduire le rythme pour jouir de l'instant présent est vite interprété comme de l'oisiveté. Le repos du corps et de l'esprit n'a pas de sens pour eux, ce n'est que pour les autres. De fait, en plus de ses activités quotidiennes, la majeure partie de l'énergie du solitaire est dédiée au maintien d'une distance sécuritaire entre lui et l'autre alors que celle du fusionnel est mobilisée à tenter de développer avec l'autre un lien fusionnel durable. Quelles que soient les apparences, le solitaire et le fusionnel sont des êtres frappés d'une d'hypersensibilité à l'autre. Malgré l'autonomie qu'ils affichent pour leurrer, cette hypersensibilité se traduit par une intolérance excessive à la souffrance et au rejet : ils ont viscéralement besoin de l'autre. Contrôler la relation leur permet de se défendre « efficacement » contre les sentiments de faiblesse et de vulnérabilité qui les paralyseraient, sinon, dans leurs interactions amoureuses. L'efficacité de ce fonctionnement est bien relative, car elle est fort coûteuse en énergie mentale et leur garantit de ne jamais vivre dans une relation qui se construit à deux. Avec le solitaire et le fusionnel, tout est écrit d'avance dans leurs relations ! C'est le seul moyen défensif qu'ils ont su trouver pour se prémunir de la douleur originelle subie avec leurs parents. Et même si cela fonctionne pour un temps, au fond, ils ne se sentent jamais paisibles et heureux.

Un travail de psychothérapie engagé et significatif dans le temps

Sans changement majeur de leurs dynamiques relationnelles, le solitaire et le fusionnel ne peuvent espérer recevoir amour et protection dans le couple ou se sentir en droit de demander ouvertement à l'autre de répondre à leurs besoins légitimes. S'ils ne résolvent pas leur compulsion à éliminer leur souffle de vie dans la distance ou le rapprochement forcenés, tous deux devront se résigner, à long terme, à la solitude. Alors, ils n'auront jamais pu développer de relation saine avec autrui ; à moins qu'ils ne vivent une relation de couple avec quelqu'un qui subira leur contrôle, mais dans une relation névrotique. En psychothérapie, chacun construira une nouvelle connexion à soi dans laquelle il se délestera de cette tendance désespérée à aller chercher chez l'autre la dimension manquante, pour la faire émerger en lui : pour le fusionnel, être en relation sans être en fusion, avec une capacité nouvelle à identifier et vivre les moments nécessaires de solitude ; pour le solitaire, s'abandonner dans la relation à l'autre sans craindre l'envahissement, tout en conservant le plaisir de certains moments à soi. À la conquête du pôle qui fait défaut, tous deux vont développer peu à peu une véritable autonomie affective et bien sûr, une meilleure estime de soi. Au lieu d'interagir avec soi et l'autre sur un mode et un seul visant à compenser son manque affectif, le fusionnel et le solitaire vont sortir du mensonge pour devenir des êtres d'équilibre, prêts à adopter de nouveaux comportements plus honnêtes, sincères et subtils : délimiter leurs propres frontières, s'affirmer lorsque nécessaire sans craindre d'être rejeté et de perdre l'autre, sortir de la culpabilité et de la dévalorisation, savoir qu'on est aimable que lorsqu'on est soi-même, etc. Ainsi, le solitaire et le fusionnel vont réussir à s'endeuiller définitivement de l'amour maternel ou de l'attention parentale dont ils ont été privés dans l'enfance, pour que leur soit possible la conquête d'un sentiment intégré d'existence et pour qu'enfin, ils s'abandonnent allègrement et sans limite à la liberté de vivre heureux, même sans la présence de l'autre.

Marie, la fusionnelle

Pour clarifier davantage le processus du mensonge à soi, je me propose de le présenter sous un autre éclairage, en empruntant l'exemple de Marie. Mariée, 34 ans, deux enfants, Marie arrive un jour dans mon bureau pour me parler de la tristesse de sa mère et combien elle en est affectée. Elle ne comprend pas pourquoi, malgré toute l'énergie qu'elle développe depuis des années à aider sa mère, celle-ci n'est pas plus heureuse. Marie se dit découragée et fatiguée. Au cours des premières séances, je comprends que Marie aide sa mère à tous les niveaux – physique, psychologique et financier – qui en retour, ne verbalise jamais les bienfaits des actions de sa fille. En explorant ensemble l'enfance de Marie, elle réalise que d'aussi loin qu'elle se souvienne, elle ne recevait aucune forme de valorisation ou de reconnaissance de la part de sa mère et cela la rendait très triste ; elle attendait désespérément ce regard maternel bienveillant et rassurant qui ne venait pas. En thérapie, elle a peu à peu réalisé à quel point elle était, aujourd'hui adulte, toujours en attente de signes observables d'affection et d'approbation. Coincée dans son besoin de petite fille, Marie joue pour sa mère le rôle d'antidépresseur, à vouloir au quotidien lui rendre la vie plus douce, la faire sourire, l'animer… comme lorsqu'elle était enfant ; elle était, du reste, la seule de la famille à endosser ce rôle et sa mère n'était pas pour autant plus aimante.

En début de thérapie, Marie protège beaucoup sa mère par de nombreuses rationalisations : « Elle est vieillissante », « elle n'a pas eu une vie facile », « elle vit une situation financière précaire », « elle a des problèmes de santé ». Elle se sent souvent méchante et coupable de « parler » de sa mère – qui n'est pas là pour se défendre – et vit le sentiment dérangeant de la trahir.

« Parler de ses parents » prend un sens particulier en psychothérapie, celui de dévoiler des informations sur un parent en craignant d'en ternir l'image, l'impression troublante de l'attaquer dans son dos ! « Parler » produit parfois cet effet de prise de conscience que les critiques formulées traduisent tout à coup des difficultés relationnelles bien réelles et parfois plus profondes qu'il y paraît. Bien sûr, pour un temps, chacun se défend de « parler » de ce parent, car l'interdit qui monte intérieurement laisse croire à l'individu qu'il est un enfant ingrat qui accuse. Il s'agit de tenter de protéger l'image du parent remis en question et, du même coup, de se protéger aussi d'une dissonance cognitive qui confond : la volonté de révéler la vérité sur ce que l'individu ressent vis-à-vis de ce parent et l'interdit de le critiquer pour en conserver une image positive et inattaquable. Or, un pas certain vers sa propre vérité consiste à s'ouvrir au dévoilement des perceptions intimes que l'on entretient de ses parents, même si elles ne sont pas flatteuses. Si être vrai passe alors par une description du parent qui ternit son image, il ne faut surtout pas s'en sentir coupable. Un individu qui travaille à sa propre croissance psychologique cherche à exprimer ce qu'il a ressenti, et la conquête de la liberté de « dire » passe par une maturité rarement présente. Je le dis souvent en psychothérapie : il est tout à fait correct de décrire ses parents tels qu'on les perçoit, car ils ne se résument pas uniquement à ce qu'ils ont moins bien réussi sur les plans affectif et éducatif, ils disposent aussi de belles qualités.

Par contre, lorsque les parents n'ont pas été capables de « nourrir » l'enfant sur le plan affectif et l'ont négligé au point de lui refuser d'être lui-même, lorsque devenu adulte, la relation n'est pas plus harmonieuse parce que les parents poursuivent leur négligence affective, il est tout à fait sain alors de lever l'interdit de ne pas les aimer. S'autoriser à ne plus aimer ses parents, pour instaurer une distance choisie, cesser de souffrir et sortir enfin de l'injonction biblique : « Père et mère tu honoreras. » On entend souvent dire qu'il faut « pardonner ». Je ne suis pas d'accord car je pense que l'impardonnable existe. Seul l'individu, en pleine conscience de son histoire et de ses répercussions psychologiques, devrait être libre d'en décider, non comme une obligation, mais comme un choix éclairé. Après mûres réflexions, il est en droit de décider s'il pardonne à ses parents, si la relation peut évoluer sans le poids des souffrances du passé, justement parce qu'il n'est plus un enfant dépendant. Rien ne justifie, adulte, de continuer le maintien de contacts avec des parents désagréables ; d'ailleurs, il en va de même des relations avec n'importe quel autre adulte de son entourage (famille élargie, amis, relations de travail).

L'idée de dévoiler ce que l'on ressent vis-à-vis de ses parents ne devrait jamais être animée par la critique fausse et le défoulement gratuit, mais bien plus par cette tentative de mettre des mots, peut-être pour la première fois, sur les émotions profondes issues d'un vécu aux parents qui parasitent encore le quotidien. L'objectif est de se défaire de certaines lourdeurs ou de certaines douleurs et d'en ressortir plus fort. Rester uniquement dans les plaintes et les reproches aux parents reviendrait à faire de soi une victime, alors que l'idée de croissance personnelle est bien celle de regarder en face son histoire, pour construire, en s'appuyant sur cette vérité. Enfin, choisir d'évoluer vers un mieux-être : la démarche est résolument positive, surtout pas belliqueuse.

Revenons aux rationalisations de Marie pour les considérer une à une… Vous allez voir qu'elles ne tiennent pas. La mère de Marie est, certes, vieillissante maintenant, mais elle n'a jamais été valorisante, même plus jeune ! Ne pas avoir eu la vie facile ne justifie absolument pas que, comme parent, on ait davantage le droit de négliger affectivement ses enfants. La précarité financière n'autorise pas non plus à priver un enfant de valorisation et de regards affectueux… que je sache, les baisers, les caresses et les « je t'aime » ne sont pas le privilège des riches ! Enfin, un parent malade recevant l'aide constante de son enfant devrait ressentir un certain soulagement et souligner sa gratitude dans des remerciements clairement exprimés, justement en vertu du simple fait que les enfants ne sont pas acquis aux parents.

J'en profite d'ailleurs pour préciser que ce sont aux parents vieillissants de savoir s'organiser pour recevoir une aide spécialisée, adaptée à leurs besoins, sans contraindre leurs enfants. Si la relation aux parents est saine, les enfants se feront un plaisir (plus qu'un devoir !) d'aider leurs parents. Se sentir « obligé » d'aider ses parents ou « coupable » si l'on refuse témoigne davantage d'une relation de contrainte et d'abus que d'un soutien choisi où chacun est libre d'agir sans être mal jugé. Pour l'adulte, je prône toujours l'autonomie et la responsabilisation quant à la satisfaction de ses propres besoins ; pour les parents vieillissants ou âgés, il en est tout à fait de même. Pour son équilibre psychologique, il est souhaitable qu'un adulte ne nourrisse aucun lien de dépendance vis-à-vis de ses parents et ainsi soit-il des parents âgés vis-à-vis de leur enfant. Exploitant parfois de façon forcenée le lien de filiation, certains parents âgés deviennent des « parents tyrans », pas forcément par leurs demandes incessantes mais bien plus par leur passivité à prendre soin d'eux. Il est salutaire pour les parents avançant en âge d'anticiper les troubles de santé et les difficultés financières éventuelles, afin de mettre en place des solutions préventives : un réseau de ressources familiales, sociales et professionnelles diversifié et adapté à leurs besoins. Ces parents responsables et autonomes respectent du même coup la réalité familiale et professionnelle de leurs propres enfants devenus adultes, dont la disponibilité peut être – et doit être – relative plutôt qu'absolue. Bref, l'objectif revient bien, pour les parents, à prendre soin d'eux et à ne jamais devenir un « poids » pour leurs enfants.

Marie est tout à fait représentative de ce qui se vit systématiquement en psychothérapie par les enfants entretenant une relation fusionnelle à leurs parents. Avant d'accepter l'image réelle et dérangeante du parent, la personne va exprimer, dans un dernier élan de complicité, toute une panoplie de rationalisations, comme une ultime tentative de protection, d'atténuation et d'explication raisonnée des carences affectives subies. Ces fausses excuses sont toujours présentes au cours de la psychothérapie, par contre, ce qui est très variable, c'est le temps dont l'individu va avoir besoin pour être enfin capable de s'en départir. Il faut être plus fort, plus construit, plus en contact avec soi, plus en contrôle de sa propre histoire et, bien sûr, surtout moins fusionnel, pour finalement laisser aller ce parent idéal tant protégé à l'intérieur de soi, dans les faits, sur le plan psychologique, et ce, depuis de longues d'années. Alors seulement, devenu plus adulte en thérapie, il est possible de quitter le parent mal-aimant et d'accueillir le parent réel avec ses qualités et ses travers. Il s'agira ensuite de vivre le spectre des émotions que génèrent ses prises de conscience et enfin d'accepter la décision qui s'impose : maintenir la relation au parent ou couper définitivement les ponts. Maintenir la relation dans un contexte de respect de soi et de limites clairement posées, ou refuser de vivre la relation, car les blessures ont été trop profondes et la dysfonction trop grande.

Je le dis souvent aux personnes avec lesquelles je travaille en psychothérapie : « il est des personnes qui nous sont interdites à jamais », parce que, en fonction de notre histoire, elles nous sont devenues incompatibles ; cela vaut pour les personnes qui feront notre futur, cela vaut aussi pour les personnes qui ont fait notre passé… et donc aussi les parents. On ne peut rester en relation avec ses parents – ou avec un conjoint d'ailleurs – que lorsqu'on se sait aussi capable de les quitter ; sinon, comment être certain de vivre cette relation sainement, par choix, ou de façon névrotique, par incapacité viscérale de quitter ?

Le mensonge à soi consiste bien en cela : s'appuyer sur des idées préconçues et se construire des raisonnements cousus de fils blancs qui évitent le contact à la réalité trop douloureuse de sa propre histoire. Dans le cas de Marie, se laisser croire qu'elle n'avait pas le droit de se distancer physiquement et psychologiquement de sa mère dans le besoin, même si elle était malheureuse du manque de respect et d'attention depuis sa plus tendre enfance. Peu à peu, Marie a accepté de dire clairement qu'elle n'aimait pas la distance affective de sa mère et qu'elle nourrissait à son endroit à la fois de la tristesse et de la colère. Elle en voulait à sa mère de lui faire subir ces manques affectifs depuis toujours, malgré toutes ses tentatives de rapprochement. Même si ce qu'elle comprenait au fur et à mesure la remettait profondément en question, elle en saisissait aussi la nécessité pour attaquer et annihiler son malaise intérieur. Elle mentionnait régulièrement sa crainte des bouleversements et des changements que la démarche suscitait en elle et se demandait ce que serait sa vie sans cette souffrance. Plus que tout, Marie craignait qu'à « dire vrai », elle ne serait plus fonctionnelle, trop envahie émotionnellement, à risque d'être submergée et de tomber dans une dépression sévère. Et si sa mère ne voulait rien entendre, restait insensible à son message, et si sa mère l'abandonnait tout à fait psychologiquement mais aussi physiquement…

Daniel, le solitaire, et Marie, la fusionnelle, ont tous deux été des enfants qui ont vécu difficilement le manque d'attention, d'affection et de reconnaissance dans la relation à leurs parents. Pendant de longues années, sans jamais capituler, ils ont tenté par de multiples moyens « d'exister » dans le regard de ces parents « aveugles ». Combien de lecteurs se retrouveront dans cette même tentative désespérée... ?

Avec sa psychothérapie cependant, Marie est sortie de cette dynamique névrotique et a intégré des changements significatifs : d'abord, elle a définitivement cessé d'attendre le regard bienveillant de sa mère pour se sentir valorisée ; elle a développé le sentiment rassurant de sa propre valeur, que ce soit ou non validé par « l'autre ». Ensuite, elle a appris à relativiser sa culpabilité vis-à-vis de sa mère et à concevoir qu'effectivement, elle peut prendre soin d'elle en posant certaines limites pour ne pas sacrifier son propre bien-être. Enfin, elle a bien compris qu'il est tout à fait légitime de refuser la négligence affective de sa mère, même si le risque de rupture est possible... De longs mois se sont écoulés avant que Marie ne se sente capable d'exprimer clairement à sa mère combien leur relation n'était pas satisfaisante. Elle lui a également expliqué le type de reconnaissance qu'elle attendait d'elle, notamment de la gratitude et des mots d'appréciation quant à sa disponibilité et son aide. Sans cette reconnaissance et ce respect, Marie lui a signifié qu'elle ne pourrait rester en relation avec elle et qu'elle espacerait ses visites. La mère de Marie s'est ajustée et a commencé à lui montrer des signes plus évidents de reconnaissance, à être plus positive en sa présence et à la remercier pour ses attentions.

Lors de sa dernière séance de psychothérapie, Marie me précise avec une émotion contenue qu'elle avait trouvé éprouvant de parler à sa mère, mais que cela avait été indispensable pour initier éventuellement une autre dynamique relationnelle ; depuis, leur relation a bien changé. Elle a pu faire face à la tyrannie de sa mère parce qu'elle avait construit suffisamment de force intérieure pour accepter l'idée d'une séparation définitive. « Je peux maintenant rester en relation avec ma mère parce que j'ai cessé intérieurement de vouloir absolument me faire reconnaître par elle. Je suis prête à ne plus la voir, si elle ne respecte pas mes besoins et mes limites. Je ne me sens plus contrainte à cette relation, je la vis parce que je la choisis. Je me sens tellement plus forte et si légère. »

Être capable de choisir revient toujours comme un élément fort de la conquête de soi, une aptitude perdue pour un temps, réparée et reconstruite au cours de la psychothérapie. Je sais que choisir d'être soi, avec authenticité et fierté, choisir ce que l'on veut vivre, choisir qui l'on veut autour de soi est une conquête hasardeuse et un souffle difficile à prendre, surtout lorsque cette liberté a été brimée pendant de longues années. Je sais aussi que c'est possible, avec un vrai travail sur soi, parce que je le constate avec une émotion toujours renouvelée chez les personnes qui passent dans mon bureau. J'avoue que je vis ce moment avec un profond contentement, témoin privilégié d'une vie qui éclot enfin, gratifié de cet accomplissement et sincèrement heureux de cette récompense à vie pour la personne qui a tant donné dans sa thérapie. Je le dis haut et fort : J'ai le plus grand respect pour les individus qui font ce grand voyage jusqu'au bout.

Fusionnel un jour…
Pas forcément fusionnel toujours

Les portraits types du fusionnel et du solitaire devraient permettre au lecteur de déterminer vers quelle tendance il penche davantage. Cela dit, il m'est nécessaire d'apporter plusieurs précisions afin de favoriser une meilleure compréhension de soi. Les notions de « fusionnel » et de « solitaire » doivent être considérées selon le continuum des traits de personnalité sur lequel elles occupent les deux extrêmes – sur le même principe que celui du continuum de l'orientation sexuelle, dont les extrémités sont d'un côté « l'hétérosexualité » et de l'autre « l'homosexualité ». Pour représenter cette idée, il s'agirait de tracer une ligne et, à l'extrême droite, d'inscrire « fusionnel » puis, à l'extrême gauche, d'inscrire « solitaire ». Il y a certes les extrêmes, pour les êtres extrêmement fusionnels ou extrêmement solitaires, mais entre les deux toutes les variations sont possibles. Ainsi, on peut avoir tendance à être fusionnel ou tendance à être solitaire, mais, fait intéressant, il faut savoir que selon les relations intimes qu'un individu développe il peut soit confirmer chaque fois sa tendance à une dimension, ou passer d'une dimension à l'autre. Il est donc possible d'être fusionnel dans une relation intime et solitaire dans la suivante, cela en vertu du fait que les personnes qui deviennent significatives sur les plans affectifs et émotifs révèlent en soi des sensibilités tout à fait différentes. Je pense que c'est exactement pour cela que le contact à l'autre est si riche : sans qu'il le sache, il fait écho à des éléments inconscients de notre histoire… pour le meilleur ou pour le pire !

3

Les mécanismes de défense, une protection contre la douleur

Vivre dans un milieu familial dans lequel il ne se sent pas à sa place, mal aimé et mal compris, projette directement l'enfant – et plus tard l'adulte – dans un monde factice, peuplé de mensonges et de dissimulations : psychologiquement, il apprend à mentir et à se mentir. Il va intégrer qu'il « est » le problème et que ses parents, eux, intouchables, sont tout à fait adéquats. Il se met en condition et se façonne pour présenter une image qu'il sait valorisée par ses parents et adopte les comportements conséquents. Évidemment, il grandit avec l'idée précise que ce qu'il est ne va pas et que quelque chose en lui ne va pas. Il ne comprend pas quoi exactement, mais il sait sans équivoque que lorsqu'il essaie d'être lui-même en mots ou en actions, ses parents n'aiment pas. Toute cette énergie employée à ne pas être soi-même est extrêmement anxiogène et expose pendant de longues années à un stress élevé. Pour tenter de contenir ce niveau de stress et l'intensité de l'inconfort intérieur, l'individu développe un mécanisme psychologique inconscient appelé « mécanisme de défense ». Ce mécanisme consiste à opérer une déformation de la réalité, pour maintenir l'équilibre de la personnalité qui se sent menacée intérieurement. Le phénomène a été décrit pour la première fois par Freud, en 1895, dans la publication d'un livre portant sur ses études sur l'hystérie. La formulation des mécanismes de défense constitue l'un des piliers centraux de la théorie psychanalytique. Tout d'abord considérés comme les symptômes psychopathologiques marquants de certaines maladies mentales, les auteurs se sont ensuite accordés pour dire que les mécanismes de défense sont présents chez tout un chacun, comme une réponse adaptée à l'atténuation de conflits intérieurs générant une source de stress. Il est donc tout à fait concevable de recourir ponctuellement à des mécanismes de défense et de s'en défaire lorsque le niveau de tension interne a diminué. Le recours à de tels mécanismes devient inquiétant et, à l'extrême, pathologique, lorsque l'individu fonctionne exclusivement sur ce mode défensif. Il altère alors considérablement son développement émotif et sa capacité de faire des choix de vie équilibrants. Inconsciemment, il bloque littéralement l'accès à certaines pensées, à certains raisonnements, à certaines prises de conscience relatives à son histoire, parce qu'il en ressent clairement la charge émotive. Sa vie entière pourrait bien s'avérer insupportable s'il ne développait pas des moyens efficaces de faire face à ce stress. Les mécanismes de défense représentent ainsi la réponse inconsciente, la stratégie réflexe pour tenter de reprendre le contrôle de la débandade intérieure et l'insoutenable pression de conflits non résolus. Le défensif a toujours une réalité intérieure à cacher et la souffrance de cette réalité le pousse tout droit vers la production de mécanismes de défense.

Dans sa théorie d'origine, Freud a décrit neuf mécanismes de défense et ouvert du même coup un nouveau champ de compréhension de l'inconscient, fort prometteur... Près d'un siècle plus tard, à la lecture d'auteurs significatifs qui ont poursuivi son œuvre, je peux en recenser plus d'une quarantaine. Au cours de mes années de pratique, mon attention a été progressivement captée par la présence systématique de ces mécanismes de défense, toutes versions confondues. Pour n'en citer que quelques-uns, voici ceux qui apparaissent le plus communément dans les séances de psychothérapie, ce sont également ceux que l'on peut dénoter fréquemment chez tout un chacun : le déni, le déplacement, l'intellectualisation, la projection, la rationalisation, la formation réactionnelle, la régression, la répression, la sublimation, la suppression, la dissociation, l'idéalisation, l'identification, l'introjection, l'inversion, la somatisation, la substitution, le clivage, etc.

Je voudrais faire part de plusieurs constats et généralités dans lesquels le lecteur saura certainement se reconnaître dans son propre mode de fonctionnement. Je développerai ensuite plus en détail six mécanismes de défense qui se manifestent communément dans le travail introspectif : le refoulement, la projection, le déni, la régression, la rationalisation et l'intellectualisation. En psychothérapie, donc, nous sommes toujours confrontés à cette énergie particulière, vive, parfois violente, de mise à distance d'une souffrance psychologique intense, prête à imploser. Dans ce risque d'implosion, la personne craint surtout que sa stabilité précaire et fragile s'effrite tout à coup et l'anéantisse tout à fait, si elle n'est plus en mesure de maintenir ses mécanismes de défense. Alors, il ne resterait rien d'elle, qu'une personne totalement déprimée, identifiée à sa tristesse et incapable de fonctionner pour faire face au quotidien. En arrière-plan se profile le spectre de la mort de l'énergie psychique, la peur panique d'être envahi par une souffrance d'une telle force qu'elle paralyserait pour toujours. Chaque fois, cette même résistance chez les personnes en consultation, à « voir » et « accepter » leur réalité. Certes, les mécanismes de défense sont des stratégies efficaces, pour un temps, mais utilisés à long terme et de façon non adaptée, ils affectent aussi la personnalité, en créant des troubles émotionnels et en alimentant un état dépressif latent.

Utilisés de façon équilibrante, les mécanismes de défense sont des réponses spontanées adéquates qui visent à offrir « une pause » sur le plan psychologique, lorsque la personne anticipe soudainement la menace de sa structure de personnalité. Cette pause permet ainsi de disposer d'un temps de réflexion, de prendre une saine distance pour analyser les émotions et les pensées associées à cette anticipation, et de rehausser le niveau de contrôle émotif pour retrouver une certaine stabilité. Ce processus réclame chez l'individu une force et une solidité intérieures dans lesquelles il conjugue une analyse efficace de la situation sur les plans intellectuel et émotif.

Chez l'individu névrotique, blessé dans l'enfance et en proie à ses conflits intérieurs non résolus, les mécanismes de défense sont utilisés à l'excès et n'ont pas cet effet libérateur. Comme je l'ai dit précédemment, ils sont mis en place pour contenir la charge émotive de la menace anticipée mais l'individu reste coincé là, incapable d'analyser ses pensées et les émotions associées, en lutte perpétuelle pour éviter le risque d'être submergé par un chaos intérieur incontrôlable. Dans cette utilisation abusive qui dessert la personne, les mécanismes de défense deviennent des réponses automatiques éloignant de la réalité et des vrais sentiments : au lieu de réduire la tension interne, ils l'augmentent. Les mêmes mécanismes de défense sont produits de façon systématique, continue et évitent toutes prises de conscience de la réalité. Leur utilisation n'est pas souple et diversifiée : ils sont, soit trop peu nombreux et permettent difficilement de contenir la menace anticipée, soit trop nombreux et témoignent alors d'une activité psychologique incessante, non canalisée et exténuante. Utilisés de façon adaptée, on qualifie les mécanismes de défense de « mécanismes de dégagement » ; leur utilisation inadaptée les résume à des « mécanismes pathogènes ».

Conserver à tout prix une image positive de soi

Le mécanisme de défense a également une autre fonction et un autre bénéfice, celui de permettre à l'individu un répit, le maintien d'un bon idéal du Moi, c'est-à-dire le maintien d'une image positive de lui-même. Tout individu se forge un modèle intérieur, une projection de lui-même dans laquelle il se fait une idée de l'être idéal à devenir. Cet idéal se construit à partir d'un lent processus de socialisation dont le but est le développement de la personnalité. L'idéal du Moi est donc la résultante d'identifications multiples, essentiellement à l'entourage et précisément aux personnes qui font l'admiration de l'individu et auxquelles il voudrait ressembler. En principe, dans l'enfance, le jeune garçon voudra ressembler à son père, mais aussi à plusieurs autres modèles masculins de son entourage qui suscitent en lui un vif intérêt ; évidemment, il en sera de même pour la jeune fille. Au final, l'idéal du Moi est constitué de la synthèse de tous ces modèles. Chez l'adulte, cet idéal évoluera tout au long de la vie pour se transformer selon les réussites et les échecs, et selon les rencontres significatives, qu'elles soient du reste féminines ou masculines. Ainsi, l'idéal du Moi revêt ce caractère positif et stimulant de projeter l'individu dans le futur avec l'accomplissement de tâches diversifiées, pour l'atteinte de plusieurs objectifs précis. Il s'agit d'une motivation intrinsèque, saine, qui rend l'individu actif face à sa propre vie. Lorsque l'idéal du Moi est bien construit, l'individu ne l'atteint jamais vraiment tout à fait

– puisque c'est un idéal –, mais il lui arrive régulièrement de s'en sentir très proche et cela génère un sentiment intense de fierté, de réussite et de paix intérieure. Cette proximité a, en soi, un effet d'entraînement qui procure alors une énergie nouvelle pour modifier l'idéal du Moi et propulser vers l'atteinte de nouveaux objectifs. L'idéal du Moi est donc en évolution constante, comme le devraient être les actions du quotidien visant à actualiser la croissance de soi.

Chez l'enfant dont l'entourage a été moins structurant, avec des parents et des adultes moins inspirants, la structure de personnalité est plus vacillante et l'idéal du Moi ne s'est pas construit de façon réaliste : l'être intérieur projeté est extrêmement loin de ce que l'individu peut atteindre. Ainsi, l'individu est toujours à courir après un idéal de lui-même qui est si loin devant lui qu'il le place dans une position permanente de dévalorisation. Que la réalité le confronte tout à coup au constat de sa distance face à son idéal est insupportable. Les mécanismes de défense sont alors les stratégies que l'individu développe pour se conformer à tout prix à ce modèle d'idéal du Moi. En se trompant lui-même, l'individu peut alors nourrir un amour de soi basé sur un mensonge à soi. Tous les mécanismes de défense pour se mentir à soi sont des exemples patents de stratégies que je qualifierai à la fois de « créatives » – pour en reconnaître le caractère diversifié – et surtout de « traîtres », car je veux plutôt en dénoncer l'habile supercherie.

Les mécanismes de défense que je vais maintenant décrire sont tous issus de traumatismes dans l'enfance, d'un manque d'amour et de soutien qui a fait sa marque, comme une blessure qui ne se referme pas et que l'individu cherche à panser/penser perpétuellement. Les reconnaître en soi consiste bien en la première étape d'ouverture et de compréhension, pour en cesser l'influence excessive dans les interactions quotidiennes à soi et aux autres. Utiles pour un temps, ils sont un jour à remettre en question afin de concevoir de nouvelles perspectives, sortir de la peur et reconstruire une belle vie émotionnelle. Décoder ses mécanismes de défense qui paralysent le quotidien et s'en défaire est l'une des voies prometteuses du cheminement vers un Moi plus authentique, pour ne plus rester victime des douleurs et des dangers de l'enfance.

Denis et Amélie refoulent

Denis, 27 ans, ne manque jamais l'occasion de dire combien il a eu une enfance dorée, avec de bons parents. Lorsque son entourage s'enquiert de ses expériences positives et lui demande de donner des exemples de ses belles années, il reste sans voix. Il a beau chercher, rien ne lui vient à l'esprit, quelques bribes, ici et là, mais rien de significatif pour traduire l'empreinte pourtant si forte d'une vie familiale harmonieuse. Il est stupéfait de ce constat…

Amélie, 32 ans, affirme avec véhémence que même si sa relation à son père et à ses frères a de tout temps été conflictuelle, elle a eu la chance d'avoir une mère très disponible qui a toujours pris grand soin d'elle. À la fois, elle décrit sans émotion une enfance douloureuse, à cause de ses frères et son père, peuplée de harcèlements incessants et pouvant dégénérer en agressions physiques. Si on la questionne quant aux interventions de sa mère qui vivait dans la même maison et était témoin de ses souffrances répétées, elle bloque, ne sait plus quoi dire. Elle est convaincue que sa mère l'épaulait, mais elle n'a aucun souvenir des interventions de celle-ci pour faire cesser la violence physique et psychologique quotidienne des membres de la famille. Elle est fort troublée de ces souvenirs dissonants entre ce qu'elle a toujours cru et la réalité de son vécu.

En fait, les convictions de Denis et d'Amélie quant au caractère positif de leur relation à leurs parents sont illusoires et traduisent plutôt l'expression d'un mécanisme de défense particulier : le refoulement. Il s'agit là du mécanisme de défense dont Freud faisait la pierre angulaire de sa compréhension des névroses et qu'il considérait comme l'un des fondements majeurs de la psychanalyse. Le refoulement est présent chez tous, mais c'est son utilisation et la nature des contenus extrêmement diversifiés sur lesquels il opère qui en détermine sa nature névrotique. Ainsi, il peut aller de l'amnésie la plus totale de souvenirs passés… à l'oubli de se réveiller un matin d'examen !

Son action consiste toujours à rejeter hors de la conscience des pensées, des émotions et des souvenirs inacceptables et générateurs de vives tensions internes ; l'objectif étant de réduire l'anxiété que représente la réalité et sauver la menace de détérioration de l'estime de soi. Dans le cas d'Amélie par exemple, il est intolérable pour elle de réaliser qu'en fait, sa mère ne l'a jamais défendue lors des agressions de son père et de ses frères. Son désarroi, sa panique et sa détresse au moment des actes de violence, elle les a occultés, relégués au plus profond de son inconscient pour ne pas en souffrir, et a refoulé tout autant la présence passive d'une mère complice par son silence. Pour éviter le choc émotif que représente le bouclier de protection du refoulement, Amélie banalise sa souffrance – en disant, par exemple, que les agressions n'ont tout de même jamais été jusqu'au viol – et en conservant une image positive de sa mère.

En psychothérapie, Amélie comprendra que l'agression de sa mère était moins apparente mais tout aussi présente : elle restait passive pendant les agressions, silencieuse dans une autre pièce et adressait toujours à sa fille le même discours de banalisation de la gravité des situations quotidiennes. Qui est plus agressant : le parent qui violente ou le parent qui laisse faire sans s'interposer ?

Amélie ne connaissait pas l'existence de ce refoulement – par définition inconscient –, mais elle en ressentait clairement le symptôme : la stupéfaction et l'anxiété de la prise de conscience du rôle de sa mère. Il faut bien comprendre que pendant de longues années, Amélie a mobilisé beaucoup d'énergie psychique pour étouffer la réalité des souvenirs d'une mère non protectrice dans son enfance et faire perdurer l'idée très ancrée en elle que sa mère était bienveillante et sécurisante. Amélie a recouru au refoulement, comme mécanisme de défense de sa personnalité déséquilibrée et menacée. Pour que le danger n'émerge pas, il est essentiel que les pensées et les émotions restent refoulées : c'est précisément ce processus de maintien d'un équilibre fragile qui coûte une somme considérable d'énergie psychique inconsciente. Les pensées et les émotions douloureuses de l'histoire du passé cherchent régulièrement à remonter à la surface de la conscience et une vaste énergie est chaque fois déchargée pour les refouler dans l'inconscient. Malheureusement, cette dépense prive l'individu d'un investissement d'énergie dédié positivement à sa vie, à son bien-être, ce dont bénéficie l'individu sain, fort et construit qui ne se voile pas la réalité de son histoire. Chez l'individu en déséquilibre et défensif, une quantité d'énergie psychique importante est produite et dépensée sans discernement, pour peu de paix intérieure, d'harmonie et de bonheur. Si l'on cumule les refoulements au cours d'une vie, les symptômes de mal-être se cumulent aussi en termes d'état dépressif, de troubles somatiques divers (problèmes de sommeil, de digestion, prise de poids significative, etc.), d'anxiété, d'angoisse, d'épuisement mental, de troubles sexuels, etc.

Louis projette

La projection est un mécanisme de défense qui peut prendre des formes multiples. Par exemple, il peut être présent dans une relation de couple où une femme accuse son conjoint d'infidélité, alors qu'elle est bien celle qui a été infidèle ou ressent une forte impulsion de l'être. Le mécanisme de défense se manifeste selon un principe simple : projeter sur d'autres personnes ses propres pensées, ses propres sentiments, ses propres émotions.

Louis a été élevé par un père autoritaire, qui l'impressionnait beaucoup, et une mère absente, surinvestie dans sa profession. Il se soumet à leur éducation tyrannique, se conforme à leur autorité, mais il se sent déprimé et anxieux. Écrasé par des images parentales fortes, il grandit avec une estime de soi extrêmement faible, *a priori* coupable de ne pas être à la hauteur des attentes parentales. Adulte, Louis est convaincu qu'il n'a pas grande valeur, qu'il lui sera difficile de garder un emploi et qu'il est condamné au célibat. Ses sentiments de culpabilité et d'infériorité, il les projette sur toutes formes d'autorité, particulièrement chaque fois qu'il a un patron. Automatiquement, il a tendance à percevoir ses patrons, quels qu'ils soient, comme des êtres d'exigence excessive, méchants, aux demandes abusives, perpétuellement insatisfaits, à la limite dangereux, car ils disposent du pouvoir de jugement et de décision de ce qui est bon ou mauvais. Dans sa projection, Louis perçoit chez ses supérieurs hiérarchiques des sentiments ou des comportements inacceptables et présents dans son propre inconscient. Le patron n'est pas vu par Louis tel qu'il est mais bien tel qu'il le craint, c'est-à-dire intransigeant et dépréciatif, comme l'étaient ses parents dans son enfance. Toutes les actions de ses patrons passent à travers le filtre de son enfance blessée et sont perçues, *a priori*, comme voulant lui faire du mal et le diminuer. Il ne conçoit jamais ses rapports professionnels sur un mode de maturité mais plutôt sur un mode infantile, dans lequel il est une victime sans défenses.

Il est aisé de comprendre combien ce fonctionnement est coûteux en énergie psychique. Louis se mobilise en permanence sur le plan psychologique, car il veut à tout prix éviter d'être pris à défaut. Dès qu'il sent pointer la critique, il ressasse le déroulement de la conversation, les remarques et les expressions de son patron, il essaie d'imaginer ce qu'il aurait pu dire, ce qu'il aurait dû faire, il y réfléchit pendant des heures et a beaucoup de difficulté à poursuivre ses autres tâches. Il vit littéralement dans l'angoisse. A régulièrement peur qu'on le licencie et il s'imagine que sa carrière ne sera qu'un éternel recommencement d'échecs, qu'il sera toujours la victime et ses patrons toujours des bourreaux. Alors il se dit que le meilleur moyen pour lui de ne pas se faire critiquer est de redoubler d'efforts et faire l'admiration de son supérieur. S'il est excellent dans son travail, s'il a toujours une attitude positive et constructive, s'il ne se laisse pas submerger par ses doutes, s'il est moins impulsif et ne perd pas patience, il ne sera jamais l'objet de critique. Du coup, il s'évitera aussi tous les symptômes de son angoisse : les insécurités répétées, les jugements intérieurs dévalorisants, les pensées obsessives qui lui font perdre tant de temps, l'épuisement physique et mental, les insomnies, les troubles digestifs, les resserrements à la gorge, les crampes à l'estomac... bref, il ne sera plus souffrant. De plus, Louis veut tenter de contenir les foudres d'une colère qu'il sent gronder en lui et qu'il craint devenir tout à coup incontrôlable. Cette colère, même s'il la ressent, elle lui est interdite. Comme avec ses parents, Louis est convaincu que toute forme d'opposition est impossible et la simple idée de sa colère ouvertement exprimée fait naître en lui un sentiment intense de culpabilité. Dans son esprit, on ne s'oppose pas à son patron, comme on ne s'impose pas à ses parents...

Dans le cas de Louis, le travail de psychothérapie a consisté à l'aider à sortir de ce fonctionnement anxiogène de projection de son passé, pour le ramener à la réalité actuelle de son présent. Ne plus se positionner comme un enfant et apprendre à interagir avec son patron en adulte. Concevoir progressivement qu'un patron – comme tout être autour de soi d'ailleurs ! – ne dispose uniquement que du pouvoir qu'on lui donne. Bien sûr, un patron détient le pouvoir de son statut et peut en user, mais il n'a jamais le pouvoir de remettre en question les fondements mêmes de la personnalité d'un individu. Si tel est le cas, si un individu est « démoli » par son patron, il est juste de penser que le patron a révélé chez cet individu une fragilité et une vulnérabilité latentes avec lesquelles l'individu lui-même n'était pas au clair ; cela n'a absolument rien à voir avec le patron. Lorsqu'une personne se connaît bien, elle ne va jamais jusqu'à cet extrême de se laisser anéantir par l'autre. Elle n'est jamais la proie de qui que ce soit et jamais une éternelle victime non plus. Elle a vite fait d'identifier les risques, vite repéré les signaux d'alarme et elle agit dans un délai suffisamment raisonnable pour ne pas être lourdement heurtée. Je ne le dirai jamais assez : plus on accepte la vérité de son histoire, plus on en travaille les chaînons fragiles, moins on est à risque d'abus psychologiques.

Les parents de John dans le déni

« Se mettre la tête dans le sable » semble être l'expression qui décrit le mieux le déni. Ce mensonge à soi consiste surtout à refuser d'accepter une réalité déplaisante ou de la transformer intérieurement pour quelle devienne plus tolérable. Le déni concerne très largement toutes les situations de vie qui impliquent le choc d'une réalité extrêmement chargée sur le plan émotif et qui menacent l'intégrité psychologique de la personne. Les exemples concernent des problématiques diversifiées très ancrées dans les souffrances des histoires individuelles : le couple qui refuse la séparation et continue de bien paraître dans les réunions familiales, même si chacun vit sa vie affective de son côté ; l'enfant qui raconte à ses amis des anecdotes de voyages qu'il n'a jamais effectués, honteux de la pauvreté de ses parents ; l'alcoolique qui nie son alcoolisme en affirmant ne prendre un verre que de temps à autre ; la conjointe régulièrement confrontée aux mensonges de son mari qui la trompe, mais qui fait mine de ne rien comprendre ; le drogué qui ne peut se passer de consommer mais dit n'expérimenter qu'occasionnellement avec ses amis ; la mère qui confie n'avoir jamais rien su de l'abus de sa fille par son conjoint, même s'ils vivaient tous sous le même toit ; l'homosexuel marié qui refuse son orientation sexuelle et la dissimule ; les parents qui insistent pour intégrer leur enfant dans une école régulière alors qu'il est lourdement handicapé et aurait besoin d'une école offrant des soins spécialisés ; l'individu dont on fait le diagnostic d'un cancer du poumon et qui continue de fumer...

Tous ces exemples traduisent bien en soi combien les êtres se mobilisent intérieurement pour ne pas ressentir la souffrance de leur réalité en recourant à cette stratégie particulière de déni. De façon à peine caricaturale, on pourrait traduire ainsi leur mode de fonctionnement : si j'ignore cette réalité qui me fait si peur, elle n'existera plus. Impossible pourtant sur le plan psychologique d'évacuer une réalité très chargée sur le plan émotif, simplement en la niant. Ce serait nier du même coup l'existence de l'inconscient qui continue d'agir en fonction de cette réalité et d'influencer la personne, à son insu, dans ses réactions et ses choix de vie : des réactions mal adaptées, des choix de vie qui mettent à défaut, des émotions envahissantes et incontrôlables.

Pour mettre encore davantage en lumière la force du déni, le refus de la vérité pour s'accommoder d'une réalité trop douloureuse, je veux raconter l'histoire de John qui pousse le déni à son paroxysme. Petit garçon abandonné à sa naissance, John, dont les parents biologiques sont noirs, est recueilli par des parents adoptifs blancs. Il est élevé dans cette famille avec des frères et sœurs qui sont tous blancs et vit dans un quartier dont le voisinage est majoritairement blanc. John sait qu'il est adopté, mais ses parents ne lui disent rien de ses origines. À l'école, il fait régulièrement l'objet de quolibets racistes de la part des autres enfants. Il rapporte ses expériences négatives à ses parents qui interviennent et font cesser les railleries. Ils renforcent John dans l'idée qu'il est comme les autres enfants et ne font jamais mention de sa différence de couleur de peau. John grandit et atteint bientôt l'adolescence. Il part pour un camp de vacances, à quelques kilomètres du domicile familial et fait la rencontre de sa première petite amie qui est noire. Il se sent très amoureux d'elle. Au cours de leurs rapprochements, ils se font des commentaires mutuels sur leurs particularités physiques. En pleine découverte de leurs corps, la jeune fille évoque sa couleur de peau. John ne comprend pas : elle lui dit combien elle aime le noir si foncé, presque bleuté de sa peau. Il pense qu'elle plaisante, qu'elle se moque de lui. Elle est d'abord amusée, puis surprise de son sérieux et littéralement insultée lorsqu'elle réalise, effarée, qu'il se croit tout bonnement blanc. John est en état de choc. Pour la première fois de sa vie, il prend conscience de sa couleur de peau. Il est soudainement submergé d'images, de souvenirs, de paroles qui prennent un tout nouveau sens. Les années qui s'écoulent ensuite feront l'objet d'une longue psychothérapie dans laquelle John travaillera essentiellement la question de son identité.

Ce qui est remarquable dans cette histoire est que l'on se retrouve au cœur de mon propos : le pouvoir extrêmement puissant des parents et les ravages de leurs mensonges aux enfants. Un pouvoir si fort qu'il peut réussir à faire croire au-delà de l'observable : faire croire à un enfant noir qu'il est blanc ! On ne lui a jamais dit clairement « tu es blanc », mais on ne lui a jamais parlé de ses origines, de son histoire, de la culture de laquelle il est issu… Ses parents l'ont tellement dépersonnalisé que la couleur noire de sa peau n'a pour lui aucune signification, même s'il la voit tous les jours ; cette caractéristique ne crée pas davantage un sentiment d'appartenance au groupe des personnes de couleur noire. Pour des raisons obscures, les parents adoptifs de John ont fait le déni de sa couleur de peau et de toute sa réalité historique, sociale et psychologique. John n'a eu d'autre choix que d'endosser le déni de ses parents et de le faire sien pendant de longues années, jusqu'à ce que le travail thérapeutique lui permette peu à peu de se découvrir et de rétablir la réalité : il était une fois un bébé noir de peau adopté par des parents blancs qui ne voulaient pas d'un enfant noir… La suite de l'histoire appartient à John. J'ai la plus grande compassion pour tous les petits John de ce monde, pour tous les enfants que les parents dénient, les enfants qui dérangent, quelle que soit leur différence, des enfants qui n'ont de place que dans les attentes de leurs parents, des enfants contrariés qui apprendront à leurs dépens à ne pas être eux-mêmes, et plus tard, des adultes fatigués qui ne réussiront jamais à se sortir de l'ingérence parentale, des adultes qui travailleront fort en psychothérapie pour faire émerger une personne libre de toutes injonctions parentales.

Laura régresse

Alors qu'elle est d'ordinaire d'une nature toute douce, voilà que depuis quelques mois Laura, 5 ans, ne tient plus en place : elle est agitée, régulièrement agressive, pleure à la moindre contrariété, suce de nouveau son pouce, refait pipi au lit (énurésie) et a même souillé sa culotte (encoprésie) cette semaine à l'école… Je reçois dans mon bureau des parents inquiets, découragés, ne sachant plus quoi faire. Pourtant, dès que je vois la maman, les changements comportementaux de Laura me paraissent soudainement tout à fait clairs.

« Lui avez-vous dit que vous étiez enceinte ?

– Oui, nous lui avons dit qu'elle ne sera bientôt plus toute seule et qu'elle va avoir une petite sœur.

– Et si elle aimait bien, elle, être l'enfant unique de ses gentils parents ? » Ils me regardent tous deux avec des yeux ronds, bouche bée.

Laura nous offre l'exemple typique – et fort commun du reste – de comportements défensifs de régression. Dans cette stratégie de défense, l'enfant adopte des comportements propres à un âge antérieur, pour compenser la frustration générée par sa réalité actuelle : il régresse. Il est même possible qu'après la naissance de sa sœur Laura manifeste d'autres régressions telles que réclamer le sein ou un biberon, ou encore une couche avant de se coucher. Puisque les comportements du nouveau-né lui permettent de recevoir l'attention de ses parents, Laura, anxieuse à l'idée d'être maintenant laissée pour compte, imite les mêmes comportements et aspire à en retirer les mêmes bénéfices. Malheureusement, cela ne lui attire pas que les sympathies de ses parents qui, inconsciemment, sont très déçus de ne pas pouvoir vivre pleinement la joie du nouvel enfant qu'ils attendent. Les réactions de leur fille semblent ternir leur idéal d'harmonie familiale et ils se disent tous deux plus impatients avec Laura qui, de son côté, affiche de plus en plus souvent des expressions de tristesse. Quelques semaines de psychothérapie auront raison de cet écueil momentané dans l'histoire familiale. Chacun découvrira bientôt la sécurité d'une dynamique où chacun a bien sa place. Mais que s'est-il passé pour Laura ?

Pour un enfant, l'arrivée d'un frère ou d'une sœur peut être une source vive d'anxiété. Alors que la relation avec les parents semble installée dans un certain équilibre, ce bébé vient bouleverser la structure et menacer les acquis. Il serait faux de croire que l'aîné est animé par la jalousie dans ses comportements d'opposition ou dans ses comportements de régression. Mais il observe que ses parents accordent beaucoup d'intérêt et d'attention à ce nouvel enfant alors même qu'il n'est pas né, et tout autant d'intérêt après sa naissance alors qu'il adopte des comportements d'immaturité et paraît si maladroit. L'aîné vit une grande confusion intérieure qui provoque une réelle ambivalence : à la fois, il sent nettement la poussée de sa propre croissance qui l'invite à de nouveaux comportements, mais il a la volonté farouche de bénéficier de l'affection parentale et pense qu'il doit pour cela adopter des comportements de bébé qu'il a pourtant déjà dépassés. Tel est son dilemme : rester bébé ou grandir et risquer de perdre l'attention de ses parents. Ainsi, les parents se trompent lorsqu'ils pensent faire les frais d'une crise de jalousie ou d'une crise pour attirer l'attention : l'enfant vit une vraie crise d'identité. Régresser va à l'encontre du développement harmonieux et constituerait pour l'enfant un véritable refus de grandir, mais l'arrêt est tout de même très tentant, car il ramène l'enfant vers du « connu », un chemin balisé qu'il a déjà emprunté, il y a si peu de temps.

Grandir, c'est choisir d'avancer, non pas sur un chemin à défricher – car cela voudrait dire alors que le chemin est déjà tout tracé –, mais sur un chemin à inventer, dans une construction hasardeuse aux multiples embûches. Pour ce faire, il faut que l'enfant dispose d'une sacrée dose de sécurité intérieure. Autant dire qu'il ne pourra pas s'ériger tout seul, il aura besoin d'inspiration et de réassurance dans ses moments de doute et, surtout, de la conviction que faire le chemin vaut la peine ! Pour se sortir de cette crise identitaire, l'aîné doit procéder par identification, non pas en devenant exactement comme l'autre – sa mère ou son père ou bébé –, mais en devenant lui-même. Bien des aînés ne se dépêtrent pas aisément de cette difficulté et on les voit parfois devenir maman (en voulant donner le biberon ou le bain), parfois devenir papa (en exerçant leur autorité sur bébé), parfois devenir bébé (en demandant une tétine, le biberon ou la couche). Tout l'enjeu pour l'aîné sera de résoudre sa crise d'identité en prenant conscience de son unicité et de sa place distincte au sein de la famille. Par les actions concrètes de ses parents, il va réaliser qu'en étant lui-même, il reçoit tout autant que les autres des marques régulières d'attention et d'affection. Il sait alors qu'en famille, comme en société, il n'a pas besoin d'être quelqu'un d'autre pour être aimé. À l'arrivée d'un autre enfant, outre le bonheur de cette nouvelle naissance, les parents bénéficient d'une merveilleuse occasion de faire passer à leur aîné un message précieux et structurant : « Tout en étant toi-même, tu es aimé… Tout en restant toi-même, tu peux aimer des êtres différents de toi. »

Si la régression de l'enfant aîné est fort commune à l'arrivée du deuxième enfant de la famille, il me semble intéressant de rendre compte d'une autre régression, également fort commune, celle de l'adulte dans la colère. La colère est une émotion bien mal comprise qui perturbe et trouble tant certains qu'ils tentent à tout prix de faire comme si elle n'existait pas. Pour plus d'éclaircissements, il faut dire que la colère est une émotion saine, une véritable alliée dans les limites nécessaires que l'on a à poser à soi ou aux autres ; l'indicateur adapté que l'on fait face à une contrariété significative qui bouleverse et qui doit être réglée. Rien de problématique, donc, dans le ressenti de la colère ; ce qui est souvent problématique, par contre, est son expression dans l'excès : cris, hurlements, bris d'objets, agression physique, autodestruction, manipulation affective, mensonge, projection, etc. Plus un événement du quotidien est envahissant et suscite une colère vive, plus il est clair que la personne vient de retrouver la trace inconsciente de blessures profondes de son histoire. En réaction à des souffrances non résolues et refoulées, elle est alors à risque de se désorganiser. Ainsi, pour certains, ce qui trouble, ce n'est pas de ressentir de la colère, mais bien plus la perte de contrôle à laquelle elle astreint. Les individus qui gèrent mal leur colère, crient, explosent, violentent et régressent à un état infantile et pulsionnel, période de la vie où le contrôle n'était pas encore acquis. Les enfants, très entiers dans le vécu de leurs émotions, se défoulent sur les personnes et les objets. Avant que leurs parents ne les aident à canaliser cette énergie de destruction, ils peuvent mordre et casser des objets. Peu à peu, guidés par leurs parents, ils apprennent à exprimer leur colère de façon plus adaptée, à « dire » leur colère, avec des mots notamment, plutôt qu'avec des actes de colère où ils détruisent. Les adultes qui n'ont pas fait cet apprentissage fondamental, fonctionnent, aujourd'hui encore, sur ce mode de destruction. Ils n'ont malheureusement jamais reçu cette attention positive de leurs parents, celle qui valide leur droit à la colère et leur montre comment la gérer. Comme des enfants en perte de contrôle, ils régressent et s'abattent sur les objets ou les personnes de leur entourage. Incapables de traiter sainement leur colère, ils sont imprégnés des moyens inadéquats d'expression de la colère empruntés à leurs parents.

Pascale rationalise, Vincent intellectualise

Ces deux mécanismes de défense partagent un terrain commun dans la mesure où ils permettent de dissimuler les affects généraux pour mettre de l'avant la raison et la compréhension. Ainsi, dans la rationalisation, la personne justifie ses comportements, ses actions et ses sentiments par des explications basées sur une logique apparente.

Pascale est systématiquement en retard mais a toujours de « bonnes » raisons. Elle a constamment recours à des explications logiques pour justifier son incapacité d'être à l'heure : la circulation, la réception d'un appel important, un envoi de dernière minute, etc. C'est faux. En fait, la récurrence de ses retards traduit bien ce que je qualifierai plutôt d'agressivité passive – non déclarée ouvertement, donc – dans laquelle elle cherche à atténuer une frustration déjà présente en elle, qu'elle fait payer à la personne qu'elle fait attendre, mais qui n'a pourtant rien à voir avec celle-ci. Le premier niveau d'analyse correspond à l'explication consciente qu'elle fournit : « Je suis désolée, ce n'est pas de ma faute, la circulation est terrible » ; des raisons tout à fait fortuites, extérieures à elle et complètement hors de son contrôle. Le second niveau d'analyse, que masque la rationalisation, renvoie plutôt à des éléments internes de la personnalité de Pascale qui tissent la trame inconsciente de l'origine de ses retards. Pascale est un être anxieux et colérique qui gère mal son anxiété et n'exprime pas adéquatement sa colère. Ainsi, dans la répétition de ses retards, elle trouve le moyen d'évacuer une partie de son anxiété et de sa colère. En fait, elle est incapable de cesser toute action suffisamment à l'avance pour se garantir d'arriver à l'heure, mais cela va même plus loin : elle se sent mal à l'aise d'être à l'heure et considère carrément qu'être en avance est une totale perte de temps. Ainsi, Pascale parasite ses rendez-vous en se mettant sciemment en retard ou à risque de l'être, et même si parfois elle s'en rend compte quelque chose en elle d'inexpliqué la pousse à continuer.

Il est clair que la personne perpétuellement en retard se met à risque, car elle manque de respect à celui qui attend et le pousse à la confrontation, voire au rejet. Les comportements de retard traduisent un narcissisme malsain qui fait passer aux autres un message d'une rare condescendance : « Qu'on m'attende ! » Le temps de tous est précieux et par respect de soi, on ne devrait jamais attendre quelqu'un dont les retards se répètent… après quelques minutes, on s'en va, tout simplement.

En psychothérapie, la rationalisation se manifeste fréquemment et de façon typique. Lucie, par exemple, est engagée dans son processus thérapeutique depuis plusieurs semaines. Elle appelle soudainement, la veille de sa séance, pour annuler notre rencontre à cause d'un problème d'argent mais garantit sa présence la semaine suivante. Effectivement, il semble logique de penser que si l'on n'a pas d'argent pour payer sa séance, il faut l'annuler. En fait, la logique apparente de Lucie ne tient pas. Une personne en psychothérapie, qui fait face à des difficultés financières, va suffisamment les anticiper pour aborder le problème avec le psychologue et prendre entente avec lui sur la nécessité éventuelle d'interrompre et dans quelles conditions. Les décisions impulsives de cet ordre traduisent davantage la tentative inconsciente pour la personne de se mettre à distance de contenus émotifs conflictuels et douloureux qui la déstabilisent et qu'elle ne sait pas comment gérer. À titre de psychologue, mon travail consiste alors à rappeler à la personne que l'interruption de la psychothérapie doit toujours être discutée à deux, avant de la rendre éventuellement effective. Surtout, il s'agit de montrer clairement combien le rationnel avancé est souvent artificiel et ce qu'il cache. Pour certaines personnes, évoquer les motivations inconscientes comme cause explicative de l'origine de leur comportement les rend d'abord dubitatives, puis, avec le travail thérapeutique, elles s'ouvrent peu à peu sur un nouveau champ de compréhension. D'autres personnes vont presque tout de suite valider mon intervention en ce sens, en disant qu'elle fait écho à ce qu'elles ressentaient déjà, intuitivement, de la force de leur inconscient.

Dans l'intellectualisation, comme dans la rationalisation, l'individu est résolument tourné vers la tête plutôt que vers le cœur, vers les raisonnements, les abstractions et les idées plutôt que vers les affects.

Vincent est extrêmement brillant sur le plan intellectuel. Articulé et foncièrement à l'aise avec le monde des idées, il dispose d'un vocabulaire étendu et d'une large culture qui lui permettent de lancer des conversations pleines d'intérêt. Cependant, dès que la discussion évolue vers la sphère personnelle, plus émotive, Vincent décroche et part sur un nouveau débat d'idées. Si on le ramène à l'expression de ses sentiments, un malaise s'installe et il peut même aller jusqu'à quitter physiquement les lieux pour fuir la pression du moment.

En sa qualité de mécanisme de défense, l'intellectualisation constitue un moyen efficace d'éviter les émotions et les conflits intrapsychiques ou de les exprimer de façon détournée et abstraite, dans des échanges et des conversations s'appuyant exclusivement sur du rationnel ; ainsi, il joue son rôle de facteur de protection du Moi. Vulnérable sur le plan émotif, l'individu initie donc ses rapports aux autres dans le contrôle, en s'assurant que l'échange est toujours au niveau des idées et en bloquant toutes possibilités de contact avec l'affectif. Ce mécanisme de défense est présent chez l'adulte mais particulièrement chez les adolescents. En effet, alors que les montées pulsionnelles s'effectuent avec une intensité parfois envahissante, l'adolescent tente de les canaliser par l'intellectualisation. Cette période de la vie est propice à l'intellectualisation, avec ses conversations philosophiques et morales interminables et son lyrisme exacerbé sur les grands thèmes existentiels, tels que la religion, la peine de mort, le racisme, etc. Bien sûr, l'adolescent se plaît à jouer avec les idées et à faire émerger son identité à travers l'expression de ses convictions. Mais dans tout cela s'exprime aussi l'inconscient de l'adolescent : à naviguer dans le champ de ses idées vives et de ses constructions mentales, il s'offre, pour un temps, un répit et un contrôle momentanés de l'envahissement de ses instincts, de ses pulsions et de ses affects.

Dans ce mécanisme de défense qu'est l'intellectualisation, il faut voir surtout un mécanisme d'adaptation dans lequel l'adolescent s'exerce à atténuer la force de ses émotions, en surinvestissant ses fonctions intellectuelles. Ce recours ponctuel et souple à l'intellectualisation n'est pas inquiétant chez l'adolescent et représente un excellent apprentissage à l'apprivoisement des émotions et à leurs premières tentatives de gestion : il constitue une étape initiale dans la construction de mécanismes adaptatifs psychologiques et sociaux ultérieurs plus élaborés. Je suis néanmoins beaucoup plus inquiet lorsque le recours à ce mécanisme de défense est systématique – et donc rigide – chez l'adolescent ou l'adulte. Il caractérise alors ces êtres qui versent perpétuellement dans les raisonnements pseudologiques, veulent toujours ramener les conversations à des débats d'idées et restent inatteignables sur le plan émotif. L'expression des sentiments et de ce qu'ils ressentent les paralyse et, poussés à entrer dans ces contenus malgré eux, ils peuvent tout à coup générer dans leur entourage des tensions palpables qui laissent craindre le pire.

Ainsi, l'intellectualisation joue bien son rôle de mécanisme de protection et évite, par exemple, la peur panique d'un envahissement des émotions qui générerait un effondrement brutal de la personne, une décompensation ; en apparence, ces individus semblent bien fonctionner, mais en apparence seulement. En profondeur, de tels individus sont cristallisés dans leur position de défense et à risque élevé de développer des troubles somatiques (des maladies) ou d'adopter des comportements sociaux inappropriés.

Pourquoi le mensonge à soi ?

Quels que soient les mécanismes de défense, nous savons maintenant que leur fonction principale revient à éviter les contacts avec les émotions fortes et les remises en question susceptibles de déstabiliser l'équilibre précaire de l'individu. Ces stratégies de protection contre un danger interprété comme imminent mettent l'individu à distance de la charge émotive qu'il anticipe et pour laquelle il se sent intimement vulnérable. Il y aurait donc des raisons à ce que l'on se mente soi-même : *a priori*, se rendre la vie plus douce et être moins confronté à la douleur de ses manques. Pourtant, si les mécanismes de défense peuvent être utiles comme mécanismes réflexes, pour donner un recul momentané à l'individu, dans une utilisation « souple » et stratégique, leur recours de façon systématique fige la personnalité, brime la maturité émotive et contraint dans une utilisation « rigide ». On peut certes se mentir pour un temps, mais pas pour la vie ! Lorsqu'un individu est construit sur le plan psychologique, sa réaction première à une réalité intérieure difficile peut être la mise en place d'un mécanisme de défense, mais cela dure le temps de se stabiliser à nouveau sur le plan émotif, le temps d'une transition donc, pour produire ensuite une autre réponse plus élaborée et plus adaptée.

Claire, la boudeuse

Si Claire et Jean sont en désaccord, Claire a tendance à se fermer et à bouder. Même s'il revient vers elle, Claire reste dans la distance et a du mal à sortir de cet état. Il faut souvent attendre quelques heures, voire quelques jours avant que la tension ne se dissipe. Jean en souffre et veut absolument aborder la question, lorsque Claire est dans de meilleures dispositions. Sur un ton posé, il lui dit notamment qu'il trouve sa réaction difficile, lorsqu'ils sont en situation de conflit. Il est triste de la voir s'isoler dans cette incommunicabilité où elle devient complètement inaccessible. Il est convaincu que cette fermeture nuit à leur couple et il ne sait plus comment en parler parce qu'elle réagit mal chaque fois. Mais une fois de plus, Claire se fâche, nie fonctionner sur ce mode, refuse d'en discuter et quitte la pièce.

Voici ce que quelques séances de psychothérapie nous ont permis de saisir de la dynamique de Claire et Jean. Claire confiera que c'est plus fort qu'elle, lorsque la colère monte, elle doit s'en aller et elle ne veut plus rien savoir de Jean. Elle ne veut plus lui parler, elle veut seulement qu'on la laisse tranquille et elle n'arrive pas à sortir de cet état de colère. Mais le pire pour elle, c'est lorsque Jean lui en reparle. Elle voudrait qu'il fasse comme si rien n'était, qu'il passe à autre chose et qu'il ne lui montre pas combien elle est boudeuse : elle voudrait qu'il la laisse se mentir !

Au contraire, je pense qu'il est fondamental pour ce couple de faire face à la réalité de Claire et de s'entraider dans ce moment difficile. Les réactions typiques de Claire, en pareille situation, sont infantiles – car ce sont les enfants qui boudent –, et l'accepter serait déjà un grand pas en avant vers la résolution et le changement comportemental. La première réaction de Claire, lors d'une critique justifiée qui la touche, est de recourir au déni (son mécanisme de défense), car la bouderie (dimension de sa personnalité mise au jour qu'elle n'aime pas) lui renvoie d'elle une image trop dévalorisante.

Si Claire en restait là, elle bloquerait toute perspective d'évolution de la relation. Pour maintenir une image positive d'elle-même malgré ses difficultés – donc maintenir un faux Soi –, Claire serait alors contrainte d'opposer à Jean les mêmes attitudes défensives et de renforcer le déni : ce serait typiquement le choix de quelqu'un de destructeur qui utilise son mécanisme de défense de façon rigide. Je ne verrais qu'une issue fatale à cette relation de couple. La réponse de Jean pourrait être alors de deux ordres : piégé dans la dysfonction, il craindrait la colère de Claire, subirait en silence et accumulerait les blessures d'année en année, jusqu'au désintérêt total et à la mort lente du couple. Sain et construit, il choisirait d'affronter le problème ouvertement et d'exprimer sa réserve quant à l'avenir de la relation, si Claire refusait d'en parler et de changer de comportement. La seule réponse possible à l'amélioration de la relation de Claire et Jean est que Claire « grandisse » et choisisse de faire face à sa réalité : elle est dans le déni de sa colère et de sa bouderie.

En thérapie, Claire apprendra à relativiser la gravité des situations de désaccord, à retrouver son calme dans un délai raisonnable et à refuser l'envahissement émotif au point de perdre le contrôle. Petit à petit, même si le déni apparaît, elle sait maintenant qu'il n'est pas constructif de rester coincée à ce niveau et que la solution est au-delà, dans l'énoncé de ce qu'elle ressent et le rapprochement de son conjoint. Aujourd'hui, Claire est capable de dire à Jean qu'il a vu juste, plutôt que de se défendre et nier avec force. Elle peut s'excuser, ce qui n'arrivait jamais auparavant. Jean apprécie beaucoup ces changements qui rendent la relation plus souple et plus harmonieuse. D'ailleurs, il est très accueillant dans ces moments-là qui s'achèvent systématiquement par un geste de tendresse de la part de l'un ou de l'autre. Claire peut maintenant recourir à ce mécanisme de défense de façon souple et judicieuse : pour un temps, elle sait que le déni lui permet de prendre une distance par rapport à elle-même, de « se mentir » momentanément, mais elle se connaît mieux et reconnecte rapidement à une perception d'elle-même plus réaliste, pour procéder à un vrai travail intérieur. Libérée de la prison de son mécanisme de défense, Claire se donne l'occasion de faire face à ses manques et de travailler une dimension de sa personnalité qui, à long terme, aurait pu gravement compromettre sa relation de couple.

La résistance à la vérité

Le mensonge à soi et les stratégies mises en place pour continuer de se mentir m'incitent à penser que l'individu lutte avec force pour ne pas être en contact avec sa réalité intérieure et les émotions associées. Cette force, je la nomme « résistance », et dans le mensonge à soi on est en pleine résistance de soi. Alors que les difficultés quotidiennes se vivent sur un fond de vague à l'âme, alors que l'harmonie et la fluidité des relations professionnelles, amoureuses et amicales sont sapées par la rigidité des mécanismes de défense, bref… alors que la vie est lourde, l'individu est aux prises avec une force intérieure qui bloque les prises de conscience. Tel est bien le dilemme de toute personne coincée entre la reconnaissance de ses douleurs et la peur panique de faire face aux réalités auxquelles elles renvoient : elle est là la résistance. Résister à accepter la nécessité d'être à nouveau en contact intime avec de vieilles souffrances, à nouveau, comme dans l'enfance. Si une personne est confrontée à cette résistance, il serait vain de penser que quiconque puisse l'inciter à une démarche de conscience de soi. Pourtant, bien des partenaires, dans les relations de couple, se sentent investis de la mission « d'aider » l'autre. Je ne vois dans ce mandat que l'expression d'un irrespect des limites du partenaire et surtout, la marque d'une relation névrotique : que chacun prenne donc la responsabilité totale de soi et la prise en charge de ses carences. La volonté de changer est essentielle et elle ne passe que par soi ; d'ailleurs, dans une relation de couple, il serait tragique qu'un des partenaires décide de changer pour l'autre plutôt que pour lui-même. Et malheureusement, malgré la volonté, certains ne réussiront pas à se sortir de leurs impasses. Voilà d'ailleurs pourquoi je ne crois pas au fameux « You can do it ! » si en vogue chez les Américains. Pour ma part, changer ses comportements sans comprendre leurs racines est vide de sens et ne garantit pas du tout un changement durable.

Les manifestations de résistances peuvent prendre des allures diverses et tellement subtiles que difficilement détectables. L'individu pourrait presque penser qu'il s'agit là tout simplement de son mode de fonctionnement, de sa façon d'appréhender la vie. Outre le recours aux mécanismes de défense, j'ai relevé une constante dans la résistance à soi : l'évitement de la solitude. Dans une attitude globale de mensonge à soi et de peur de soi, la personne est poussée inexorablement dans l'action et dans la stimulation pour éviter à tout prix de se retrouver avec soi. Elle fuit littéralement toutes perspectives de solitude et lorsqu'elle ne peut l'éviter, elle continue de se mobiliser l'esprit. Chacun a sa formule : une longue liste de tâches ménagères ou d'entretien, plusieurs cours à suivre après les journées de travail, des conversations téléphoniques interminables, des échanges à n'en plus finir sur les sites de rencontres, des émissions télévisées regardées en toute passivité, des pensées obsessives sur la nourriture ou le sexe, des comportements compulsifs avec l'alcool, le sexe, la nourriture, etc. Peu importent les actions ou les réflexions, ce qui domine est l'urgence de maintenir l'esprit occupé, ne pas être en contact avec soi et instaurer une distance face à une anxiété intolérable.

4

La vérité à soi

*Y a-t-il un seul moment dans notre existence
où nous pouvons dire* : voilà, c'est *maintenant*
que je suis pleinement et *entièrement moi-même ?
En d'autres termes : la manière dont on évolue*
constitue-t-elle la *vérité* de ce que nous sommes ?

NANCY HUSTON
Dolce agonia

Pour faire face à son histoire, il faut accepter d'identifier, sur le plan rationnel, les manques de son enfance et les blessures associées, sur le plan émotif. Accepter aussi de revisiter ces émotions et les souffrances qui en découlent pour les évacuer. Et enfin cesser de croire, à jamais, que l'autre détient la réponse de ses maux. Tant que l'individu ne travaille pas à mieux se comprendre, tant qu'il n'arrête pas de blâmer l'autre, le passé reste la marque de son impuissance. Je veux croire que la puissance est alors dans le présent pour vaincre les fantômes du passé. De fait, je le constate tous les jours dans les psychothérapies et les médiations que j'anime. Et malgré ce qu'en pensent certains, la faiblesse est de choisir de rester loin de soi et de refuser sa vérité familiale, la force consiste bien alors à accepter la nécessité de la psychothérapie pour être aidé. Il faut être fort, en effet, pour faire le bilan de ses manques et de ses douleurs d'enfant. Il faut être fort pour arriver un jour dans le bureau d'un inconnu, aussi psychologue soit-il, et partir avec lui dans son vaste labyrinthe émotif, faire le tri, évacuer, ventiler, démolir, en faisant confiance que la structure entière de la personnalité ne s'effondrera pas complètement, et reconstruire enfin, après de longs mois, de longues années, la « vraie » version de soi. À force de travail de reconnaissance, je vois progressivement s'organiser les pensées et se construire la perspective d'un avenir moins souffrant. Le sourire apaisé ne réapparaît qu'après de longs moments de doutes, d'inquiétudes, d'angoisses, de pleurs, de désarrois, de paniques… le sourire réapparaît une fois encore, car il a déjà été présent dans la vie de l'individu mais il y a bien longtemps, lorsqu'un petit enfant encore intact croyait vivre avec des parents bienveillants.

Faire tomber les résistances

Le mieux-être est dans une attitude de vérité à soi. D'abord, dans la reconnaissance de sa résistance comme symptôme global d'une attitude défensive : « Oui, je suis défensif. » Ensuite, en identifiant à travers quels mécanismes s'expriment ces défenses : le refoulement, la projection, le déni, la régression, etc. Quelles formes prennent les mises à distance de soi ? En quoi s'expriment-elles avec soi et avec les autres ? Enfin, dans la compréhension de la signification de cette résistance. Il est inéluctable que lorsqu'une personne est prête à faire émerger contre quoi elle se défend si fort et contre quelles souffrances de son enfance, elle témoigne du même coup de son aptitude plus grande à vivre avec la réalité émotive de sa vérité. Bien sûr, il est à parier que cela se vive sur un fond d'explosions émotionnelles, un passage obligatoire mais transitoire. Il est très engageant, pour une personne, d'accepter de se rendre vulnérable en laissant tomber la haute muraille de défense qu'elle a construite pierre par pierre, au cours de longues années de vie. Ce démolissage – avant de rebâtir – ne peut s'effectuer qu'avec l'aide bienveillante d'un psychologue compétent et empathique, car il connaît bien les troubles des carences affectives de l'enfance. Dans cette démarche thérapeutique, le psychologue doit guider la personne tout au long de ce processus complexe et sensible, véritable mouvement libérateur qui transforme radicalement les relations à soi et aux autres, pour offrir une toute nouvelle perspective de vie.

Choisir le camp de la vérité à soi

À l'âge adulte, si le mensonge demeure, il ne devrait être que « social », c'est-à-dire naître dans des contextes où il s'apparente plutôt à une norme sociale de politesse, dans le vaste champ de « ce qui ne se dit pas ! ». C'est bien là ce que nous enseignait déjà Marcel Proust, en 1908, dans *À la recherche du temps perdu*, lorsqu'il écrivait : « Le mensonge est essentiel à l'humanité. » Si j'endosse tout à fait le caractère acceptable du mensonge sur le plan social pour, en quelque sorte, prendre soin de la relation à l'autre, je le réfute avec force sur le plan individuel pour affirmer que le mensonge à soi est extrêmement néfaste et compromet gravement l'équilibre et le bien-être intérieurs. Si l'adulte se doit toujours la vérité à soi, il n'a pas à tout dire, à tous et en tout temps. Ainsi, il est important d'acquérir cette liberté de choisir ce que l'on dit de soi, en couple, en famille et en société. L'adulte bénéficiant d'une belle maturité doit d'ailleurs établir intérieurement ce qu'il est prêt à dévoiler de lui et à qui, en fonction de son propre système de valeurs, tout en prenant soin de lui et sans causer de préjudice à l'autre. Indépendamment de l'autre, la vérité à soi va consister à refuser de fonctionner sur un mode d'évitement, pour identifier ses difficultés intérieures, les assumer honnêtement pour ne pas les faire porter à l'autre, et plus encore, développer les réflexions et les actions nécessaires pour les éliminer.

Difficile, au cours de la vie, de choisir son camp entre la volonté d'être vrai dans ses interactions à soi et aux autres… et… les risques de bouleversements et de crises majeurs en révélant la vérité à soi et aux autres. À vouloir regarder la vérité sur soi en face, impossible ensuite de faire comme si elle n'existait pas et de maintenir l'évitement. Pour un temps, cette ouverture à une nouvelle compréhension de soi peut sortir l'individu de sa vieille zone de confort, le déstabiliser, mais c'est là un espace transitoire nécessaire, pour accéder progressivement à un nouveau soi plus vrai et moins souffrant. Souvent, en consultation, les personnes me disent leur inconfort de ce changement soudain et craignent d'empirer leur mal-être : il n'en est rien. Accompagnées par le psychologue sur un terrain nouvellement défriché, elles trouvent petit à petit le chemin pour aller de l'avant, dans l'acceptation de ce qu'elles sont et dans l'amorce de changements comportementaux. Il est très sain d'accepter de se remettre en question et d'évaluer sur quelles bases se fondent les déséquilibres intérieurs. La structure branle pour un temps, car accepter de voir confronte, avant d'atteindre l'objectif final qui consiste à trouver un meilleur équilibre. Une fois le travail effectué, la structure renforcée sera d'une solidité et d'une stabilité plus durables… jusqu'à la prochaine remise en question ! Croître implique aussi des moments de crise et des périodes transitoires mais les suivantes seront moins brutales, moins déstabilisantes. Surtout, il sera enfin possible d'accéder librement à un quotidien dans lequel seront présents ce que j'appelle « les petits bonheurs simples ».

Un soi en mouvement

L'équilibre s'appuie sur une fondation solide, et même s'il est vécu pour un temps il ne doit pas être une excuse pour éviter les remises en question et adopter une position de repli face à la vie : son maintien implique intimement d'en voir les fluctuations. Il serait aliénant de croire qu'à l'équilibre d'une période de vie succédera forcément l'équilibre de la suivante. Seules les crises nous bousculent et nous poussent en avant, l'équilibre subséquent n'est qu'un répit de durée variable. Il n'est qu'à voir au quotidien combien les échanges amoureux, familiaux et amicaux, les nouvelles rencontres, les scènes de vie auxquelles on assiste, les informations que l'on reçoit de toute part confrontent nos idées et nos valeurs. Ces stimulations si variées impliquent une somme incalculable de réflexions en fonction du filtre de notre personnalité. En réponse à ces expériences, ne pas se mentir revient à accepter de questionner nos convictions, de réévaluer ce que l'on a toujours tenu pour acquis, d'admettre ce que l'on sait de soi et de ceux qui nous entourent. Tous les individus qui vivent dans cette authenticité peuvent témoigner du soulagement instantané que génère l'acceptation de qui l'on est, délesté du bagage trop lourd de la dissimulation et de l'éloignement de soi.

Être soi, envers et contre tout, envers et contre tous, est vraiment une philosophie de vie, un engagement forcené pour vivre le meilleur de soi-même avec soi et partager cette harmonie et ce bonheur avec des personnes choisies autour de soi. N'oublions jamais que la vie est mouvement, cela vaut pour le sang qui coule dans nos veines, cela vaut tout autant pour les milliards de pensées qui peuplent notre esprit. Dans tous ces mouvements intérieurs physiques et psychologiques, rien ne doit être statique, tout doit être dynamique. Être foncièrement dédié à son propre mouvement de vie est exactement ce que je propose toujours en cessant les mensonges à soi.

Faire de l'inconscient son allié

Pour maintenir en soi un bel équilibre intérieur, il est intéressant de savoir comment notre fonctionnement psychologique s'articule, notamment, autour d'un mouvement permanent d'échanges entre deux instances : la conscience et l'inconscient. Je ne manque jamais d'attirer l'attention, chaque fois que possible, sur la présence et les manifestations sensibles de l'inconscient. En effet, pour mieux se comprendre et se libérer de certains blocages, il est essentiel de saisir l'impact tout à fait particulier de celui-ci sur nos choix de vie. Sans cette connaissance, l'individu se met à risque de dérapages : troubles nerveux ou sexuels, somatisations, procrastination, prises de décision impulsives, mises en danger, etc. Trop souvent, les individus ont le sentiment que seule leur conscience les dirige. Ils se sentent tout-puissants et se voient tout à coup bien désarmés face à leur manque de contrôle sur des difficultés quotidiennes récurrentes, dans le rapport à soi et à autrui. Il faut bien le saisir : notre volonté n'est pas complètement maîtresse de nos pensées et de nos actes. Ainsi, l'inconscient s'exprime chaque fois que l'on est poussé à faire quelque chose, sans désirs conscients, chaque fois que « c'est plus fort que soi » : ne pas pouvoir cesser une relation alors que la relation affective est souffrante, aller vérifier plusieurs fois si la porte est bien fermée, arriver systématiquement en retard à ses rendez-vous, etc. La conscience est du côté de la raison, l'inconscient du côté de l'irrationnel. On pourrait dire autrement : les décisions objectives qui s'appuient sur la logique sont du côté de la raison, les décisions soudaines qui s'imposent à nous et dont on est souvent surpris soi-même sont du côté de l'irrationnel.

Freud a été le premier à mettre en évidence le concept moderne d'inconscient en ayant le mérite de l'appliquer à des cas individuels. Il a d'ailleurs développé des méthodes d'investigation de l'inconscient – telles que l'hypnose ou l'analyse – pour tenter d'aider des patients atteints de troubles psychiques. Grâce à lui, on connaît donc bien l'existence de cette part inconnue de nous qui reste active en dehors du champ de la conscience et recèle nos désirs refoulés et nos pensées inacceptables, interdites, taboues. Pierre Daco, psychanalyste français dont j'apprécie particulièrement le rôle de vulgarisateur, qualifie très justement l'inconscient de « réservoir obscur des instincts, des habitudes, des souvenirs, etc. ».

Les souvenirs, par exemple, illustrent bien ce qu'est l'inconscient. La majorité des souvenirs de notre vie depuis le jour de notre conception est enfouie dans notre inconscient. Certains de ces souvenirs sont associés à des émotions fortes, positives ou négatives, et restent inaccessibles à la conscience, parfois pour un temps, parfois pour la vie. Pourtant, ils sont bien présents dans la mémoire et se manifestent subtilement dans certaines réactions et dans certains choix de vie… à l'insu de la personne !

L'inconscient se manifeste sous des formes diverses, dans des contenus absurdes, illogiques, bizarres, comme les rêves, les lapsus, les actes manqués, les réactions impulsives, etc. Les rêves sont un bon exemple de contenus inconscients qui remontent à la surface de la conscience, pour témoigner de préoccupations et de désirs refoulés ; d'ailleurs, les rêves aux contenus significatifs dont on se souvient témoignent bien de la volonté profonde de reprendre contrôle sur des expériences perturbatrices du passé. Depuis Freud, bien des professionnels se sont attachés à analyser les rêves puisqu'il s'agit là d'une véritable porte ouverte sur l'inconscient et en ce sens, un accès direct sur certaines préoccupations. Je le dis souvent en thérapie : « Si l'on se souvient d'un rêve, c'est que tout à coup, l'inconscient peut verser sans danger dans la conscience, c'est que l'individu est en plein travail autour de ce contenu chargé d'une émotion pénible et cherche à mieux comprendre, ou qu'il a suffisamment travaillé ce contenu pour s'en libérer tout à fait. » Évidemment, il est extrêmement fréquent que les personnes rapportent des rêves dans leurs séances de psychothérapie, puisque leur démarche les rapproche, notamment, de leur inconscient. Je trouve toujours fascinants les contenus des rêves en ce qu'ils fournissent un matériel très riche pour alimenter la thérapie. Bien compris, ils permettent vraiment d'aider à se libérer du poids de contenus douloureux, jusqu'alors refoulés dans l'inconscient.

Au plus profond de nous, il y a donc l'inconscient dans lequel baigne la somme des souvenirs de nos expériences de vie. Parfois, certains souvenirs cherchent à s'exprimer et sont libérés, comme des bulles d'inconscient qui remontent à la surface jusqu'à la conscience. Lorsque les émotions associées à ces souvenirs sont douloureuses, cela crée une véritable perturbation dans le champ de la conscience – une onde de déflagration – et l'individu ressent alors un vif malaise intérieur. Ce malaise durable, tenace, mobilisateur au point d'altérer parfois le fonctionnement quotidien, est celui que connaissent tous ceux qui décident un jour de commencer une démarche d'introspection. Souffrants et déterminés à percer leur propre mystère pour se libérer par la vérité, ils s'engagent humblement sur le long chemin de la psychothérapie.

Les pleurs de joie n'existent pas

À l'occasion d'un événement heureux – comprenons « perturbant » sur le plan émotif –, certaines personnes ne contiennent pas leurs pleurs et concluent avec une expression de gêne : « Ce n'est rien... Ce sont des pleurs de joie ! » Ces « pleurs de joie » constituent un bel exemple de la complexité et des voies parfois détournées empruntées par l'inconscient pour exprimer certaines émotions.

Je suis stupéfait d'observer dans le quotidien de ma pratique l'ampleur des dommages perpétrés par les manques affectifs dans l'enfance, et particulièrement sur l'estime de soi. À tel point que, lorsque, devenus adultes, les individus font la rencontre de quelqu'un qui leur accorde de l'attention et les valorise, ils s'effondrent, pleurent ou... sabotent et fuient. Tous les êtres ayant manqué de nourriture affective grandissent écorchés, insécurisés et faibles dans leur estime de soi. Il n'est qu'à voir le succès de certaines émissions de téléréalité qui fleurissent un peu partout dans le paysage télévisuel. Il s'agit toujours de la même formule à succès : aider des êtres négligés et désorganisés à mieux prendre soin d'eux, que ce soit de leur apparence physique, ou de leur maison ou de leur entourage immédiat. Et chaque fois, le même résultat en fin d'émission : des pleurs de joie. Pourtant... les pleurs de joie n'existent pas !

En fait, si les personnes pleurent, ce n'est pas de joie mais bien de tristesse ; la joie, elle, devrait s'exprimer avec des rires et des sourires. Ainsi, il y a toujours de la tristesse dans les pleurs de joie, en particulier lorsqu'un événement heureux ravive – inconsciemment ou non – la douleur d'un manque significatif de l'enfance. Par exemple, lorsqu'une personne a développé la croyance profonde qu'elle a peu de valeur, ou n'a pas d'attrait physique, si elle pleure tout à coup lorsque quelqu'un réussit à modifier cette perception négative, ce n'est pas de joie, comme on se plaît à le dire ou à le croire, mais bien parce qu'elle reconnecte à sa propre souffrance intérieure, celle de ses longues années de doute et d'autodévalorisation.

Quels sont les pleurs de cette mère qui retrouve son fils après une longue absence ? Serait-ce que ces retrouvailles rappellent aussi douloureusement le déchirement de la séparation ? Serait-ce que ces retrouvailles évoquent aussi les souvenirs tristes des retours d'école de sa lointaine enfance où personne n'était présent pour l'accueillir ?

Quelles sont les larmes de cet homme alors que, seul au sommet d'une montagne, il est le témoin d'un paysage à couper le souffle ? Serait-ce le contact troublant avec l'immensité et la conscience soudaine de la relativité de sa vie ? Serait-ce de sentir tout à coup le poids de sa solitude affective et ne pas pouvoir partager cet instant de beauté avec quiconque de significatif sur le plan affectif ?

Lors des prochains pleurs de joie, je vous invite plutôt à essayer de considérer quelles pourraient bien en être les origines ? Au-delà du moment de bonheur que suscite un événement et de la joie qu'il évoque, quelle est cette ombre soudaine qui fait naître les larmes ? Se questionner en ce sens offre l'occasion d'une perspective nouvelle et peut permettre d'accéder à une réalité intérieure bien présente mais probablement encore inconsciente. L'objectif : être proche de ce que l'on vit intérieurement et se libérer de tristesses qui parasitent les instants simples de bonheur du quotidien pour en profiter pleinement, dans une intensité sans limites.

Avoir foi en soi

Je crois profondément en la force de l'individu et en sa capacité d'apprendre à prendre soin de lui, plutôt qu'en celle d'un groupe qui suit les règles qu'on lui souffle et auxquelles il doit se conformer. En thérapie, l'individu est au cœur de sa propre solution, et construit les modalités de la définition de son bonheur. Entrer en thérapie, c'est comme entrer en religion : il faut avoir la foi. Là s'arrête cependant l'analogie entre psychothérapie et religion. Si la première offre la possibilité d'éviter tout dogmatisme, la seconde s'en nourrit allègrement. La vérité de chacun, c'est ce moment où la personne met des mots sur ses maux, chuchote en elle les premières phrases de la reconnaissance sur ce qu'elle sait depuis toujours, sans faux-fuyant, des mots crus, dépouillés de tout artifice, des mots vrais : « Je ne me suis jamais senti aimé, j'ai été négligé, j'ai été battu, je méprise mon entourage, je hais mes parents, je ne veux pas de mon enfant, j'ai honte de ma famille, je me sens faux, je ne vaux pas grand-chose, etc. » Prononcer ces mêmes mots, seul, devant son miroir, les yeux dans les yeux avec soi-même, faire éclater le masque, rageusement. Et si vous tentiez l'exercice : si vous verbalisiez, une fois pour toutes, en toute sincérité, ce qui vous fait de la peine, ce qui vous inquiète de vous. Sans ordonner vos idées, sans contrôler vos pensées : qu'est-ce qui vous viendrait spontanément à l'esprit ? Oseriez-vous le dire ? Oseriez-vous l'entendre clairement de votre propre voix ? Craindriez-vous encore la présence de l'autre et que quelqu'un vous écoute dans ce difficile moment d'intimité ? Se parler ouvertement, la démarche paraît si simple en soi. Pourtant, il n'en est rien ; bon nombre d'individus en sont d'ailleurs dépossédés depuis leur plus tendre enfance. Dans les familles dysfonctionnelles notamment, toutes les structures ont été méticuleusement développées pour inculquer à l'enfant toute absence de contact avec lui-même.

Un jardin secret bien clôturé

Dans la thérapie, je m'efforce systématiquement de permettre à chaque individu de développer un espace intime et de déterminer avec une conscience nouvelle ce qu'il est sain et acceptable de dévoiler et de ne pas dévoiler de soi : ainsi, chacun établit le périmètre de son jardin secret ! Terrain glissant parfois, il n'est pas du tout évident pour chacun de concevoir avec discernement la nécessité d'un lieu à soi, où, par définition, l'autre n'a pas accès. Or, c'est un prérequis essentiel à l'épanouissement personnel et à la disponibilité au partenaire futur ou actuel.

Comme j'ai déjà insisté sur l'importance de prendre du temps pour soi, je tiens à relever ici l'importance de disposer d'un espace psychologique à soi. Mais qu'en est-il au juste ? Le jardin secret consiste en un parc savamment clôturé, un espace privilégié dans lequel naviguent les idées et les expériences que l'on décide sciemment de ne pas partager : un quelque chose à soi, inaccessible à l'autre, qui s'abreuve de notre histoire réelle et imaginaire. Ce lieu est peuplé d'expériences réelles et fantasmatiques. Dans les expériences réelles, il y a les moments particuliers et les périodes de vie qui ont été significatifs, véritables images et sensations chargées d'émotions sensibles et d'empreintes profondes. Elles marquent les passages significatifs d'un avant et d'un après et témoignent d'un changement radical d'état, aussi bien dans le meilleur que dans le pire : toutes les premières fois, les découvertes intimes de soi, les bonheurs, les exaltations, les fiertés, les amours romantiques, les projets fous, les aspirations profondes, les idéaux de soi, les blessures, les sentiments d'abandon, les rejets, les souffrances, les chagrins, les hontes, les peurs, les non-dits, les êtres à jamais présents en soi destructeurs ou aimants, etc. Bien sûr, la liste n'est pas exhaustive. Mais dans le jardin secret, le réel côtoie aussi les fantasmes, ces représentations imaginaires au cœur des désirs conscients ou inconscients. Ainsi, les individus sont capables de construire une multitude de scénarios et d'images au gré de leur fantaisie, dans lesquels ils se mettent librement en scène et vont choisir avec précision les acteurs et actrices qui les accompagnent.

Le propre du fantasme est de faire sauter les limites et de sortir, pour un temps, des carcans du surmoi, cette structure interne qui censure et condamne. Dans le fantasme, tout est possible, et telle est bien sa fonction libératrice. Il est donc très sain de fantasmer et de laisser libre cours à sa pulsion créatrice, que les fantasmes soient sexuels, des rêves diurnes, des réalisations artistiques, etc. Cela dit, tous les fantasmes ont leur raison d'être… tant qu'ils ne sont pas vécus ! En effet, conformément à sa définition, un fantasme reste dans l'imaginaire et ne va pas jusqu'au passage à l'acte. Dans la sexualité, par exemple, il est tout à fait acceptable de fantasmer sur un rapport sexuel passionné avec un(e) inconnu(e) croisé(e) dans la rue et de s'en sentir excité, mais passer une annonce dans un journal pour la/le retrouver mettrait définitivement fin au fantasme. Peu importe le sens moral que l'on peut porter sur les fantasmes, je laisse cela au jugement de chacun ; là n'est pas mon propos. Ce qui me paraît beaucoup plus important consiste à dire que chacun est libre de fantasmer autant qu'il le souhaite et de conserver ces contenus dans son jardin secret ; par contre, chacun n'est pas libre de vivre dans le réel n'importe quels fantasmes, par exemple, ceux qui attentent à la morale, au respect et à la dignité, ceux qui impliquent violences et abus sans consentement ou sur des mineurs.

Certaines personnes vivent mal avec cette idée de la légitimité d'un jardin secret : soit elles nient son existence et répriment avec culpabilité les fantasmes qui les habitent, soit elles ne tolèrent pas l'interdit d'accès de cet espace intime de leur partenaire. « Si tu m'aimes, tu ne devrais rien me cacher » ; ou bien : « Si tu as des fantasmes sexuels avec d'autres personnes, c'est qu'il te manque quelque chose avec moi... » À ma grande surprise, ces clichés font encore rage dans de nombreuses relations de couple. Voilà une position bien immature qui ne traduit, en fait, que le profond sentiment d'insécurité de ces individus et leur idéal absolu de pouvoir répondre à tous les besoins de l'autre, dans un lien fusionnel. Ce qui s'exprime dans cette injonction à l'autre rejoint souvent la souffrance d'une nourriture affective maternelle – ou parentale – qui a été lourdement défaillante. Il faut pourtant faire un jour le deuil de cette mère absente si peu nourrissante... on ne peut pas téter toute sa vie !

Non, il n'est pas possible de réclamer ou de répondre à tous les besoins – sexuels et autres – de l'être avec lequel se vit la relation de couple ; ne pas l'admettre mettrait inévitablement le couple en position d'échec. On ne garde pas près de soi quelqu'un que l'on contraint au quotidien et à qui l'on fait subir les foudres de sa jalousie. On sait que les interdits mal posés attirent les enfants et les incitent à les braver. Chez l'adulte aussi, ils font naître des idées de désirs. Au contraire, la confiance stimule le respect et réduit grandement les risques de « trahison ».

En psychothérapie, au lieu de focaliser avec anxiété sur tout ce que l'on ne peut pas offrir à l'autre, j'aide chaque personne à cultiver l'idée selon laquelle ce qu'elle offre à son partenaire lui est propre et ne peut se retrouver ailleurs – c'est ce qui fait son charme tout à fait particulier. Je suis d'ailleurs très attaché à la découverte de cette unicité, au développement de la connaissance de soi et de l'amour de soi. N'oublions pas que la richesse naît des différences et des complémentarités, non des similitudes et d'une simultanéité de tous les instants. S'il est vrai que nos enfants ne nous appartiennent pas, il en est de même de l'être aimé. Pour ne pas étouffer son partenaire, oxygéner la relation et continuer de percevoir clairement ses sentiments, que chacun entretienne son jardin secret et se sente libre d'en dévoiler ou non quelques parcelles. Tout dévoiler serait une erreur fatale et reviendrait à dire que l'on n'existe que dans la relation à l'autre. Et si un jour l'autre n'est plus – parce qu'il met fin à la relation ou meurt –, ne serait-on alors plus rien ? Il est essentiel de ne jamais sacrifier cette part de son histoire et de son imaginaire qui n'est qu'à soi. Notre jardin secret est un véritable joyau, la pierre angulaire de notre individualité, un espace intime et intouchable pour les autres, précieux terreau de vie à protéger avec délicatesse et vigilance.

Dans cette attitude globale de respect de soi, j'insiste beaucoup sur le caractère sain et mature de ce non-dévoilement choisi : il est donc des vérités que l'on ne réserve qu'à soi. Par contre, je considère aussi qu'il est des dévoilements nécessaires qui concernent directement l'entourage immédiat. Les parents, par exemple, sont des êtres de proximité avec lesquels il est parfois essentiel de faire ce pas, pour assainir la relation entretenue avec eux et lui permettre, éventuellement, d'évoluer.

Dire enfin à ses parents

Souvent, les adultes ne se sentent pas libres de dire à leurs parents combien certains comportements, combien certaines phrases assassines et certaines attitudes les ont profondément blessés. De façon presque systématique, la raison invoquée est l'âge respectable des parents et le temps qui s'est écoulé. En vérité, un interdit puissant est installé en eux depuis l'enfance : « Tu n'as pas le droit de remettre en question mes paroles et mes comportements, tu me dois le respect, je suis ta mère/ton père. » Pour être enfin adulte, il est temps de lever l'intimation parentale.

Il est bon de pouvoir clarifier ses difficultés avec ses parents, de faire le bilan, avant, notamment, qu'ils ne décèdent. Et avoir éventuellement cette possibilité d'entrer enfin plus sainement en contact avec eux. Dans le meilleur des cas, cela ne peut fonctionner que lorsqu'ils sont disposés à écouter la « vérité », c'est-à-dire à écouter ce que leur enfant veut leur dire de son expérience de vie auprès d'eux pendant plusieurs années. Ils ne seront pas surpris s'ils ont réfléchi sur leurs pratiques éducatives et sur leur propre histoire. Même s'ils sont à l'origine de cette dynamique, je pense que les parents craignent la remise en question que leur enfant pourrait susciter. La nouveauté et le choc résideront plutôt dans le fait qu'il ose révéler le secret du malaise familial et l'énoncer en mots, clairement, de façon articulée, incontestable. Certains parents chercheront à dissuader leur enfant des émotions qu'il confie pour la première fois. Il faudrait alors les arrêter : personne n'a le droit de dissuader un enfant – même devenu adulte – de ce qu'il a ressenti ou ressent encore. Et rappelons à ces parents qu'on ne vit pas avec la réalité mais avec sa propre perception de la réalité. Que ce soit vrai ou pas selon l'avis du parent n'a pas vraiment d'importance. Si un individu a vécu difficilement son enfance, il est vraisemblable que sa souffrance ne soit pas le fruit d'une imagination trop fertile. Les humiliations, l'impossibilité de dire ses inquiétudes, les non-dits, le sentiment de profonde solitude, les pleurs en cachette, les réveils difficiles, les couchers angoissés, les besoins non satisfaits... Aurait-il vraiment pu les inventer ? Je dis non. Ce que la réalité de cette souffrance évoque à ses parents leur appartient, de ce point de vue, l'enfant, même adulte, ne peut rien pour eux. Il ne peut pas avoir souffert de leurs manques et les consoler de la douleur qu'ils ont créée en lui. Pour se réajuster dans cette dynamique familiale et relationnelle, il est temps de s'ouvrir, d'abord à l'écoute, et ensuite à l'échange dans le respect. Cela devrait être l'occasion d'un enrichissement de la relation, l'occasion d'accepter de la redéfinir, pour répondre aux demandes légitimes de l'enfant, même si cette relation convenait déjà aux parents.

Noël : plaisir ou obligation ?

Si, pour beaucoup, Noël est synonyme de féerie, de festivités et de convivialité, pour d'autres cette tradition revêt un caractère moins attrayant : celui des obligations familiales, où chacun tente de se conformer à une tradition de retrouvailles et l'angoisse du moment redouté où ce cher enfant demandera : « Il existe vraiment le Père Noël ? » Alors que plusieurs auraient bien d'autres projets en tête, la liberté de choisir comment et avec qui passer Noël est vécue dans la culpabilité : il « faut » faire plaisir et naviguer habilement parmi la montée des émotions des Noëls de sa propre enfance. Ces quelques jours de vacances génèrent l'anxiété générale et seront malheureusement trop souvent consacrés aux autres. Le retour au travail – souvent épuisé d'ailleurs – prend alors des allures de délivrances !

Noël est le prétexte à bien des mensonges aux enfants et je réalise systématiquement, dans mon bureau de consultation, combien cette « fête » se charge de douleurs, passées et présentes, dans un marasme émotif qui rend les personnes souffrantes, confuses, ambivalentes, prisonnières d'une tradition qui les contraint plus qu'elle ne les rend heureuses. Et si Noël était plutôt l'occasion de grandir…

Un conseil à ceux qui sentent pointer l'anxiété aux alentours des fêtes de Noël : le moment est à la fête, non aux obligations ! Pour tous ceux qui le vivent avec grand bonheur, dans une famille où chacun est respecté et sait se tenir, pas de problème. Par contre, si vous allez fêter en famille la mine basse, en sachant que, comme toutes les années, ce sera un moment douloureux ou à grand risque de dérapage, il serait sain de vous demander : pourquoi aller vous faire mal une fois de plus ? Vous n'en avez pas assez de cette tension ambiante, de ces violences déguisées ou déclarées, de ces disputes intempestives, du verre de trop qui ramène les fantômes du passé ? Je me souviens d'une personne en thérapie qui me racontait avec rage ses souvenirs de Noël où, petite fille, elle était terrorisée par l'image de son oncle qui, tout à coup, s'effondrait littéralement à terre, ivre mort. Elle pensait effectivement qu'il était sans vie et s'effrayait de voir autour le reste de la famille, et ses propres parents, banaliser ce comportement et même en rire.

Pourquoi ne pas essayer de sortir des phrases toutes faites qui vous interdisent de penser à vous ? Pourquoi ne pas éliminer définitivement de votre vie les Noëls de souffrance et les autres fêtes remplies d'hypocrisie ? Seriez-vous heureux de découvrir, par exemple, que vos enfants se sentent obligés de fêter Noël avec vous ou préféreriez-vous plutôt la spontanéité et la volonté profondes de leur présence ? Il en est de même pour vous. Peut-être serait-il temps de vous accorder ce droit d'être enfin un adulte plein de maturité qui choisit pour lui et sa famille ? Un pas en avant consisterait à vous demander clairement pourquoi vous n'avez pas envie de passer ces fêtes en famille ? Et avec quels membres en particulier ? Je suis certain que ce ne serait pas par pure méchanceté gratuite : auriez-vous de solides raisons de ne pas aimer Noël avec certains membres de votre famille ? Il serait bon de se dégager du poids de la culpabilité qu'on vous fait porter et qui ne cesse de s'alourdir avec les années. Vous n'avez donc pas, de façon systématique, à organiser le Noël de vos parents, même « vieillissants » – car c'est l'argument massue que chacun se répète lorsque les années passent ; n'oubliez pas qu'ils restent des adultes qui doivent être capables de prendre soin d'eux. Cela revient à apprendre à dire « non », un outil indispensable dans la vie pour affirmer son identité. Choisissez, faites-vous plaisir !

La remarque de Carl, 7 ans, illustre à merveille combien certaines familles réussissent à rester proches de la féerie du conte : « L'amour, c'est ce qui reste dans la pièce, le jour de Noël, lorsqu'on arrête d'ouvrir les cadeaux et qu'on écoute. »

À la rencontre de soi dans la psychothérapie

Comme il y a une vérité propre à l'histoire de l'individu, le mouvement intérieur à l'initiative de cette quête de vérité est aussi propre à chacun. Ce serait merveilleux de pouvoir agir à souhait sur ce déclencheur, de trouver la parole juste, celle qui délie les maux. Mais que resterait-il à l'individu, dépossédé de la force de changer ? Quelle hégémonie malsaine le psychothérapeute exercerait-il sur l'autre, s'il avait « la » solution du problème ? Le psychologue n'est qu'un guide bienveillant qui doit savoir rester à sa place et ne jamais prendre tout le pouvoir. D'ailleurs, les professionnels de la santé qui ont outrepassé leur fonction tombent vite dans l'abus de pouvoir. Ils deviennent alors de véritables bombes à retardement et explosent ponctuellement chez les personnes victimes qui les consultent. Partout dans le monde, les pays dont les psychologues offrent des services cliniques se sont organisés pour se doter d'une éthique et d'une déontologie quant à la pratique de la profession. Qu'ils se regroupent en associations (Suède, Norvège, Allemagne, Italie, etc.), en fédérations (France, Belgique, etc.) en ordres (Canada, États-Unis, etc.), en sociétés (Angleterre, Irlande, etc.) ou en collèges (Portugal, etc.), les psychologues de tous les pays tentent de maintenir des standards de pratique et de protéger le public des abus de ses membres. Néanmoins, cela ne suffit pas à dissuader certains psychologues de succomber. À titre d'exemple, mentionnons que le magazine de l'Ordre des psychologues du Québec présente, à chaque parution, des avis de limitation d'exercice pour des psychologues qui ont failli au respect du code de déontologie : conflits d'intérêts, abus de pouvoir, relations sexuelles avec leurs clients, etc., sont les principales plaintes logées. Si le titre de psychologue et l'inscription à un organisme professionnel attestent du respect des critères d'admissibilité à la pratique de la profession, il ne garantit en rien la compétence et l'intégrité du psychologue. Les sanctions imposées sont, à mon sens, bien légères en regard des dommages psychologiques infligés aux victimes. Considérant que cela demeure une minorité en regard du nombre de psychothérapies dispensées, je reste convaincu du bien-fondé et des bienfaits significatifs de la démarche psychothérapeutique. Il faut seulement que chaque personne s'assure qu'elle est menée dans le respect des règles de ses fondements et de sa pratique, avec un psychologue intègre et compétent ; pour cela, il est essentiel de se renseigner, poser des questions, et s'autoriser même à rencontrer plusieurs psychologues avant de choisir celui avec lequel se poursuivra le travail.

L'individu reste seul à prendre la décision éclairée de s'engager sérieusement dans une psychothérapie. Pour ma part, il est très important que l'individu soit encouragé dès le début de sa démarche en lui expliquant qu'il détient les clés de l'ouverture de soi, de l'accès à sa vérité et de la résolution de ses difficultés… même si tout semble confus au départ. Guidé par le psychologue, il trouvera le chemin de ses réponses en puisant dans son histoire et en faisant émerger progressivement les prises de conscience. La réponse vient donc de l'intérieur, comme un système que l'individu construira dans le courant de sa thérapie, sans être assujetti au vouloir et au pouvoir d'autrui. Pour beaucoup, ce qui a été peut être changé car dans la vie, il n'y a pas de fatalisme, il n'y a que des fatalistes.

Quelle force ultime faut il avoir pour faire le pas un jour et s'accorder le droit de recevoir de l'aide d'un professionnel ? Quel amour véritable de soi, inconditionnel – ou quelle désespérance – doit-on se porter pour dépasser la barrière des lieux communs et prendre rendez-vous chez un psychologue sans penser à la fois « il faut que je sois tombé bien bas… » « si mes amis savaient… » « les psychologues sont pour les fous… » ? J'ai toujours considéré que d'avoir la force de respecter ce premier rendez-vous augurait bien la délivrance et le mieux-être, les mettait déjà en perspective. Alors qu'on ose à peine dire à soi, je sais combien il peut être terrifiant de courir le risque de dire à un parfait inconnu – aussi compétent et bon professionnel soit-il. Qui oserait prétendre que celui qui consulte est fou ? J'affirme au contraire, que le mutisme est destructeur, que le silence est suicidaire, insidieux, pervers. Le mensonge tue le corps et l'âme, corps et âme. Je suis souvent stupéfait d'entendre encore certaines personnes craindre d'être étiquetées si elles consultaient un psychologue, d'être qualifiées de faibles ou de malades mentaux. Au fond, le mythe mourra de lui-même à force de campagnes d'informations et de prévention et grâce au bonheur inspirant de ceux qui ont complété leur psychothérapie.

Nous sommes entrés de plain-pied dans l'ère de l'individualisme, où les hommes veulent vivre mieux et communiquer mieux. La mise en lumière progressive des contenus qui modèlent et modulent notre inconscient devient alors l'une des voies royales pour que se développe l'individu, qu'enfin il se réalise. Il n'est pas étonnant que la maxime « connais-toi toi-même » soit encore d'une actualité criante. Pour accéder à soi, il est essentiel de se dissocier du collectif, de la masse, au moins pour aller à sa propre rencontre. Sortir de sa *persona*, selon l'expression consacrée de Carl-Gustav Jung, éminent psychiatre suisse, pour un retour à la vérité individuelle ; sortir de l'image publique, se dépouiller d'un vêtement familial et social et d'une peau de chagrins qui, trop souvent, aliènent et contraignent. Beaucoup s'engagent dans ce chemin salutaire par le biais de la thérapie.

Certains sortiront de l'ombre, d'autres ne survivront pas aux blessures de leur enfance. Il faut l'accepter avec compassion, comme une limite que certains ne dépasseront pas, quel que soit l'entourage ou le thérapeute. Quand et comment se fait le déclic qui initie les changements ? Je ne saurais le dire précisément. Une prise de conscience essentielle se fait souvent à l'occasion d'une riche introspection ou malheureusement d'une période de souffrance intérieure plus longue ou plus intense que d'ordinaire. Dans les deux cas, l'individu ne peut plus se voiler la face ; soudainement, il ne sait plus comment se mentir. Sur le plan psychologique, les mécanismes de défense ne sont plus assez forts pour endiguer l'envahissement du trouble intérieur. Cette prise de conscience est alors vécue avec panique et comme un signal d'alarme, car la personne a de plus en plus de mal à fonctionner au quotidien, elle ne se « supporte » plus, expérimente des crises relationnelles répétées et peut aller jusqu'à se heurter à ses familiers, aussi bien au travail qu'à la maison. Dans l'urgence, les individus viennent alors consulter, comme un dernier recours, en toute résignation. Désespérés, ils remettent alors les clés de leur vie à leur thérapeute qu'ils voient d'abord comme tout-puissant, l'être sachant qui doit connaître la solution à leurs maux. « Voilà, je vous ai raconté ce qui ne va pas en ce moment, alors dites-moi ce que j'ai et surtout ce que je dois faire. » « Et finissons-en », entendrait-on presque parfois. Il y a certes, dans une telle approche, une pointe d'agressivité, mais on doit surtout entendre, avec compassion, l'impatience d'aller mieux et la détresse du moment

Dépossédés d'eux-mêmes, trace originelle de la longue influence parentale, les individus qui consultent peuvent parfois avoir tendance à réclamer passivement réparation au psychologue, qui doit agir au plus vite. Cette attitude, typique du début de la psychothérapie, je la considère comme un pouvoir aveugle qui m'est offert, comme professionnel en relation d'aide, dans un moment de grande vulnérabilité et que je dois remettre au plus vite, en rassurant l'être inquiet qu'il saura un jour quoi en faire.

Fâchée ou confuse, la personne qui me fait face ressent intuitivement que c'est bien la chose à faire et que je scelle ainsi la confiance qui nous lie. Et la question tombe : « D'après vous, en combien de séances je peux régler mon problème ? » Je comprends que la question se pose, car je sais les turpitudes d'un début de thérapie : la durée, le coût, la relation au thérapeute et sa compétence, la peur de l'inconnu, la crainte de ne pas être à la bonne place, le risque de toucher à une souffrance trop vive, le sentiment obscur de trahir les parents, la pensée culpabilisante d'amplifier des difficultés anodines, etc. L'approche analytique n'offre pas de réponse précise à cette question. C'est un peu comme si l'on demandait à la personne elle-même de combien de séances elle anticipe avoir besoin pour réparer son histoire. Le psychologue doit être, certes, un guide compétent, garant d'un savoir, d'une éthique et d'une déontologie qui placent la personne sur le chemin d'un mieux-être significatif, mais en aucun cas il ne peut anticiper à coup sûr les embûches, les barrages et les étapes qui s'interposeront au cours du travail thérapeutique. Face aux découvertes de l'individu, le psychologue aura des idées qui s'inscriront dans son plan d'intervention, pour aider et soutenir. L'individu fait aussi la démarche seul, avec son lot d'hésitations, de tourments, de douleurs retrouvées, de luttes, de tumultes et surtout de batailles gagnées, à force de détermination, jusqu'au seuil de la victoire.

Tout individu engagé dans sa thérapie prend conscience, à un moment donné, du caractère secondaire de la durée. Il est certain que le psychologue planifie sa démarche dans une perspective de fin, en garantissant à la personne en travail un lien sain et professionnel de non-dépendance. Personnellement, il me paraît toujours très essentiel d'aborder clairement cette idée : la psychothérapie a un début et doit avoir une fin, un début par l'engagement moral de respecter le cadre de la thérapie et une fin qui se confirme à deux. Je rassure systématiquement la personne en thérapie sur le fait qu'elle saura, sans en douter, lorsque la psychothérapie touche à sa fin et, là encore, cette fois la dernière, elle validera avec le psychologue. Avec le temps, l'individu aura découvert pendant son cheminement, un psychologue certes professionnel, mais avant tout femme ou homme, sensible, vrai, imparfait, avec qui il a construit et qu'il faut se résoudre à quitter, à jamais. Il faut dire que cet adieu, aussi nécessaire soit-il, est toujours un instant d'une grande intensité, une déchirure acceptable, la fin d'une histoire affective. Seul et fort, l'individu poursuit alors son chemin et n'oublie jamais la formidable aventure de la thérapie. La clé qui ouvre l'accès à soi, il apprend petit à petit à en faire bon usage et à ne jamais la donner à qui que ce soit, surtout pas par amour, surtout pas pour être aimé. Alors vraiment, ce sera le temps heureux de vivre l'autonomie affective. Et que perdure ainsi la vérité.

Deuxième partie

Vers l'authenticité du couple

Le verbe « aimer » est difficile à conjuguer,
son passé n'est pas simple, son présent n'est qu'indicatif
et son futur est toujours conditionnel.

JEAN COCTEAU

Au XVIIIe siècle, Jean-Jacques Rousseau, qu'on a souvent accusé de misogynie, s'interroge sur l'inégalité des hommes et craint surtout la révolte des femmes dans leur lutte grandissante pour l'unité des sexes. Le célèbre philosophe traduit en ces termes sa peur d'une menace pour l'identité masculine et décrit la femme comme rusée, séductrice et menteuse. Serait-ce en lien avec l'abandon de son père et le fait d'être orphelin de mère ? À la lecture de son œuvre et en regard à ses aspirations, je ne peux m'empêcher de penser à un contentieux psychologique non réglé avec ses deux parents. Mais je laisse aux historiens le choix de trancher la question. À la manière de Rousseau, les individus et les couples d'aujourd'hui pataugent dans une identité vacillante et des conflits intérieurs actifs : hommes et femmes ne savent plus qui ils sont et quels sont leurs rôles dans le couple. La communication dans les couples est frappée de malaise et les partenaires de vie, ne distinguant plus ce qu'il est essentiel de dire, se résignent à se protéger dans des formes plus ou moins subtiles de non-dit : mal dire, ne pas dire, peur de dire, dire une chose à la place d'une autre, penser ne pas avoir le droit de dire, tenir pour acquis que l'autre comprendra même si rien n'est dit ! Depuis des siècles, le débat sur l'inégalité des sexes n'a cessé de se poser avec confusion : les femmes ont tant lutté pour affirmer leur égalité aux hommes qu'il en a résulté, pour longtemps, l'impossibilité d'évoquer la réalité complexe des différences hommes-femmes. Emportées soudainement dans l'excès inverse, les femmes prennent la place des hommes, les hommes en deviennent « roses » et les enfants se perdent dans des repères flous où des piliers parentaux solides disparaissent.

Je conçois que l'égalité des sexes est un débat social qui a son sens quant à la participation active des individus à légitimer leurs droits, face à une démocratie par exemple, où hommes et femmes exigent le même droit au vote ; sur ce point, seule l'égalité des sexes est acceptable. Sur le plan psychologique, cette logique ne tient pas, et nier les différences des sexes va à l'encontre même du développement normal des individus.

Cette négation a d'ailleurs lourdement perturbé les dernières générations, en infligeant aux personnes une perte radicale de repères psychologiques fondamentaux : les êtres ont du mal à se construire et à s'affirmer par manque d'identification à leurs parents et, conséquemment, d'acceptation de leurs particularités. Mon idée est de rappeler et de montrer aussi que les hommes et les femmes sont différents, bien sûr, mais que cette différence ne doit pas être conçue en termes de supériorité ou d'infériorité. Avant tout, il faut reconnaître son existence, identifier en quoi elle consiste sur le plan qualitatif et composer avec, plutôt que de lutter contre. Trop de personnes s'emploient à devenir quelqu'un d'autre, pour se conformer aux exigences intérieures qui les bombardent, qu'elles proviennent de leurs parents, de leur conjoint ou de la société en général (médias, milieux scolaire et professionnel, etc.). Qu'un individu femme ou homme soit conforme à une entité extérieure à lui est tout à fait néfaste et ne devrait jamais primer sur la nécessité absolue d'identifier son type et ses traits de personnalité ; certes, pour mieux se connaître, mais surtout mieux apprécier intérieurement son unicité.

Selon Jung, les types de personnalité réfèrent à trois axes particuliers : introversion/extraversion, intuitif/factuel et intellectuel/

affectif. La prédominance de deux de ces axes chez un individu déterminerait ce que l'on nomme en psychologie analytique le « type psychologique ». Les traits de personnalité émanent de la psychologie sociale et sont associés à des adjectifs dont l'objet est de qualifier les comportements, les états affectifs et les valeurs d'un individu : amical, généreux, compétent, honnête, hostile, médisant, instable, etc. ; évidemment, pour effectuer des évaluations de la personnalité plus précises, les psychologues bénéficient d'outils psychométriques (de mesure) tels que les tests de personnalité.

Chaque individu dispose évidemment de sa propre configuration de type et de traits de personnalité, grâce auxquels il va se construire, comme un être distinct. Ainsi va-t-il composer avec les réalités de sa vie quotidienne et gérer ses interactions intimes avec les autres. Un individu en bonne santé sur le plan psychologique est capable d'instaurer des relations et une communication saines et positives dans un mouvement qui part toujours de l'intérieur (ce que je suis) pour aller vers l'extérieur (ce que je veux vivre avec les autres). Malheureusement, le modèle le plus répandu est inverse : identifier ce que veulent les autres (parents, société, conjoint) pour déterminer ce que je suis ; bien sûr, l'individu est alors voué aux difficultés et aux échecs répétés.

Un individu fort, solide et cohérent sur les plans intellectuel et psychologique aura bien compris les particularités et les limites de son héritage parental. Qui sont ses parents psychologiquement ? Qu'ont-ils cherché à lui transmettre, comme idées, comportements, attitudes, valeurs morales, etc. ? Quels rôles sexuels attribuent-ils à un garçon et à une fille, à un homme et à une femme ? Ses parents évoluaient-ils dans une dynamique du couple égalitaire ou l'un des deux s'imposait-il plus à l'autre ? Y avait-il un modèle parental plus attirant que l'autre ? S'est-il davantage identifié à son père ou à sa mère ? Y a-t-il des éléments de cet héritage qui lui servent de tremplin ou qui le contraignent et le briment ? Pour un individu, rappelons une fois encore qu'il ne s'agit donc pas de devenir un homme ou une femme tels que l'imposent ses parents, la société, ou plus particulièrement son conjoint, il s'agit surtout de devenir ce qu'il est vraiment et de répondre à une question fondamentale : quelle est son identité ? En fait, quelles sont les caractéristiques précises qui le définissent et le distinguent comme individu sur les plans physique, social et psychologique ? Quelles sont ses caractéristiques spécifiques en tant que femme ou en tant qu'homme ? Quelles complémentarités est-il allé puiser chez l'autre dans sa relation de couple ? Se sent-il tout à fait libre d'exercer son rôle sexuel de femme ou d'homme et en quoi consiste-t-il ? Je pense que l'on néglige lourdement les réponses à ces questions qui sont, du reste, toujours au cœur des préoccupations et des perturbations des individus. Devenant parfois trop envahissantes, ce sont elles qui poussent certains à des comportements destructeurs et d'autres à débuter une psychothérapie pour, enfin, avoir un répit et un début d'éclairage. Les réponses aux questions relatives à l'identité doivent être extrêmement précises pour tout individu qui vise l'équilibre. Si les réponses restent floues, on pourra alors avec raison évoquer l'idée d'une identité floue. Comment vivre épanoui et agir quand on ne sait pas – ou vaguement – qui l'on est ? Le bonheur, c'est la rencontre d'au moins deux libertés : la liberté d'être et la liberté de choisir.

5

Se construire par imitation ou par opposition

Dans les familles fonctionnelles

Il est nécessaire de faire un détour par le développement du nouveau-né, pour rappeler combien la conscience de soi et de son rôle sexuel se construit, dès la naissance, à partir des interactions avec la mère et le père ; le rôle sexuel étant l'ensemble des modèles de conduite associés au fait d'être un garçon ou une fille.

Partons d'abord du processus normal de développement, nous verrons ensuite ce qui se passe lorsque celui-ci est perturbé. Après une période de fusion avec la mère, le bébé cherche à tout prix à s'en différencier progressivement en se « défusionnant », d'abord pour exister comme individu, ensuite pour exister comme individu sexué. Françoise Dolto, psychanalyste dévouée à la cause des enfants, insistait bien sur cette mère du début de la vie que le nourrisson conçoit comme disposant à la fois des attributs masculins et féminins ; en cela, elle lui apparaît toute-puissante. Puis, si la mère le permet, le nouveau-né aura accès à un père – car il n'y a pas de père sans accord de la mère – et le père transformera cette dyade (mère/enfant) en une triade (mère/père/enfant). Dans son tout début de vie, l'enfant ne distinguera pas clairement la différence entre sa mère et son père, entre la femme et l'homme. Le sevrage, principalement, l'aidera à effectuer cette distinction fondamentale des sexes : en quittant le sein de sa mère ou en cessant de recevoir le biberon exclusivement par elle, l'enfant peut alors entrer, particulièrement, en interaction avec son père et, par extension, avec autrui. En observant ses parents au quotidien, il va peu à peu prendre conscience que sa mère et son père n'interagissent pas de la même façon avec lui et l'exposent à des stimuli et à des expériences complémentaires essentiels à son développement, mais tout à fait différents. C'est là, entre autres, qu'il va intégrer progressivement les comportements stéréotypés de ses parents et leurs réponses automatiques à certaines de ses actions. Par exemple, il constate que sa mère, et les femmes en général, recourent plus aux mots, démontrent leur affection par des caresses et des baisers, etc., alors que son père, et les hommes en général, expriment plutôt leur tendresse dans des actions concrètes, et des activités de jeux et de contacts physiques. Sur le plan de l'expression de l'autonomie, il observe que sa mère le sensibilise davantage à prendre conscience des dangers qu'il court, alors que son père a plutôt tendance à le laisser expérimenter par essais/erreurs. Bien sûr, cela ne veut pas dire que l'on ne trouve pas des pères qui adoptent les comportements décrits plus haut chez les mères, mais la notion de « stéréotype » renvoie bien également à ces tendances largement répandues sur le plan éducatif. Son observation des interactions entre adultes significatifs de son entourage l'expose notamment à la dynamique du couple parental et lui permet d'intégrer, *a fortiori*, les règles comportementales censées régir les rapports d'intimité d'une femme et d'un homme. Quels sont les rôles de chacun dans le couple ? Comment communique-t-on au sein du couple, de façon quantitative et qualitative ? Comment se résolvent les situations conflictuelles ? Comment s'expriment et se satisfont les besoins de chacun ?

À partir de cet ensemble complexe d'interactions – dans le couple parental et chaque parent avec lui –, l'enfant va progressivement développer sa propre identité et, de façon spécifique, sa compréhension du rôle qu'il aura à jouer comme adulte, sur le plan individuel et dans ses relations intimes et sociales.

Caroline, 10 ans, est dans la salle de bains et prend son temps, comme le fait sa mère, pour se faire belle. Comme elle tarde à sortir alors que son père l'attend pour quitter la maison, il verbalise son impatience, et elle lui répond immédiatement : « J'arrive, j'arrive, tu sais bien que je ne peux pas sortir mal coiffée et sans parfum ! » Bien sûr, la réplique de Caroline inspire immédiatement le sourire, mais qu'est-elle vraiment en train de « dire », en empruntant une phrase de sa mère ? Caroline dit clairement son identification à sa mère, elle dit qu'elle voudrait être comme sa mère et combien elle aspire, elle aussi, à devenir un jour comme elle : une jolie femme qui prend soin d'elle.

Les parents constituent des modèles privilégiés auxquels l'enfant doit absolument s'identifier. L'identification, au cœur du développement de la personnalité, est un processus complexe qui consiste, essentiellement, à « vouloir ressembler » à sa mère pour une fille et à son père pour le garçon. Lorsque le modèle – mère ou père – est perçu de façon positive par l'enfant, celui-ci va chercher à imiter les comportements et les attitudes du parent du même sexe, à adopter ses idées, ses croyances et ses valeurs morales. Il s'installe également une saine compétition dans laquelle l'enfant cherche à « dépasser » et à améliorer ce modèle parental. En voulant à tout prix ressembler à ce parent, l'enfant cherche avant tout à se garantir amour et protection et à se projeter comme femme ou homme.

Ce que je viens d'exposer ici constitue, dans ses grandes lignes, le tableau général du développement adéquat du rôle sexuel d'un individu. Cela dit, ce schéma idéal décrit, à mon sens, le vécu privilégié d'une minorité d'individus qui résolvent correctement leur complexe d'Œdipe et s'identifient adéquatement au parent du même sexe. Voyons également comment ce développement est altéré et ses conséquences, lorsque la dynamique familiale est perturbée.

Dans les familles dysfonctionnelles

Je pense, au contraire, que la majorité des enfants des deux sexes ont à composer avec des modèles parentaux dysfonctionnels auxquels ils ne s'identifient que partiellement ou auxquels ils refusent de s'identifier complètement. Deux éléments essentiels permettent d'expliquer l'ambivalence d'un enfant à s'identifier à son parent : d'une part, l'enfant n'aime pas ce qu'il voit de la personnalité de son parent et de ce qu'elle lui fait vivre, d'autre part, il réagit à l'absence de disponibilité physique et psychologique de ce parent.

Prenons le premier point : ne pas aimer la personnalité du parent et ne pas vouloir s'identifier à lui. Cette volonté ne garantit pas automatiquement la réussite de ce lourd engagement vis-à-vis de soi. Il faut alors distinguer le poids du conscient de celui de l'inconscient dans le refus d'identification. Ainsi, consciemment, un individu est tout à fait capable de dire et même d'affirmer fortement – au moins intérieurement : « Je ne veux surtout pas intégrer ce trait de personnalité de ma mère... Je ne veux pas être comme elle (volonté consciente). » Pourtant, plusieurs constatent avoir intégré, bien malgré eux, le trait de caractère ou de personnalité tant redouté. Il faut alors aller voir du côté de l'inconscient et, particulièrement, de sa capacité de parasiter la volonté consciente. En effet, au plus profond de chaque individu demeure le désir d'être aimé par ce pilier parental incontournable et omniprésent. La poursuite de ce désir de l'amour parental instaure un décalage entre la volonté consciente et la volonté inconsciente et l'on peut alors modifier le discours intérieur initial de la façon suivante : « Je ne veux pas ressembler à ma mère (conscient), mais si j'adopte les mêmes comportements qu'elle (inconscient), j'ai certainement plus de chances d'être aimée. » Effectivement, j'ai la conviction que c'est ce désir d'amour qui prime sur tous les constats, même lorsque le parent est inadéquat, même malgré soi. Ainsi, en psychothérapie, de nombreuses personnes insistent avec désarroi quant à l'échec de leur lutte invétérée à rejeter certains traits de caractère et/ou certains traits de personnalité de leur mère, de leur père, ou des deux. Ces êtres deviennent des adultes « mal dans leur peau », amers, perturbés, au rôle sexuel et à l'identité flous. Ils sont bousculés par la vie et ses contraintes, n'ont jamais vraiment le sentiment de choisir, ne savent pas au fond ce qui les motive, n'ont pas de véritable projet de vie, que celui-ci concerne le plan professionnel ou le champ des relations intimes. Puisqu'ils ne savent pas qui ils sont, ils sont du même coup incapables d'expériences de vie motivantes continues et ne vivent pas de paix intérieure. Avec le temps, leur perspective de bonheur s'amenuise jusqu'au risque d'anéantissement total. Effondrés, ils développent un syndrome particulier de symptômes spécifiques empruntés parmi les suivants : état dépressif invalidant, troubles somatiques et psychosomatiques divers, comportements compulsifs, détachement émotif, isolement, démotivation, indécisions, humeur fluctuante, épuisement professionnel, dépendance à certaines substances, etc.

L'émergence de l'identité à l'adolescence

L'adolescence est particulièrement révélatrice de la présence de conflits intérieurs liés à l'affirmation de sa propre identité. Dans le schéma normal d'un développement sans trouble, le jeune adulte conçoit de façon positive son parent du même sexe et veut lui ressembler. Il se sent tout à fait à l'aise avec l'héritage parental et adopte globalement ses idées et ses valeurs morales, une perspective de vie libre de ses propres choix. Les échanges et les rapports avec ses parents sont harmonieux et les confrontations d'idées ne donnent jamais lieu à des conflits majeurs et inextricables. Comme je l'ai mentionné précédemment, ce schéma est de loin le moins répandu : la préadolescence et l'adolescence sont surtout vécues sur un mode conflictuel – même si l'adolescent ne déclare pas ouvertement sa dissidence à ses parents. Dans la majorité des cas, l'adolescent se défend de ressembler à ce parent du même sexe, car il ne se reconnaît pas en ce modèle et ne veut pas devenir un adulte comme sa mère ou son père. Si cette prémisse est identique chez la plupart des adolescents, elle se décline en deux types de réaction et de comportement dans son expression. Soit l'adolescent refuse l'identification mais s'y conforme par crainte de son parent – par exemple, crainte de ses réactions face à son opposition, crainte de perdre son affection même, surtout si elle est déficiente. Soit l'adolescent se défend de lui ressembler, s'oppose ouvertement et entre alors dans un mode de confrontation marqué, pour manifester sa colère et tenter de faire émerger sa propre identité dans un rapport antagoniste.

Refuser de ressembler à ses parents

Devenus adultes, les deux profils d'individus que je viens de mentionner afficheront en apparence des personnalités tout à fait différentes mais partageront des caractéristiques similaires : pour l'adolescent qui se conforme, une colère intérieure envahissante retournée contre lui ; pour l'adolescent en opposition, une colère intérieure tout aussi envahissante, mais extériorisée. Tous deux auront une difficulté marquée à s'affirmer sur le plan identitaire. Dans une relation de couple, ces individus vivront la relation intime sur un mode de protection dans lequel ils dissimuleront la plupart du temps leurs idées, leurs besoins réels et leurs désirs profonds, avec des accès de colère réprimés ou explosifs. De façon typique, les frustrations du passé avec les parents et contenues pendant de longues années resurgiront dans les malaises relationnels du quotidien avec leur partenaire de vie, sans que personne ne comprenne trop ce qui se passe ; ce que je traduirai par « faire payer la mauvaise personne ».

Un deuxième élément permet d'expliquer ce refus d'identification : l'absence de disponibilité physique et psychologique du parent du même sexe. Dans le processus d'identification, la disponibilité du parent est absolument fondamentale. Tous les individus dont les parents ont été absents physiquement disent systématiquement combien ils en ont souffert. Le témoignage d'Éric

(43 ans) est particulièrement représentatif de cette souffrance et reflète un discours récurrent qui revient fréquemment en psychothérapie : « J'en veux à mon père d'avoir été si peu disponible, d'avoir choisi sa carrière plutôt que sa famille. Petit, il était mon idole, je voulais absolument tout faire comme lui. Il me manquait terriblement. J'ai longtemps attendu sa présence, son attention, ses caresses, et puis un jour… J'ai cessé d'attendre. Je ne voulais plus passer de temps avec lui, je refusais tous contacts. Je me suis mis à détester ce qu'il était, ses manières, ses habitudes de vie. Je me suis employé à tout faire pour m'en détacher et à ne pas lui ressembler. Au plus fort de ma colère, j'ai même souhaité sa mort. » Un enfant au parent non disponible va en quelques années en faire le deuil, refuser la proximité par colère, mais perdre bien davantage : la possibilité de s'identifier à lui en retirant le meilleur et partager des expériences de vie positives. Il passe alors à côté de l'héritage fondamental qui fonde son histoire tels les souvenirs, les idées, les comportements, les attitudes, les compétences, les aptitudes, la nécessité de certaines limites, les expériences, les gratifications, les remises en question, etc. Bref, l'ensemble des éléments essentiels qui sécurisent un individu et participent activement au développement de la connaissance, de la confiance et de l'estime de soi.

À cette absence physique on peut également ajouter l'impact d'un manque de disponibilité extrêmement néfaste au processus d'identification : l'absence de disponibilité psychologique. Notons d'ailleurs que l'une et l'autre des non-disponibilités du parent à l'enfant prennent des formes différentes selon les familles. Ainsi, un parent peut rentrer tous les soirs à la maison – disponibilité physique apparente – mais s'occuper à tout autre chose que de partager des moments avec son enfant : continuer à travailler ou s'asseoir devant la télévision, etc. – non-disponibilité psychologique. Poser des questions à son enfant ou entendre ce que dit son enfant – disponibilité psychologique apparente – mais d'une oreille distraite, sans intérêt manifeste, sans relancer l'échange par des questions. Sur le plan de la disponibilité psychologique, il y a un vide extrême qui a fait et fait encore des ravages dans la qualité relationnelle parents-enfants. Comment un enfant peut-il s'identifier à un parent négligent quant aux attentions et aux intérêts qu'on lui porte ?

Aujourd'hui, comme dans les générations de parents passées, du reste, le principal fléau de la relation parent-enfant demeure le manque de disponibilité physique et psychologique et le manque de cohérence dans ces disponibilités. Inévitablement, la compréhension des besoins des enfants passe en second plan ou est inexistante. L'enfant a besoin de temps pour apprivoiser son parent dans une relation de confiance, pour être actif dans son identification et faire le tri dans ce qu'il vit au quotidien avec ce parent pour expérimenter, confronter, valider et finalement choisir ce qu'il veut garder et améliorer. Le parent non disponible reste pour l'enfant un modèle peu inspirant, auprès duquel, de façon passive et réactive, il va s'employer « de loin » et avec méfiance à identifier ce qui fait défaut chez lui et consolider son idée qu'il ne veut pas lui ressembler. Face à un parent lointain et absent, l'enfant va plutôt choisir l'égocentrisme et le narcissisme, choisir donc de faire primer soi sur les autres. Cette distance avec le parent va également initier chez l'enfant une réflexion quant au couple que forment ses parents. En effet, les parents sont un modèle identitaire pour les enfants et constituent aussi le premier modèle de couple que les enfants observent de façon privilégiée dans leur enfance. Or, si le parent du même sexe est perçu comme un mauvais modèle, l'enfant aura également tendance à rejeter le modèle de couple que lui offre ce parent. On le comprend aisément : les caractéristiques du parent que l'enfant rejette dans son identification s'expriment aussi, dans la vie de tous les jours, dans la dynamique de couple avec l'autre parent. Là encore, l'individu ne voudra pas ressembler à ses parents, dans sa future relation amoureuse.

En psychothérapie, quel que soit leur sexe, j'entends fréquemment les personnes dire : « Je ne veux pas vivre la même relation de couple que mes parents. » Il est difficile d'entrer en relation de couple sainement lorsque la disposition de l'individu se résume à refuser un modèle plutôt que d'y adhérer ou de l'améliorer en conservant sa base. Inévitablement, il va donc devoir inventer son propre modèle à partir d'un schème négatif, « en réaction à », dans une attitude globale de méfiance plutôt qu'en toute spontanéité ; il ne sait pas vraiment ce qu'il veut construire dans une relation à deux, il sait surtout, avec force et conviction, ce qu'il ne veut pas ; on sent bien là toute la colère latente et les enjeux majeurs qui rendent déjà la relation à venir incertaine et à risque d'échec. Il est toujours fort délicat de développer une relation de couple, puis une relation familiale, sans disposer de ce que les parents sont censés offrir de positif et de constructif, à titre de guides. Les partenaires de vie transfèrent alors dans leur couple des dimensions particulières, difficiles à conjuguer : non seulement leurs troubles identitaires respectifs, mais aussi l'empreinte du couple que formaient leurs parents et le fantasme du couple idéal auquel ils souhaitent adhérer. De toute évidence, la conjonction de ces trois éléments peut rendre chez tout individu le projet de couple hasardeux, ambitieux et périlleux. La réalité quotidienne du couple peut certainement prendre des allures de chocs intérieurs violents, avec une réévaluation régulière de l'idée que chacun s'en fait et la perspective d'un avenir régulièrement menacé. De ce point de vue, tous les êtres ne naissent pas égaux quant à la perspective d'un bonheur en couple, essentiellement à cause de la lourdeur de leur histoire développementale et familiale. Il en est ainsi sans distinction des couples hétérosexuels et des couples homosexuels.

Pour l'homosexuel, une identification au sexe opposé

D'emblée, il faut savoir que les recherches sur l'orientation homosexuelle s'opposent et se contredisent, pour essayer de prouver que l'homosexualité est soit innée (génétique) ou soit acquise (liée à des facteurs environnementaux). Mon propos ne sera pas de trancher la question, mais il me paraît beaucoup plus réaliste de se poser comme interactionniste et donc de considérer que le développement d'une orientation homosexuelle tient davantage ses origines dans la configuration particulière d'une interaction spécifique entre un milieu familial (aspects environnementaux) et une personnalité (aspects génétiques).

Chez l'individu homosexuel, homme ou femme, on sait d'emblée que l'identification – pour devenir notamment hétérosexuel – ne s'est pas réalisée : l'absence d'identification au parent du même sexe, au moins du fait de l'orientation homosexuelle, est beaucoup plus flagrante. Selon la théorie psychanalytique, par exemple, l'attachement extrême du garçon à une mère omnipuissante – soit surprotectrice, soit dominatrice – sera susceptible d'induire une fixation et une identification à la figure maternelle ; comme elle, il sera attiré par les hommes. On perçoit d'ailleurs tout à fait clairement ce surinvestissement affectif des homosexuels pour leur mère lorsqu'on les écoute parler d'elles systématiquement en termes d'exception : elles sont exceptionnellement idéales, ou exceptionnellement froides, ou exceptionnellement fortes, etc. Ce développement identitaire particulier ne peut se produire qu'associé à plusieurs autres dimensions : les traits de personnalité de l'enfant – innés et acquis – et un rapport tout à fait singulier à la mère et au père.

Pour le garçon homosexuel, le père est souvent décrit comme un homme inaccessible, faible, absent (physiquement et/ou psychologiquement) ou écrasant, etc. ; dans tous les cas, un père non significatif, à l'image plutôt dévalorisée, dans lequel l'enfant ne se reconnaît pas et auquel il ne veut pas ressembler. Dans l'homosexualité féminine aussi l'identité sexuelle s'est développée à partir d'une « fixation » à la mère ou au père. Si la mère représente, pour la fille, la figure parentale forte du couple au côté d'un père effacé et dévalorisé, la mère devient du même coup toute-puissante et phallique et la fixation s'effectuera sur elle. Si le père est tout-puissant au profit d'une mère à l'image faible et dévalorisée, la fille se fixera au père sur le plan psychosexuel, pour devenir comme lui et disposer (symboliquement) d'un phallus. Précisons que selon cette différence de fixation – à la mère où au père – chez les femmes homosexuelles, on notera que, de façon stéréotypée, certaines adopteront des comportements et des attitudes apparentes féminines – fixation à la mère – ou des comportements et des attitudes masculines plus caricaturales – fixation au père ; dans ce dernier cas, ces femmes homosexuelles auront tendance à adopter non seulement des comportements et attitudes masculins, mais aussi à réprimer leur féminité en affichant une apparence masculine (cheveux courts, tenue vestimentaire masculine, comportements stéréotypés masculins, etc.).

Dans leur réalité particulière, je pense que les couples homosexuels sont confrontés à une difficulté supplémentaire par rapport aux couples hétérosexuels. En effet, les couples hétérosexuels ont évolué pendant leur enfance avec un modèle parental, également hétérosexuel, qui leur sert de base pour construire leur propre modèle à l'âge adulte : ce n'est pas du tout le cas des couples homosexuels qui ont à inventer leur relation, à partir de l'idée plus ou moins élaborée qu'ils se font de leur vie de couple avec un partenaire de même sexe.

Chez les couples homosexuels, j'ai souvent noté la tentative de développer une dynamique de couple – homosexuelle – calquée sur le modèle de leurs parents – hétérosexuels : c'est une erreur qui leur crée bien des déboires. D'une part, en vertu du fait, valable pour tous les couples, que l'on ne devrait pas construire sa vie de couple selon la dynamique de celle de ses propres parents : il est essentiel de saisir en toute conscience les particularités de cette dynamique et de déterminer ensuite en quoi elle est ou non inspirante, ce que l'on veut en conserver, modifier, ou éviter à tout prix dans sa propre relation de couple. D'autre part, parce que ce qui rapproche deux hommes ou deux femmes ne tient pas uniquement de leur sexualité : les homosexuels ont une sensibilité qui leur est propre et avec laquelle ils ont à conjuguer dans leurs interactions quotidiennes. La constante, chez les conjoints de même sexe qui réussissent leur projet de vie, est qu'ils ont clarifié au préalable ce dont ils ont hérité psychologiquement de leurs parents et s'en sont affranchis, pour développer une nouvelle dynamique de couple qui leur est tout à fait propre, en fonction de leur profil identitaire : ce ne sont pas des homosexuels qui s'inspirent de la dynamique des couples hétérosexuels, ce sont des homosexuels qui inventent une dynamique de couple propre à leur identité homosexuelle.

J'en profite d'ailleurs pour tenter de clarifier une confusion fort répandue chez les sympathisants de la cause homosexuelle : il n'y aurait pas de différence entre les couples hétérosexuels et les couples homosexuels. C'est le discours partisan que l'on entend régulièrement chez ceux qui veulent faire passer leur message de sympathie et de non-discrimination à l'endroit des homosexuels. Je trouve le propos trop généraliste et tendancieux. Méfions-nous parfois des gens bien intentionnés, ils ne sont pas très loin de ceux qui croient détenir la vérité ! Je me questionne. Pourquoi d'ailleurs vouloir dire que les deux profils de couple sont similaires ? Quel est l'objet et l'intérêt de cette comparaison ? Pour qui est-elle bénéfique au juste ? À trop vouloir parfois jouer la carte de l'ouverture, on risque maladroitement de standardiser les couples sur ce qui fonde justement l'une de leurs différences fondamentales : l'orientation sexuelle.

Jusqu'à récemment, je croyais cette comparaison obsolète, mais le discours que j'entends régulièrement sur le caractère non distinct des couples en regard de leur orientation sexuelle me pousse à entrer dans le débat. Mais en quoi les couples hétérosexuels et les couples homosexuels sont-ils identiques au juste ? Est-ce parce que les partenaires homosexuels travaillent, font face aux tâches ménagères, paient leurs factures et leurs impôts, achètent une maison, partent en voyage, se soutiennent dans les épreuves douloureuses, partagent une intimité, etc., bref, vivent un quotidien à deux ? Sous cet angle-là, effectivement, les couples homosexuels ne se distinguent pas des autres : ils sont tout aussi responsables et engagés sur le plan émotif que les couples hétérosexuels. Pour le reste, j'ai grand mal à joindre le rang de ceux qui nient les différences. Ainsi, socialement, un couple homosexuel est-il aussi libre d'exprimer son affection en public, en s'embrassant par exemple ? Si deux homosexuels marchent main dans la main, des passants auront encore tendance à se retourner sur leur passage ? Existe-t-il un adolescent hétérosexuel qui a déjà pensé au suicide ou est passé à l'acte, du fait de son orientation hétérosexuelle ? Existe-t-il un hétérosexuel qui a souffert de quolibets ou, pire encore qui a été battu à mort à cause de son orientation hétérosexuelle ? Les couples hétérosexuels ont-ils déjà soulevé les foules et les passions en tentant d'instituer les règles du mariage ? Le mot « hétérophobie » existe-t-il pour décrire une quelconque réalité sociale de l'ordre d'une hostilité manifeste vis-à-vis des hétérosexuels ? Je n'ai pas trouvé le mot dans la plus récente édition du *Petit Larousse illustré*.

Psychologiquement aussi, les différences s'expriment. L'une d'entre elles, majeure me semble-t-il, est relative à la sexualité. Je ne vous ferai pas l'affront, du reste, d'expliquer les différences intrinsèques aux pratiques sexuelles des partenaires homosexuels. Nous en avons tous une idée précise, ou relativement précise ! Dans le vécu des situations émotives du quotidien, les couples homosexuels sont différents, tout simplement en vertu du fait qu'ils sont deux hommes ou deux femmes et que leur histoire et leur identité jouent un rôle significatif dans leur analyse, leur compréhension et leurs réactions face à ces situations. Je me suis appliqué au cours de ce chapitre à montrer en quoi les hommes et les femmes sont différents et en quoi le manque de compréhension de ces différences crée des troubles particuliers dans le couple. Il en va de même pour les couples homosexuels. Ils ont à conjuguer au quotidien avec leur réalité d'homosexuels et avec leur bagage psychologique quant à leur orientation, dans une société majoritairement hétérosexuelle : comment chacun compose avec sa réalité sociale et psychologique ? Comment chacun a vécu la découverte de son orientation homosexuelle ? A-t-elle été acceptée d'emblée par eux-mêmes et leur famille ou l'objet d'une longue lutte intérieure et avec l'entourage ? Au quotidien, est-elle affirmée ouvertement, avec parcimonie ou tout bonnement dissimulée ?

Les couples homosexuels ne sont pas identiques aux couples hétérosexuels. Ils ne sont pas pires ou mieux et ne devraient pas inspirer apitoiement ou admiration, juste être reconnus comme égaux et différents. Attention, accepter les différences ne revient pas à clamer qu'elles n'existent pas, puisqu'on fait alors exactement le contraire de l'intention de départ : accepter, c'est avoir les yeux grands ouverts sur les différences et composer avec en toute harmonie. Et puis, finalement, si les différences n'existaient pas, de façon effective, il n'y aurait pas lieu de préciser d'un couple qu'il est hétérosexuel ou homosexuel, cela ne voudrait rien dire. C'est un fait qu'un couple est hétérosexuel ou homosexuel, un fait, voilà tout. Mais un fait respectable, non négligeable, qui traite d'une réalité avec ses subtilités, une réalité qui renvoie à des caractéristiques et à une dynamique que seuls connaissent les couples en fonction de l'orientation sexuelle qui les unit. Je suis pour la reconnaissance des différences, pour que dans un couple, quelle que soit l'orientation sexuelle de ses partenaires, chacun puisse réussir à être tout à fait lui-même. Non, la relation de couple entre un homme et une femme, entre deux hommes ou entre deux femmes n'est pas la même.

Une relation aux parents qui prédispose à son futur couple

Je tiens à rappeler que l'objectif des précédents paragraphes est d'adopter une perspective développementale pour montrer qu'un enfant ou un adolescent réactif, qui a refusé l'identification au parent du même sexe, devient un adulte bien mal armé pour réussir une vie de couple. Or, nous avons vu que l'individu se construit à partir de traits de caractère et de traits de personnalité auxquels il est exposé dès son jeune âge, dans son milieu familial, et qui se conjuguent avec la part génétique de sa personnalité. Grâce à ses caractéristiques spécifiques qui définissent son individualité et le distinguent de tout être, chacun fait face aux exigences du quotidien et développe des relations intimes, notamment, une relation de couple dans laquelle il éprouve son équilibre psychologique. Pour s'identifier et être au clair avec son rôle sexuel, un individu doit absolument trouver en ses parents un modèle positif et inspirant qui le projette dans l'avenir et lui donne envie d'adopter ce modèle. Malheureusement, parce qu'ils n'ont pas réglé les difficultés psychologiques associées à leur propre histoire familiale, parce qu'ils ont tendance à reproduire les pratiques éducatives de leurs propres parents, les adultes manquent de disponibilité physique et psychologique et deviennent un modèle dans lequel leur enfant ne se reconnaît pas et dont il se défend. Néanmoins, l'identification est un processus incontournable pour devenir adulte. Alors si les parents ne sont pas un modèle, l'enfant, laissé pour compte, doit se construire par lui-même, à partir d'autres sources d'inspiration qu'il va puiser dans le milieu où il évolue au quotidien : adultes significatifs de son entourage (oncles et tantes, grands-parents,

parents d'amis, professeurs, entraîneurs sportifs, etc.), jeunes adultes de sa propre famille ou d'autres familles. Ces adultes deviennent alors de nouveaux modèles d'identification qui peuvent être tout à fait sains pour l'enfant ou l'adolescent en construction.

Même s'il est en contact avec d'autres figures parentales, d'autres modèles d'identification, cet enfant aura tout de même à composer avec la réalité de son histoire. En ce sens, il est, notamment, beaucoup plus susceptible de développer un mécanisme de défense de l'ordre du déni, pour se protéger de la souffrance du manque des sources d'identification parentale. Il pourrait être également contraint de vivre de profonds sentiments de tristesse sans raison apparente ou encore de grands envahissements soudains de colère exprimés ou réprimés qu'il faudrait alors voir davantage comme les signes d'un état dépressif latent.

Adulte, un tel individu entre donc en relation de couple avec une dynamique intérieure dans laquelle il ne lui est pas naturel de considérer l'autre comme une source valide de confiance et de réassurance. Cette fragilité lui fait courir le risque de plusieurs difficultés typiques : dissimuler sa réalité psychologique, entretenir des rapports biaisés, manipuler pour satisfaire ses besoins, fuir les discussions ouvertes, faire des reproches et tenir les autres responsables de ses difficultés, mal gérer ses frustrations, etc. Consciemment, il ressent de plus en plus sa souffrance de ne pas bien savoir qui il est sur le plan identitaire, incapable de verbaliser clairement ses aspirations. Finalement, cet empêchement forcené de vivre une vie de couple harmonieuse le heurte au quotidien, triste de sentir le poids du blocage, déprimé de ne pas savoir quoi faire pour contrecarrer la situation, malheureux de ne jamais vraiment toucher au bonheur à deux.

6

Les écueils récurrents du couple

Blâmer le partenaire

Que les partenaires soient hétérosexuels ou homosexuels, je constate de façon quasi systématique que les individus ont tendance à vivre dans le déni : « Le problème, c'est les autres ; l'enfer, c'est les autres. » Et à se conforter dans une telle idée, on nourrit cette attitude globale de fatalisme – je ne peux rien changer ! – et il devient alors inévitable de ne rien régler, tout en perturbant l'entourage immédiat. D'ailleurs, nombreux sont ceux qui affichent socialement une attitude d'ouverture, se distinguent par leur humour débordant et leur entrain quotidien ; de retour à la maison, ils sont moroses, distants, nerveux, non disponibles, lymphatiques, blessants, absents… bref là, enfin, ils sont vraiment eux-mêmes, ils laissent tomber les masques sociaux. Chez les partenaires, la frustration s'installe, la colère s'enracine, profondément, mais personne ne dit mot.

De nombreux couples partagent des années de vie commune sans se connaître. Le mensonge est partout parce que les individus ont appris très tôt, avec leurs parents, à cacher plutôt qu'à être. Les partenaires de couple ont peur de se montrer tout à fait tels qu'ils sont, hantés par la peur farouche d'être jugés, abandonnés, rejetés. Et si après on ne les aimait pas, ou plus ?

Si vous n'êtes pas authentique, vous ne serez pas aimé avec authenticité. Comment pourriez-vous d'ailleurs exiger ce que vous êtes incapable d'offrir ? Tel est pourtant l'objet de bien des disputes de couple. Parler de son conjoint est tellement plus facile, là, tout à coup, chacun est prolixe, submergé d'idées sur ce qui ne va pas chez l'autre. Ainsi, les couples se lancent dans de longues discussions stériles, lorsque enfin ils daignent aborder les difficultés : « Tu n'es jamais disponible… Tu ne m'écoutes pas… Tu ne m'aides jamais dans les tâches ménagères… Je suis seul… » De façon systématique, lors de la première rencontre de thérapie avec un couple, je passe un temps considérable à exposer des règles basiques de communication, la plus commune étant celle de parler de soi plutôt que de s'évertuer à expliquer ce que fait et pense l'autre. Vous seriez surpris de constater combien de fois il me faut contrecarrer cette mauvaise habitude pour favoriser le dialogue et faire en sorte que celui (ou celle) qui écoute ne se sente pas perpétuellement jugé et accusé. J'admets que les difficultés de gestion du quotidien – du reste fréquentes dans le couple – sont présentes et souvent anxiogènes, mais, entendons-nous, là n'est vraiment pas le problème. L'exaspération et les disputes associées sont symptomatiques et témoignent d'un malaise plus profond qui ne peut en aucun cas appartenir qu'à l'un.

Lorsque le couple ne fonctionne pas, au lieu de partir en lutte et d'accuser l'autre, il est plus sain de considérer que chaque partenaire est responsable. À propos, si l'autre est invivable, qu'il est une nuisance, pourquoi restez-vous en relation avec lui ? Pourquoi perpétuer le désastre ? C'est un bon début de réflexion. Si vous arrêtez de blâmer l'autre, vous allez progressivement vous en détacher pour mieux cerner ce que précisément vous insufflez dans ce couple. Il est toujours possible de s'énerver contre l'autre en s'évertuant à lui prouver comme vous êtes « bon » alors qu'il est « mauvais ». À moins que vous fassiez – plus humblement – le bilan des difficultés qui vous appartiennent et de leurs origines. Plus vous attendez, plus l'étau se resserre et réduit inéluctablement votre champ d'action, votre espoir de pouvoir changer la situation : la structure du couple se cristallise, se fige ; c'est sa mort lente. Certains couples reconnaissent le gouffre dans lequel ils sont enlisés mais capitulent par peur de faire face aux conséquences inéluctables. S'ils affirmaient tout à coup les problèmes multiples dans leur relation – ce que chacun sait du reste intuitivement –, s'ils verbalisaient le malaise profond qui les hante, ils savent que la seule issue possible serait la prise de conscience, la nécessité d'une mise au point et le risque de la séparation. Ils ne s'envisagent pas compétents à résoudre leurs difficultés, pas assez forts pour prendre le risque d'aller consulter, surtout si le résultat n'est pas garanti. Si tel est le cas, si la volonté de remédier à une situation de couple sclérosée n'est pas partagée, le couple agonise, s'asphyxie et la séparation s'impose. D'ailleurs, la séparation ne prend pas toujours la forme d'une distance physique. Bien des couples ne sont plus unis et continuent à vivre ensemble, chacun faisant sa vie dans un accord tacite de vie parallèle.

Faussement communiquer

Du fait d'une identité mal définie, diffuse, et d'attentes et de besoins insatisfaits, les couples font de leur communication le berceau des silences, des mensonges, des non-dits : essayons alors d'observer concrètement comment s'expriment les paradoxes de cette identité dans le champ de la communication. Je choisis sciemment d'aborder les échanges verbaux et non verbaux qui s'établissent entre les hommes et les femmes dans le couple, puisqu'une fausse communication est incontestablement le récif sur lequel se fracassent fréquemment les partenaires de vie. Je m'appuierai sur les situations les plus fréquentes rencontrées dans mes consultations avec les couples, au cours de ces dernières années. Je suis certain que bon nombre de femmes et d'hommes reconnaîtront leur dynamique de couple.

Se piéger dans l'antagonisme

Globalement, je note que les femmes et les hommes se différencient de façon stéréotypée dans leurs actes de communication au quotidien. Dans ce marasme identitaire, les femmes restent encore fort centrées sur l'expression des sentiments alors que les hommes tombent dans un pragmatisme désinvesti d'émotions, où seules priment les idées et les actions. Les femmes s'émeuvent dans les diverses situations de vie, les hommes se distancient du contexte. Elles paraissent se situer en dedans du cercle de communication alors que les hommes resteraient aux abords. Les femmes exigent, les hommes fuient et se protègent. Inévitablement, chacun se sent incompris et tel est bien la base du dilemme qui entrave la fluidité des relations hommes-femmes : un décalage s'instaure, véritable trou béant difficile à combler, où deux discours se heurtent et restent perpétuellement en parallèle sans jamais se rejoindre. Souvent, la discussion ne servira pas à faire comprendre honnêtement à l'autre ce que l'on est, mais à sauver sa peau pour ne pas se dévoiler sincèrement, en imposant son point de vue et son mode de vie. Du coup, si l'autre refuse cette vision qui ne lui appartient pas et dans laquelle il ne se reconnaît pas, le glas sonne comme un couperet qui tranche radicalement : « Tu ne m'aimes pas ! » En psychothérapie, j'invite toujours les couples à réfléchir sur ce qui les pousse à communiquer. Si l'objectif premier est de convaincre l'autre et d'imposer ses idées dans un acte subtil de manipulation et de contrôle qui s'appuie sur les mots, alors je comprends les résistances de l'autre et son désaveu – et même je l'encourage comme une saine défense.

Communiquer doit surtout se résumer en un engagement beaucoup plus sincère, basé sur la volonté d'informer ce qui fait les idées et les besoins de chacun. Une tentative de dire qui je suis pour mieux se comprendre, mieux se respecter et mieux vivre ensemble, sans confronter intentionnellement les fragilités de chacun. Échanger pour informer sans imposer : voilà un programme de vie de couple générateur d'une saine hygiène de communication.

Avoir peur de dire

Dès qu'il s'agit d'aborder les aspects relatifs à l'intimité, à l'apparence physique ou au sentiment de rejet et d'abandon, les couples ont tendance à « ne pas dire ». La perspective d'exposer une difficulté et l'anticipation de la réaction négative de l'autre produisent un bouleversement intérieur intense qui s'apparente à une menace ou à une peur (réelles ou non), mais qui impose le silence à l'individu. Par protection, « ne pas dire » est sciemment choisi et devient une rétention délibérée d'informations.

Peur de quoi en fait ? La plupart des couples répondent ne pas vouloir heurter le partenaire en abordant des questions délicates sur soi, sur l'autre, ou sur la relation intime. Ils ne savent pas s'ils ont véritablement le droit d'effectuer des remarques souvent à risque d'être perçues comme des critiques acerbes et d'induire des réactions défensives. Ils précisent que plusieurs tentatives ont donné lieu à des disputes improductives où priment surtout les attaques, les insultes, les dénigrements, les dévalorisations, parfois même la violence. À force de se faire rabrouer, ils abandonnent l'idée de pouvoir être entendus et suivis dans des demandes légitimes.

Sur le plan psychologique, je relève que les individus ont surtout peur de dire par peur d'entendre : « Si je n'émets pas de remarque sur sa prise de poids, elle me laissera tranquille… Si je lui dis d'être plus tendre, il va croire que je veux plus de relations sexuelles… » En effet, la loi du silence est une règle qui se partage toujours à deux. Par fragilité installée de longue date, les couples cherchent à protéger leur narcissisme : si un individu ne s'aime pas beaucoup, il va rageusement protéger les quelques pans de soi qu'il considère comme un atout. L'objectif n'est plus alors d'entrer honnêtement en relation avec le partenaire, mais d'entrer en relation avec un partenaire le moins confrontant possible, avec lequel les remises en question sont habilement évitées grâce aux non-dits maintenus d'un commun accord implicite. « Tu sais que je suis vulnérable et puisque tu l'es aussi, évitons toutes formes de discussions franches et faisons semblant d'être bien ensemble » ; on peut faire d'un tel mensonge une vie à deux. Des êtres peuvent donc passer ensemble une période significative de leur vie et pratiquer l'évitement à outrance. Ils ressentent leur malheur intérieur et leur désarroi – à défaut de pouvoir élaborer un discours articulé – mais continuent, au jour le jour, de vivre avec leur conjoint, sans aborder l'objet de leurs tracas. Ils restent ces êtres sans identité, hébétés face à leurs troubles, interdits au questionnement comme dans l'enfance. Leur partenaire de vie devient, comme avant dans leur histoire, cet être inaccessible à qui l'on ne parle pas de soi, pour ne pas qu'il se sente confronté et lance amèrement de lourdes représailles.

Je suis attristé de la détresse que je constate régulièrement dans mon bureau, où des personnes me confient qu'après de longues années de vie commune ou de mariage, elles n'osent pas dire à leur conjoint ce qu'elles ressentent, leurs difficultés ou leurs besoins fondamentaux insatisfaits. Récemment, une dame m'informait de son hésitation, après 37 ans de mariage, à donner à son conjoint une lettre qu'elle venait de lui écrire, par peur de sa réaction négative, et dans laquelle pourtant... elle lui parlait d'elle ! Évidemment, on conçoit aisément que cette position frileuse dans la relation déborde largement le cadre des non-dits relatifs aux difficultés et tend à être adoptée dans la sphère des compliments. Si l'on n'ose pas dire et que l'on a du mal à critiquer de façon constructive dans les couples, on a également grand mal à positiver et à valoriser. D'ailleurs, à force de se contraindre à taire l'essentiel sur soi, les individus perdent le sens du compliment ou le retiennent, fâchés – contre qui du reste ? – de tout ce qui les dérange et qu'ils ont peur de verbaliser. Il est fondamental que les êtres « osent » une relation intime, acquièrent la liberté d'exprimer ce qui les questionne, les préoccupe, les bouleverse, mais aussi ce qui les anime, les motive, les séduit, les rend foncièrement heureux, etc. Avoir peur de dire, c'est avoir peur de vivre et renforcer négativement la détérioration et l'absence de communication.

Les hommes cachent leur identité

Les couples affirment souvent avec candeur ne rien se cacher. C'est faux et complètement irréaliste. Rappelons, une fois encore, que dans la relation de couple tout ne doit pas être dit car il est des informations relatives à soi et à son histoire qui nous appartiennent et que l'on n'a pas forcément à divulguer. Par exemple, décrire et entrer dans les détails des relations amoureuses précédentes ne construit rien au sein de la relation présente et ne peut que créer des malentendus. Si le but est d'informer le nouveau partenaire en détail – mêmes intimes – du désastre ou du caractère significatif de la relation précédente, cela ne présente aucun intérêt. En effet, il est toujours exaspérant pour une personne de se sentir perpétuellement comparée avec les amours précédentes. N'oublions pas que dans une relation de couple, chacun veut se sentir l'unique élu d'une relation unique ! À l'inverse, si cette relation passée vous a permis de comprendre des éléments fondamentaux de votre personnalité et ses subtilités, passez aux conclusions et livrez le fruit de votre évolution : offrez d'emblée à votre partenaire le cadeau de mieux saisir ce que vous êtes et souhaitez vivre. En revanche, il y a des dimensions de la vie à deux qu'il faut exprimer et oser dévoiler, car elles impliquent et affectent directement le partenaire de vie : celles qui concernent l'identité.

Je crains que, de nos jours, les hommes soient fort mal nantis pour faire face aux exigences de la vie de couple : leur refus de s'engager et de se dévoiler traduit bien la terrible difficulté de savoir répondre déjà intérieurement à ce fameux « Qui suis-je ? ». Dans le couple, ce sont eux qui dissimulent. Mais ils ont leurs raisons ! Les hommes sont passés d'une masculinisation rigide à une féminisation abusive. Ainsi titubent-ils entre affirmation fragile et sensibilité paralysante. Tantôt ils se souviennent qui étaient leurs pères virils et se rebellent contre ces nouvelles femmes fortes et indépendantes, tantôt ils s'effondrent et s'embourbent dans des comportements caricaturaux empruntés aux femmes. Même le chef de la mafia n'est plus ce qu'il était. En 1972, Marlon Brando incarnait un parrain omnipuissant, solide et circonspect. Trente ans plus tard, dans la série télévisée *Les Sopranos*, le même type de personnage est incarné par un Tony Soprano au goût du jour : un maffieux qui exprime sa sensibilité, fait des crises de panique, consulte religieusement sa psy et se fait larguer par sa conjointe. La série est un franc succès. Un vrai dur qui n'hésite plus à se montrer cœur tendre !

À ne plus savoir qui ils sont, les hommes s'indifférencient et s'adaptent à ce qu'ils croient comprendre de ce que veulent les femmes. Comment s'aimer, se motiver, développer des projets de vie et évoluer, lorsque l'enjeu de sa vie ne consiste pas à se rapprocher de soi mais d'un modèle populaire et accepté des femmes ? Comme on pouvait récemment le lire dans *Le Nouvel Observateur* : « Désormais, l'homme le plus tendance... est le type doux, sensible et coquet comme un homo mais parfaitement hétérosexuel », un métro-sexuel. À moins qu'il ne devienne encore plus nouvelle tendance en endossant les traits du macho raffiné, l'übersexuel ; d'ailleurs, il est intéressant de relever que c'est une femme qui définit cet homme nouvelle tendance, la publicitaire américaine Maria Salzman.

Ainsi, pour en revenir à l'idée du tout début de ce chapitre, on a subtilement – mais dramatiquement – glissé de la notion « d'égalité des sexes » à celle d'« indifférenciation des sexes ».

Bienvenue dans l'ère dévastatrice de la parité où l'on confond outrageusement égalité parfaite et conformité. Si la femme doit devenir à tous crins l'égale de l'homme – ce que j'endosse absolument –, il ne faudrait pas insidieusement que la femme pêche par excès ou se revanche et s'assujettisse l'homme ! J'adhère aujourd'hui à l'idée que l'homme est une espèce menacée, au futur incertain, s'il ne réagit pas vite pour se retrouver, s'affirmer sans honte et emboîter enfin le pas au post-féminisme. L'ironie du sort des hommes ira-t-elle jusqu'à les pousser à organiser – comme les femmes ont eu à le faire – une Journée internationale de l'homme pour célébrer le mâle et le respect qui lui revient ? Et pourquoi pas un ministère de la condition masculine ?

Dans la relation de couple, la voie royale pour se sortir de l'impasse consiste bien alors à reprendre pleine possession de cette identité, en oubliant les schèmes connus – système patriarcal ou système matriarcal –, et à en définir un nouveau qui s'appuiera davantage sur une histoire individuelle, inspirée de l'identité familiale. Pour chaque homme, l'identité doit puiser ses racines et se construire à partir de l'identité psychologique du père plutôt qu'à partir de principes d'identité culturels et sociaux éventuellement définis par les femmes : à partir de l'identité psychologique du père (l'homme) plutôt qu'à partir de l'identité sociale des hommes.

Chez les hommes en médiation ou en psychothérapie, je constate que l'une des causes majeures de leur séparation revient à l'exaspération d'être poussé à adhérer au statut « d'hommes féminins ». Pour certains, le pire est de devoir se conformer à un comportement dicté par la conjointe et qui interdit ou brime la façon typiquement masculine de dire ou de faire. Avec le temps, c'est souvent ce qui pousse l'homme au mutisme et au désengagement, pour s'éviter la critique et le contrôle. Telle est bien la source de profondes discordes entre les hommes et les femmes dans leur vie de couple. Progressivement, certains désinvestissent la relation de couple : pour se retrouver avec leurs copains et se couper de la pression de leur conjointe, pour reconnecter avec leur masculinité dans une relation extra-conjugale basée essentiellement sur le sexe, pour affirmer par des actes d'autodestruction impulsifs leur refus de cette féminité imposée (se droguer, boire, prendre des risques financiers, tout quitter soudainement, etc.).

Plus les hommes sont stéréotypés, plus leur monde intérieur est rigide, plus leurs réponses aux situations du quotidien sont peu diversifiées. Ces hommes vont surtout avoir tendance à entrer en relation intime avec des femmes elles-mêmes stéréotypées. Seuls les hommes qui conjuguent habilement avec leurs traits masculins et féminins évoluent plus paisiblement dans leur relation de couple. Libérés des stéréotypes qui les contraignent, ils sont plus à l'aise dans leur rôle sexuel et peuvent donc bénéficier d'un répertoire de comportements et d'attitudes diversifiés, à la fois masculins et féminins. Le modèle sexuel qu'ils suivent est souple et leur permet de répondre, de façon plus adaptée, aux situations issues de la vie de couple au quotidien.

Les femmes choisissent

On assiste à notre époque à une transition majeure dans la vie sexuelle des femmes, qui, implicitement, participe allègrement aux troubles identitaires des hommes : elles choisissent leur sexualité, de plus en plus et de plus en plus ouvertement. Auparavant tributaires du désir de l'homme, elles affirment aujourd'hui ce qu'elles veulent au quotidien, aussi bien comme femme célibataire que dans leur relation de couple. Mais avec cette liberté nouvelle, enivrante, du reste, comme toutes les nouveautés, elles se dissocient progressivement de la nécessité du sentiment amoureux ou celle de la relation durable. Dans ma pratique, je constate que les femmes vivent aujourd'hui dans la même éthique de libération sexuelle que les hommes : elles se sentent libres de s'abandonner mais beaucoup plus dans leur vie fantasmatique ou dans les relations extraconjugales que dans leur vie de couple avec leur partenaire. Il y a encore quelques années, cela ne s'appliquait qu'aux hommes. Ils mentionnaient alors la liberté de se laisser-aller ouvertement à des pratiques sexuelles jusque-là fantasmées. Enfin se sentaient-ils hommes, virils et puissants sexuellement. Beaucoup déplorent le caractère trop « pur » de la sexualité de couple, une fadeur décevante, ressentie comme un succédané de la relation à la mère. Dans une telle dynamique, on ne s'étonnera pas de la présence récurrente de troubles érectiles chez de nombreux hommes. Or, un homme veut faire l'amour avec une femme, pas avec sa mère. Cette association œdipienne, consciente ou inconsciente, place la femme sur un plan de femme idéale – encore la mère – et, du coup, inatteignable, intouchable, impénétrable. Au lieu de s'exprimer sur ce qui le fait vibrer, chacun s'emmure dans son malaise et s'autorise la frénésie de l'excitation sexuelle hors du couple, avec un autre partenaire, ou sur Internet, ou sur des sites pornographiques. En adoptant ce comportement de fuite, les individus ne voient pas à quel point ils creusent la distance et réduisent à néant le rapprochement intime. J'ai la conviction d'une possible sexualité saine et épanouissante dans le couple, où chacun peut recevoir à la mesure de ses attentes : encore faut-il les connaître, les accepter sans honte et les confier à son partenaire. Sur ce point, les hommes et les femmes ont donc beaucoup à se dire, pour se rencontrer dans une sexualité d'adultes, dans laquelle se parlent les envies et se vivent les émois.

Des différences biologiques méconnues

Je le constate régulièrement dans le quotidien de ma pratique : les hommes et les femmes ont une perception et une compréhension relativement floues de la physiologie de leur corps et de celle de leur partenaire. Chacun est encore à croire que l'autre fonctionne exactement sur le même mode ou que le corps, dans sa mécanique autonome, est complètement dissocié de l'esprit. Je suis pourtant convaincu que bon nombre de discordes dans les couples proviennent également de cette méconnaissance de l'autre. Aujourd'hui, par exemple, la science explique plus clairement les différences fondamentales entre hommes et femmes quant à la spécialisation des hémisphères cérébraux. Cette réalité physiologique a un impact direct sur la psychologie des êtres, dans les réponses qu'ils fournissent et les comportements qu'ils adoptent dans des situations données de leur quotidien. Dans la sexualité du couple, par exemple, les mythes sont extrêmement forts, autant que les malaises relatifs à l'expression ouverte des besoins. Les hommes et les femmes, sans distinction, sont souvent très hésitants à dévoiler à leur partenaire ce qui les stimule et les excite, par gêne, honte, peur d'être mal jugés ou perçus comme pervers. Alors, on ne parle pas de sexualité, on la vit – même si on la vit mal –, à moins qu'on ne la vive pas du tout !

De nombreuses phrases intérieures, assassines, agissent en tue-amour. Il y aurait quelque chose de honteux, voire de sale, dans le sexe. De toute façon, il y a quelque chose d'exigeant, de l'ordre du tabou, un tiraillement entre ce que l'on veut vivre, ce que l'on ose dire et ce que finalement on vit. Dans ce bouillonnement des eaux troubles de notre sexualité, il faut faire une place privilégiée à notre volonté libérée du non-dit et faire le tri entre stéréotypes et vérités. L'enjeu est de taille pour tenter d'éviter dans sa relation de couple une sexualité terne, froide, dans laquelle l'esprit s'adapte perpétuellement à un corps qui répond mal à un désir cadenassé et étouffé. Je vous invite donc à un petit voyage au cœur des différences dans la sexualité homme-femme, pour fournir une explication supplémentaire à ces non-dits qui taraudent les couples.

Des zones érogènes à découvrir

A priori, la sexualité de l'homme est génitale alors que celle de la femme s'étend plus naturellement à tout le corps. Ainsi, tenus sous le joug des stéréotypes, coincés dans une sexualité centrée sur le phallus, les hommes vivent leur excitation à la mesure de la fermeté de leur érection, pendant que les femmes s'érotisent au gré des regards intenses et des caresses coquines. D'emblée, chacun est dans sa bulle et l'excitation sexuelle est décalée. Bien sûr, on peut évoquer les différences physiologiques, car elles existent. On sait par exemple que pendant une montée d'excitation sexuelle l'afflux sanguin sera particulièrement concentré dans les parties génitales chez l'homme – d'où l'érection –, alors qu'il se répartira dans plusieurs parties du corps chez la femme. En toute fatalité, face à cette logique physiologique, on s'attristerait pour l'homme qui ne serait excitable qu'en partie, au niveau du pénis, alors que la femme pourrait être plus largement stimulée. Bien sûr, il n'en est rien. Tel est d'ailleurs la bonne nouvelle que les couples devraient accueillir ici avec grande joie : le corps est peuplé de zones érogènes multiples à découvrir, il est une source potentielle d'excitation dans sa totalité, à la fois chez l'homme et chez la femme. Je suis bien heureux d'ailleurs de faire cette annonce et j'espère sincèrement qu'elle ouvrira aux couples de belles perspectives de découvertes d'un plaisir sexuel toujours renouvelé. Informer les hommes que leurs lobes, leurs seins, leur entrejambe, par exemple, peuvent être sexuellement stimulés plonge déjà certains dans un véritable désarroi. Et pourtant, la question essentielle pour chacun revient alors à se demander ce qu'évoque l'idée d'expérimenter de nouvelles sources d'excitation jusque-là restées vierges.

L'idée n'est pas de se contraindre à essayer ce qui rebute *a priori*. Mais cet « *a priori* », il faut le comprendre, pour choisir sa sexualité et établir ses préférences sexuelles dans un vaste répertoire de pratiques possibles. Quel est ce malaise soudain de sortir de l'évidence d'un rapport sexuel tout à fait habituel pour explorer des parties du corps à haute teneur érogène ? Le développement des stades psychosexuels de l'enfance offre un élément de réponse. Dans une perspective psychanalytique, Freud indiquait que, selon le caractère normal ou non de son passage à travers les stades du développement sexuel de la petite enfance, un individu restera « fixé » à un organe particulier ou à plusieurs, si ses besoins affectifs du moment ont été insatisfaits ou surinvestis : fixé à la bouche (en lien avec le stade oral, de la naissance à 12-18 mois), ou à la région anale (en lien avec le stade anal, de 12-18 mois à 3 ans), et ainsi de suite, d'un stade psychosexuel à l'autre. Ce vécu, adéquat ou non, donnera une image assez juste du profil d'un individu quant à ses pratiques sexuelles futures : ses préférences, son indifférence, ses dégoûts, etc. Si l'individu n'a pas pu jouir à souhait d'un organe de plaisir dans l'enfance (téter le sein ou le biberon assez longtemps, ou être contraint trop tôt à la propreté, etc.), l'adulte vivra cette fixation en organisant sa sexualité autour du manque de cet organe de plaisir, pour essayer de compenser la frustration, ou développera pour ses organes une profonde aversion. Ainsi, selon l'expression de la fixation des individus, l'un devra essentiellement recourir à la bouche pour avoir du plaisir alors que l'autre éprouvera du dégoût à embrasser. Si la jouissance avec cet organe particulier a été une source extrême de plaisir dans l'enfance, l'adulte cherchera à renouveler insatiablement cette excitation archaïque, au détriment du reste des sources potentielles d'excitation et de jouissance. Ainsi, dans leurs rapports sexuels, certains adultes – homme ou femme – sont très centrés et excités, par exemple, par l'oralité ou l'analité.

Rappelons que cette fixation à un organe particulier du corps peut être une source de grande excitation ou d'intense dégoût, et ce, parce que au regard de la sexualité la ligne est extrêmement ténue entre attraction et répulsion, plaisir et douleur. Le refus d'explorer et d'accepter le bras, les doigts, la bouche, la région anale, ou d'autres parties du corps comme des zones érogènes potentielles, peut donc traduire plusieurs carences affectives vécues aux stades psychosexuels de l'enfance ; je rappelle que le corps en son entier est une vaste zone érogène à découvrir. Les conséquences de ces carences peuvent s'exprimer à bien des niveaux et résulter en une image corporelle mal construite, un rapport difficile à son corps, un accès douloureux ou impossible au plaisir, être réfractaire au toucher et à l'expression physique de l'affection, etc.

Les partenaires vivent régulièrement plusieurs blocages : dire clairement quelles sont les pratiques sexuelles qui les excitent ? Quelles sont celles qu'ils aimeraient expérimenter. Comment souhaiteraient-ils vivre leur intimité et leur sexualité ? Ils ne savent pas comment accepter de se découvrir ensemble, par le toucher érotique et sexuel. En fait, ils sont gênés, ils ont honte. Ils craignent que ce soit malsain de s'adonner ouvertement au plaisir. Peut-être – voire certainement – parce qu'ils ne sont pas seuls dans leurs ébats : ils invitent là, malgré eux, papa et maman, et ramènent dans leur lit ce regard parental posé sur eux, sur la masculinité, la féminité et la sexualité. En effet, ils ont également intégré de leurs parents leurs perceptions de la sexualité, essentiellement la transmission d'une image positive ou négative, d'une source de plaisir ou de dégoût, d'un échange physique valorisé ou dénigré. Comment être bien dans son corps, dans le contact à l'autre, quand les parents sont ramenés dans la relation tendre, intime et sexuelle, à titre de juges et d'observateurs ? Quel être sain pourrait-il librement faire l'amour avec ses parents présents dans la même pièce ? Pour une sexualité saine, il faut donc en premier lieu se libérer de ce bagage parental aux allures de censure, parfois trop présent en soi, pour accueillir sereinement l'étreinte, dans un acte libéré de toute conscience moralisatrice, où seul règne l'émoi, les souffles accélérés, les frissons d'excitation et le plaisir anticipé d'un orgasme éventuel.

À la rencontre de soi pour mieux rencontrer l'autre

Dans la sexualité, le couple définit un autre champ de communication dans lequel il échange et confie son besoin, verbalement et physiquement. Cette rencontre intime de l'autre ne peut se faire aisément sans une rencontre préalable de soi. Avant de connaître l'harmonie à deux, il est nécessaire de connaître l'harmonie avec soi. Cette rencontre intérieure est le bénéfice direct d'une vraie réflexion intime, un sérieux bilan de vie où chacun a fait le point sur ce qui fonde sa spécificité en tant qu'homme ou femme : sa véritable histoire familiale, son héritage identitaire, son rôle sexuel, sa personnalité, ses valeurs morales, ses projets, ses besoins, ses limites, etc. Je l'ai beaucoup affirmé, cette analyse de soi est souvent négligée au mépris de son propre épanouissement et au profit de la compréhension des besoins de l'autre. Or, pour être soi, finalement, il faut quitter définitivement les modèles parentaux pour inventer le sien. Parce qu'il a perdu le sens de son identité, l'homme actuel est plus à risque de confusion, de solitude et de détresse affective. Les femmes ont eu tellement à construire qu'elles ont suivi une voie qui leur était toute tracée : se battre pour acquérir droits et libertés. Elles évaluent leurs luttes du siècle dernier en gains et les hommes ne cessent de cumuler les pertes.

Loin d'adhérer à un modèle imposé par les diktats de la société, je conseille vivement à chacun de découvrir et d'apprivoiser ses dimensions féminines et masculines – puisque nous en avons tous – et de tenter de les vivre dans la société et surtout au sein de la vie de couple, en toute légitimité et sérénité. L'avantage immédiat de cette proposition est qu'elle place l'individu hors du champ dévastateur de la compétition entre hommes et femmes : chacun est invité à être soi, dans le partage de la richesse des différences. Alors peut naître le désir, dans la recherche de ce dont l'autre dispose et que l'on n'a pas et de ce dont on dispose et que l'on peut offrir. On comprend bien alors que le manque génère le rapprochement des êtres, non pas dans une sauvage compétition qui ravage l'amour, mais dans une complémentarité qui le bonifie. Pour évoluer, l'homme et la femme ont aujourd'hui à relever le défi de se découvrir et de s'aimer, au-delà du cadre restrictif des repères identitaires biologiques et sociaux. Ce processus ne peut s'effectuer que si l'individu passe par le psychologique, donc l'individuel. Ainsi, ayant réussi cette rencontre indispensable avec soi, chaque être s'accorde le privilège de rencontrer l'autre. J'ai toujours une réelle compassion pour ceux qui n'ont jamais vécu seuls, car il est impossible de confronter ses propres incohérences en perpétuelle présence de l'autre. À être toujours avec l'autre, comment savoir si cette relation traduit un amour sincère ou une peur panique de faire face à soi, un tourment profond de l'ordre de « je n'existe pas sans l'autre ». J'irais même jusqu'à dire qu'il faut avoir souffert de sa propre solitude pour espérer se rencontrer un jour, entre deux doutes, entre deux déchirures, pour enfin, à l'occasion d'un amour naissant, mesurer la fragilité et la précieuse nature des rapports intimes : apprendre à chérir soi, dans un sain narcissisme puis chérir l'autre, dans un sain narcissisme à deux.

Les couples menteurs

Le film *Kinsey* (2005) de Bill Condon décrit la vie tumultueuse du scientifique Alfred Kinsey, qui a dévoué sa vie à explorer les mystères des comportements sexuels humains, dans les États-Unis des années 1950 ; il est notamment le célèbre auteur du best-seller *Sexual Behavior in the human male* (1948) et le concepteur d'une échelle, portant son nom, sur la diversité des orientations sexuelles. Très vite, après la fascination suscitée pour la nouveauté de son discours et son aplomb à braver le puritanisme de l'époque, il se bute à de vives résistances qui auront presque raison de lui. Il ne se détournera pourtant jamais de son œuvre. Mais au-delà du sujet, aussi tabou soit-il, ce qui heurte ses détracteurs est la part d'inconnu, de non-avoué, de non-dit, que Kinsey extirpe tout à coup du discours des personnes interrogées, pour la mettre au jour dans ses conférences et ses écrits : il présente la vérité aux menteurs et aux hypocrites. Ce qui heurte finalement, ce n'est pas vraiment qu'il accède à des informations privilégiées sur la sexualité, mais qu'il ose les révéler : la réalité de l'intimité, la réalité de l'orgasme, la réalité de la frigidité, la réalité de l'impuissance, la réalité de l'homosexualité… Comme pour tout secret bien gardé, celui qui brise le pacte des interdits – de dire, en l'occurrence – s'attirera toujours les foudres de ceux menacés par la révélation. Quand un individu ou un groupe d'individus est malveillant, il y a un bénéfice à dissimuler la vérité, car il devient alors possible de tromper, de manipuler et de contrôler ; il devient surtout possible d'abuser. Il en est ainsi pour les couples menteurs : chacun détient sur soi une vérité non dévoilée à l'autre, et une part importante de l'énergie psychique est mobilisée à la dissimuler… pour en retirer un plus grand bénéfice.

La société actuelle est tout à fait propice aux amours infantiles avec sa sommation d'« être en amour à tout prix » et sa déclinaison la plus valorisée de « vivre un amour passionnel ». Le célibat est honteux, assimilé à une solitude désespérée et au rejet social : il *faut* être en relation amoureuse ! Et si de surcroît ladite relation est passionnelle, les partenaires se pâment et font la jalousie de leur entourage. La passion est populaire, elle renvoie au vertige de l'amour intense, celui qui enivre et fait planer. Pourtant, on sait que lorsque l'ivresse est recherchée avec avidité, elle sert surtout à altérer la conscience et mettre à distance une lourde réalité. Y aurait-il alors de la souffrance dans la passion amoureuse ? Les couples passionnés ne pouvant vivre leur amour que sur ce mode seraient-ils avant tout des êtres de souffrance, malgré leurs regards extasiés ?

La passion amoureuse

Précisons d'emblée que je ne m'intéresse ici qu'aux êtres qui ne peuvent vivre leurs relations amoureuses que sur un mode passionnel, sans jamais passer à un niveau d'attachement profond, durable et quotidien dans lequel ils craignent l'ennui.

Dans un monde où l'excès est confondu avec l'intensité, inévitablement la passion est confondue avec l'amour. Comme je l'ai déjà dit, il y a aujourd'hui une vraie désespérance face au célibat et les couples menteurs se fondent sur l'évitement d'une solitude qui les connecte trop à leur passé. Ces couples se rencontrent un jour et se reconnaissent d'abord dans leur névrose respective : certains troubles psychiques liés au champ affectif n'étant pas réglés chez chacun d'entre eux, ils se retrouvent pour compenser les vides émotifs de l'enfance. Dans une telle relation qui relie les êtres dans leur inconscient troublé, l'autre n'existe pas, il n'est qu'accessoire, un outil pour étouffer la peine. Cette peine, au lieu de lui faire face et de la « confronter » pour l'évacuer, elle est évitée ; l'évitement, comme mécanisme de défense.

La relation intime se développe alors avec un partenaire de vie à qui est attribué le rôle réparateur du parent absent dans les besoins affectifs de la petite enfance.

Le choix du partenaire est donc effectué en fonction des manques essentiels à combler : le manque d'amour, le manque d'autonomie affective, le manque d'estime de soi, le manque de confiance en soi, le manque d'écoute, le manque d'attention, le manque de valorisation, etc. Tous ces manques traduisent bien la même régression, le même blocage à un stade infantile sur le plan affectif, dans lequel l'individu est resté coincé. Or, on le sait en psychologie, lorsqu'un stade de développement est mal vécu chez un enfant, le développement se poursuit mais l'individu porte en lui les stigmates des difficultés non résolues au stade précédent : devenu adulte, il reste dans l'immaturité sur les dimensions affectives qu'il n'a pas pu construire dans l'enfance. Ainsi observe-t-on des adultes aux comportements émotifs et affectifs complètement immatures dans leurs interactions amoureuses : bouderie, crise de colère, jalousie, infidélité, contrôle, etc.

Le développement de l'attachement que l'on porte à un partenaire amoureux est avant tout le développement d'un lien affectif. S'il est tout à fait sain de vouloir trouver dans ce lien un lieu de sécurité, ce qui questionne davantage est le mode relationnel particulier que l'individu va instaurer avec son partenaire. La grande majorité des interactions typiques dans les couples se vivent dans la perspective essentielle de retrouver l'amour parental absent dans l'enfance. Sous des formes diverses, la trame des couples névrosés reste toujours celle de remplir rageusement le besoin d'amour, de provoquer la vibration intérieure intense qui fait que l'individu a tout à coup le sentiment d'exister… enfin !

Des vies se passent entièrement à courir après l'espoir d'un amour enveloppant, ultime tentative de boucher définitivement ce vide affectif laissé par une blessure béante. À la lecture des paragraphes qui suivent et qui décrivent peut-être votre histoire ou celle d'une connaissance, observez combien chaque partenaire, coincé dans son besoin, ne compte pas, n'existe pas. Dans la détresse névrotique du manque d'amour, l'un – celui à qui « l'on doit » – se retrouve de façon stéréotypée dans le refus du don, le refus de la générosité de soi, et, en miroir, l'autre – celui qui « ne mérite pas » – dans l'interdit de recevoir, l'interdit d'accepter la bienveillance.

La centième édition du *Petit Larousse illustré* (2005) définit la passion comme un « mouvement violent et impétueux de l'être vers ce qu'il désire ». Mais ne devrait-on pas plutôt dire « vers ce qu'il croit désirer » ? Car enfin, chez les adultes qui vivent leur relation amoureuse sur le mode de la passion, le désir est déplacé, il ne tend pas vers l'autre, partenaire réel. Il passe plutôt par l'autre pour tenter de faire vibrer la corde d'un amour qui a été absent dans la tendre enfance ou trop vaguement ressenti. De façon typique, les êtres submergés par la passion sont toujours fascinés par l'intensité partagée de leurs rapports naissants, s'en étonnent, s'en émeuvent et s'en valorisent. Ils sont alors certains de partager quelque chose de fort qui transcende les mots, ils se disent l'exception de leur relation et se sentent ainsi validés dans leur ressenti. Tout à coup, ils connectent au fantasme de l'état fusionnel des débuts de la vie, douce régression, vestige d'une étape de leur vie où on aurait dû les aimer avec intensité : tout à coup, ils expérimentent bonheur et complétude absolus. Alors les passionnés sont prêts à l'abandon, pour la première fois peut-être, mais cette illusion de liberté alimente plutôt une réelle dépendance, fatale avec le temps. Comme l'indique l'étymologie du mot « abandon », s'abandonner dans la passion est tout à coup « être à la merci de ».

Une relation passionnelle s'établit entre des êtres n'ayant pas ressenti d'amour parental durable pendant l'enfance ; soit des êtres à qui l'on n'a pas du tout donné d'amour, soit des êtres dont les besoins particuliers d'amour ont été totalement négligés. Est-ce à dire que les êtres qui ont vécu très tôt l'amour parental ne se figeront pas dans leur relation amoureuse, au stade embryonnaire de la passion ? Effectivement. Adultes, les enfants « bien-aimés », nourris d'amour à satiété, connaîtront la passion des débuts d'une relation amoureuse mais n'en resteront jamais là : ils développeront progressivement une intimité pleine de maturité. Les « mal-aimés » seront foncièrement plus à risque de vouloir tout mettre en œuvre pour provoquer la passion et s'en abreuver jusqu'à s'y noyer. Ils n'adopteront jamais la perspective, à plus long terme, de consolider leur relation en investissant l'intimité du quotidien ; pour eux, le quotidien n'est que tristement répétitif et routinier.

Les passionnés ne peuvent pas concevoir qu'ils se méprennent quant au fondement de leur attachement, car ils vivent tous deux leur élan amoureux sur le même mode. Or, cette validation mutuelle du bien-fondé de leur vécu est justement tout à fait symptomatique du caractère névrotique de leur passion amoureuse. Alors qu'ils sont tous deux dans le même aveuglement de leur passion, comment peuvent-ils se garantir ensemble la clairvoyance de leur situation ? Deux drogués sur le point de se piquer partageront intensément et avec complicité l'anticipation du plaisir qu'ils sont sur le point de vivre ensemble ; pourtant, ils ne partagent à ce moment précis que la complicité de leur autodestruction. Comme les drogués, les passionnés souffrent d'une compulsion et d'une dépendance qui les détruit. Dans le cas des passionnés, la dépendance est plus subtile, moins observable et moins tangible. Il faudrait passer tout son temps avec eux pour saisir à quel point ils ne « s'appartiennent plus » parce que, soudainement, ils sont déresponsabilisés. Les passionnés ne vivent que sur la fébrilité amoureuse : l'autre agit comme le déclencheur de leur projection d'un amour idéal ; il s'agit de ressentir les émotions fréquemment, intensément, douloureusement.

La recherche permanente d'un extrême émotionnel traduit combien les passionnés sont en dehors de l'équilibre d'une relation amoureuse saine qui intégrerait harmonieusement intensité ponctuelle et intensité quotidienne. L'angoisse des couples embourbés dans la passion est leur difficulté maladive à concevoir que le quotidien peut lui aussi être plein d'intensité dans sa constance, sa simplicité et le profond sentiment de sécurité qu'il inspire et génère. Dans la relation de couple saine, le répertoire des situations émotives est large, diversifié et ouvert. Dans la relation passionnelle, le répertoire émotif est extrêmement réduit, car les êtres naviguent toujours dans une intensité vive qui les stimule, mais dont la violence surtout les détruit. D'ailleurs, la racine latine du mot « passion » confirme bien cette réalité puisque *passio* vient de *pati*, qui signifie « souffrir ». Effectivement, les couples qui évoluent dans la passion sont des êtres dont le moteur est la souffrance : le plaisir de se faire mal ! Une douleur douce-amère qui procure le plaisir de vivre un fragment de vie exceptionnel. En cela, la passion rejoint la problématique de certaines déviations sexuelles, tel le sadomasochisme, dans lesquelles on retrouve exactement cette notion de « plaisir dans la douleur » avec sa pulsion autodestructrice. Dans le sadomasochisme, la jouissance sexuelle est subordonnée à la souffrance infligée à autrui ou provenant d'autrui. Dans la passion, le sadomasochisme est psychologique : la jouissance naît de l'illusion de fusionner avec l'autre ; la douleur, de la peur viscérale de perdre cette jouissance.

La relation amoureuse qui s'installe produit un violent impact sur le plan physiologique, avec, par exemple, son accélération des battements cardiaques et ses décharges de dopamine. Comme le drogué, elle déstabilise l'individu, parfois dans un véritable état altéré de conscience, dans lequel ses pensées sont constamment mobilisées par la nouvelle personne rencontrée. Cet état tout à fait palpitant est fort agréable, tout à fait normal et passager ; la majorité des individus acceptent ensuite de le laisser aller et de passer à d'autres étapes de la relation. Mais la relation amoureuse qui fonctionne sur un mode exclusivement passionnel n'a rien à voir avec cette passion – encore une fois tout à fait saine – des débuts d'une relation amoureuse. Les émotions vives et l'intensité des premiers balbutiements d'une rencontre, tout à fait extraordinaires, sont à vivre et se compteront d'ailleurs en semaines pour les uns, en mois pour les autres. Et il faut se résoudre un jour ou l'autre, qu'au caractère éphémère de la passion des premiers instants succède la passion du quotidien, un amour plus profond, ancré dans la réalité. Or il est des couples qui ne peuvent y survivre, des couples qui se défont lorsque la passion se transforme, des couples à la mèche courte, des couples feu d'artifice, des couples qui se meurent hors des extrêmes, des couples qui se dissolvent au contact des petits bonheurs de la vie. Dans la passion amoureuse, les partenaires s'abreuvent allègrement d'illusions, ne démordent pas de se leurrer et deviennent en cela des couples menteurs. Quelle est donc cette intensité soudaine qui les consume douloureusement ? Incontestablement, l'illusion de la découverte de l'autre comme lieu de tous les possibles. La personne avec laquelle est vécue la passion est surinvestie psychologiquement et devient immédiatement celle vers où toutes les fantaisies convergent. Le partenaire devient soudainement un être de perfection, un être idéal, et la réalité de sa différence, de son individualité est gommée. Ainsi se manifeste le narcissisme du passionné qui ne voit en l'autre que le reflet de ses profondes aspirations : l'autre est ce qu'il a toujours voulu, celui de qui seront comblés tous les manques.

Les passionnés se privent de ce qui fait la beauté première d'une relation à deux : la richesse de la différence. Avec la passion, on est dans un absolu sans bornes, totalement déraisonné, où chacun est parfait. L'intensité de l'illusion ébranle violemment les passionnés et c'est ce qui leur confère alors le sentiment d'exister… bien sûr, leur interprétation est erronée. Parce qu'ils ne sont pas en contact avec leur propre réalité et ne se résolvent pas à voir qui est vraiment leur partenaire et ce qu'il révèle en eux, ils surestiment ses qualités et sous-estiment ses défauts. Chacun projette sur l'autre le fantasme de son idéal de partenaire, un partenaire totalement construit à partir de besoins affectifs non satisfaits ; évidemment, cela n'a rien à voir avec les traits physiques et les traits de personnalité réels. La réalité n'intéresse surtout pas le couple en proie à la passion, car il se nourrit exclusivement de fantasmes, d'illusions et d'une intensité émotive surjouée et non durable. Le temps est une donnée essentielle chez les couples passionnés, car ils ne vibrent vraiment que dans l'éphémère. Même s'ils se plaisent à croire que leur passion durera toujours, ils savent malgré tout, consciemment ou inconsciemment, que le temps aura raison d'eux.

La perte d'intimité

Je fais fréquemment le constat suivant lors de mes consultations de couple : l'un des deux a le sentiment profond – à moins que les deux le constatent et l'admettent avec désarroi – qu'ils sont incapables d'intimité, à cause de la froideur de leurs rapports et d'une distance omniprésente, impossible à combler. Le malaise se traduit dans la fréquence irrégulière ou le caractère insatisfaisant des rapports d'intimité. Les situations les plus fréquemment rapportées par les couples décrivent bien, au quotidien, la difficulté majeure d'installer une intimité de façon durable : Monsieur est centré sur le rapport sexuel, Madame souhaiterait une mise en contexte plus habile, des embrassades ou des caresses, sans mener systématiquement à une relation sexuelle complète. Monsieur ne sait pas comment approcher Madame, alors il s'abstient et attend une sollicitation qui ne vient pas souvent, voire jamais. Madame sent la pression de la part de Monsieur, sans qu'elle soit nommée, Monsieur vacille entre la volonté de comprendre et respecter les limites de Madame et la colère. Madame est insatisfaite du manque de considération de Monsieur et se ferme aux relations sexuelles pour manifester sa frustration.

Dans tous les cas, la tension est toujours réelle et place le couple dans un rapport inévitable de distance, pour s'empêcher de souffrir dans un rapport de proximité. En fait, l'isolement émotif maintenu annule ou inhibe fortement les rapports d'intimité et les rapports sexuels possibles. Ce que l'on doit comprendre ici, comme cause explicative, est que l'un des partenaires exprime autrement, par ses comportements d'éloignement ou de maintien d'une distance dans laquelle les rapprochements sont difficiles, une immaturité émotive et affective dont l'origine est antérieure au couple. L'adulte fonctionne ici, sur le plan affectif, comme un enfant centré sur l'atténuation de son anxiété et la satisfaction de ses besoins. Si l'enfant est égocentrique, par nature, dans son urgence de développement, l'adulte, lui, devrait pouvoir choisir dans un vaste répertoire de mouvements fluides de va-et-vient, de soi à l'autre : être capable de puiser en lui et de donner à l'autre, s'accorder le crédit de mériter de recevoir et être capable de recevoir de l'autre. La piste d'investigation qui est alors offerte au thérapeute est fort intéressante car, expliquée au couple, elle le sort, pour un temps seulement, d'une anxiété et d'une colère paralysantes : les partenaires croyaient, sans le dire, que cette difficulté d'intimité s'était installée fatalement avec le temps dans leur couple. Il est souvent bon de les informer que ce malaise dans leur relation est, avant tout, un malaise individuel que révèle la dynamique de leur couple ; un peu comme une photo qui ne révèle son image que lorsqu'elle est plongée dans un bain chimique particulier.

S'il n'y a pas de relation de couple sous le signe du « nous », c'est parce que l'un ou l'autre ou les deux ne lâchent pas le « je » de la fermeture et de l'égocentrisme pour le « nous » de l'ouverture à soi et à l'autre. Cette absence de contact à l'autre m'est souvent décrite par des personnes qui ressentent de façon récurrente, pendant une relation sexuelle, combien leur partenaire est extérieur au moment présent, observateur de la relation sexuelle qu'il est en train de vivre. Telle est la marque des individus enchaînés sur le plan émotif, dans une attitude de protection globale, pour que l'autre n'atteigne jamais ce noyau profond qu'il protège, cette part d'eux-mêmes un jour lourdement blessée par un parent froid et distant ou trop intrusif. « Si je ne m'abandonne pas tout à fait avec l'autre et à l'autre, je ne risque pas d'être atteint et blessé, une fois encore. » Un individu qui ne peut pas se sentir épanoui dans une relation intime ne le constate précisément que lorsque la perspective d'une relation intime se présente à lui, lorsque tout à coup l'autre fait un pas vers lui ou lui tend la main. Souvent, les partenaires du couple vont pour la première fois reconnaître la nécessité de se décentrer de l'autre comme source de leurs maux, pour s'ouvrir à la nécessité de replonger en eux afin de mieux se comprendre : quels sont les ingrédients particuliers, propres à eux et à leur histoire, qui se sont exprimés dans le choix – inconscient avant tout – de ce partenaire de vie ? Et comprenons, une fois pour toutes, que le rapprochement d'un inconnu, sur le plan amoureux, n'est jamais le fruit du hasard. L'inconscient joue un rôle essentiel dans la rencontre des êtres. Ouvert à cette assertion, il devient tout à coup plus aisé de saisir la tendance de certains à rencontrer, relation après relation, des individus au même profil psychologique.

La répétition des amours souffrantes

Les personnes qui viennent consulter pour des difficultés associées aux rencontres amoureuses sont toujours stupéfaites de constater à quel point elles sont attirées « naturellement », et de façon récurrente, par des partenaires avec lesquels elles revivent les mêmes souffrances. « Je ne comprends pas, je rencontre toujours le même type d'homme, alors que je me jure chaque fois que je ne me laisserai plus prendre. » Pourtant, les mêmes erreurs se répètent et de vieilles blessures sont ravivées, comme si la personne se heurtait sans cesse contre le même mur, sans jamais pouvoir le contourner.

Tant que les mécanismes inconscients qui fondent le choix du partenaire amoureux ne sont pas ramenés à la conscience, la personne est condamnée à la répétition des mêmes erreurs et à la douleur des mêmes blessures. Ainsi, les personnes ayant manqué d'attention, de valorisation et d'affection avec leurs parents vont s'organiser dans leur vie d'adulte pour rencontrer des partenaires avec lesquels elles vont – enfin – pouvoir combler ce manque et réussir – enfin – à être aimé comme elles l'ont tant souhaité : une telle relation est inévitablement vouée à l'échec, essentiellement pour deux raisons. D'abord, parce que l'autre n'existe pas pour ce qu'il est mais pour ce qu'il peut offrir ; on lui confie le lourd mandat de réparer les blessures de l'enfance. Ensuite, parce que du fait d'une sélection de partenaire biaisée, une personne aura une fâcheuse tendance à choisir quelqu'un qui la maintiendra perpétuellement dans la frustration. Elle ne recevra jamais assez, comme elle ne recevait pas assez dans l'enfance, et la relation de couple va se débattre alors dans un désir troublant d'une conquête incessante jamais réussie. Ces personnes arrivent d'ailleurs en thérapie, littéralement épuisées, frappées d'une profonde tristesse. Elles se voient coincées dans une course effrénée après l'autre, pour être aimées, mais elles ne vivent que le rejet permanent car l'autre ne leur accorde pas l'amour auquel elles aspirent tant. Dans ce cas, en psychothérapie, nous allons travailler ensemble à faire le point, le bilan de leur histoire, pour saisir le fondement de leur souffrance et les aider à accepter que ce qui n'a pas été vécu sur le plan affectif avec les parents ne le sera plus à l'âge adulte. Quand on a clairement identifié ce que l'on veut vivre dans une relation amoureuse en fonction de son histoire de vie, en l'occurrence ce que l'on peut vivre et ce que l'on ne peut plus vivre, il est beaucoup plus évident de sélectionner la personne qui convient, et d'écarter un choix névrotique qui serait animé par la tentative désespérée de répondre à un vide affectif de l'enfance.

7

La réussite du couple

Les librairies offrent une multitude de livres sur des recettes de couples gagnantes, qu'il faudrait appliquer textuellement, en gage de réussite. Je n'y crois pas. L'approche me paraît simpliste et déresponsabilise les couples qui doivent absolument développer leur propre formule, leur propre dynamique de communication. Il n'y aurait donc pas une recette et une seule à la réussite du couple, mais de multiples recettes originales à créer par deux individus aux histoires de vie et aux personnalités tout à fait particulières. J'ai également la conviction que la prise de conscience de plusieurs dimensions est essentielle pour placer le couple dans une meilleure perspective d'épanouissement. L'objet premier de cette réflexion sur la réussite du couple est donc de vous livrer le contenu des écueils à éviter et des différentes dimensions qui ont fondé l'harmonie des couples avec lesquels j'ai travaillé au cours de mes années de pratique. Vous n'y trouverez pas de recettes miracles mais des pistes pour inventer la vôtre. Puissent-elles largement vous inspirer pour améliorer votre relation actuelle ou construire de solides fondations dans celle à venir.

Cette partie m'est inspirée d'un disque *lounge* de Claude Challe, *Je nous aime*, peuplé de mélodies d'influences internationales, rythmées, envoûtantes et sensuelles, véritable apologie et hymne à l'amour. Le disque harmonise admirablement les styles, sans qu'aucune influence ne perde jamais son unicité. Il m'évoque le véritable enjeu du couple, qui, lorsqu'il est épanoui, ne sacrifie jamais le « je » au profit du « nous », le « moi » au profit du

« toi ». Dans le couple heureux, il est incontournable de construire un espace réfléchi qui serve équitablement à chacun.

Comme je le mentionnais précédemment dans ce chapitre, il n'y a pas de couple si les besoins de l'un priment sur ceux de l'autre, si la dynamique du couple est perpétuellement tournée vers l'atténuation des tensions intérieures de l'un des deux ou des deux. Si tel est le cas, le couple passe son temps coincé dans un mouvement énergivore de réassurance, pour diminuer les insécurités, les vides et les manques. Dans cette dynamique de souffrance, le plus en besoin envoie au partenaire un message implicite de détresse, verbal ou non verbal : « C'est le temps de me calmer, car les tensions montent à l'intérieur et je ne sais pas quoi faire. Rends-moi moins anxieux et plus heureux. Donne-moi et apaise-moi, tout de suite. » Dans cette urgence, on sent bien la composante agressive, car le partenaire de qui on exige n'existe pas, il se résume à un outil duquel on exige une réponse immédiate à une demande émotive et surtout une réponse efficace. Le risque est grand pour le couple de développer une dynamique de dépendance, si les réponses satisfont le partenaire en demande, ou de mener à des crises répétées, si les réponses sont refusées ou ne réussissent pas à répondre au besoin du moment. Quelles que soient les réponses possibles à une telle demande, la personne en manque ne sera jamais complètement rassurée, tout d'abord parce que la demande n'est pas légitime, ensuite parce qu'il revient à soi de régler l'anxiété ou l'angoisse issues de conflits intérieurs non réglés. Un partenaire de vie peut certes atténuer la lourdeur d'une anxiété ponctuelle – contextuelle –, mais il ne peut rien pour un niveau d'anxiété latent quasi permanent qui entrave fréquemment la fluidité relationnelle, dans le quotidien du couple. Il y a là un excès qu'il faut alors penser traiter avec l'aide d'un psychologue.

Pour se protéger des exigences que réclame la relation à deux, pour fuir l'investissement affectif, les couples réduisent essentiellement la notion de couple à sa définition minimale : être deux. De façon accessoire, ils vivent un vague lien affectif, partagent le même lieu de vie, élèvent des enfants ensemble. J'ai souvent l'idée qu'ils adhèrent davantage à une image stéréotypée de couple – une apparence extérieure de couple – qu'à une implication réelle émotive, un élan intérieur qui motive leurs comportements. Or, vivre un lien affectif ne se résume pas à quelques échanges affectifs avec rapports sexuels de fréquence variable. Partager la même maison n'est pas, non plus, faire usage commun des différentes pièces avec la famille. Élever des enfants ne revient pas à leur fournir vêtements et nourriture, à aller les chercher à l'école, à organiser les activités parascolaires de soirs et fins de semaine et à planifier les vacances. On est évidemment très proche du « je » lorsque chacun conçoit son engagement et son rôle sur un mode concret de tâches diverses auxquelles il faut se conformer et où le respect de ses tâches accomplies relève davantage de l'obligation que de l'investissement émotif.

Si l'on considère les principaux auteurs qui se sont attachés à décrire des stades de développement chez les individus, tous s'accordent à dire que le stade adulte est celui d'un mouvement d'ouverture et de rapprochement vers l'autre. Freud le qualifie de *stade génital*, Erikson d'*intimité* par rapport à *isolement*. L'un des principes fondamentaux de la théorie psychanalytique est que l'individu est naturellement poussé à la satisfaction de ses besoins, particulièrement animé par cette énergie sexuelle qu'il nomme libido. Quelles que soient les affinités que l'on partage avec cette proposition de base, il est incontestable que le propre de l'accès au stade adulte consiste à accéder à la génitalité, et donc à une maturité sexuelle dans son rapport avec l'autre. Ainsi, il est essentiel pour l'équilibre psychologique d'un individu, qu'il soit capable de développer des relations intimes et des rapports sexuels réguliers avec un autre adulte. Bien sûr, la réalité des relations affectives et amoureuses peut faire en sorte que pour un temps, une personne se résolve ou « choisisse » de ne pas vivre de relation de cette nature – ce peut être même très sain dans une période de bilan de vie ou après une rupture –, mais en aucun cas ne devrait-on considérer équilibrant de se soustraire de façon définitive à une relation d'intimité avec rapports sexuels.

Je reçois toujours avec beaucoup de circonspection les justifications abusivement rationnelles de ceux qui font l'apologie de l'abstinence ou du choix éclairé du célibat à long terme. Comme « vouloir à tout prix être en relation et passer sans cesse d'une relation à l'autre » me paraît un signe suspect de santé psychologique, « refuser d'entrer en relation affective et intime » traduit un malaise intérieur profond de l'ordre de la protection excessive. Contre quoi du reste ? Certainement une blessure narcissique profonde, une souffrance suffisamment puissante pour éliminer de sa vie ce qui devrait initier la volonté de grandir et la maturité psychologique : désirer et être désiré, toucher et être touché, aimer et être aimé.

Pour Erikson, la conjonction des changements physiques et des exigences culturelles pousse un individu à accéder au stade psychosocial de l'intimité qui projette résolument l'individu dans une maturité adulte : il est alors censé développer une relation intime véritable. Comme pour tous les stades psychosociaux développés par l'auteur, il y a toujours opposition entre deux tendances extrêmes qui seront intégrées ou non, selon la nature et la qualité du développement : dans le cas présent *intimité* en opposition à *isolement*. Si l'intimité lui est impossible, l'individu vivra une crise existentielle qui aura des conséquences directes sur sa capacité d'établir des relations satisfaisantes au cours de sa vie. En ce qui concerne le couple, Erikson considère que chacun doit être en mesure de s'épanouir dans une relation d'intimité, sinon il est « condamné » à un isolement sous forme de retrait ou de repli de soi. Précisons d'ailleurs que ce retrait ne s'observe pas seulement chez les individus qui refusent d'entrer en relation et s'imposent le célibat, il est aussi particulièrement fréquent chez ceux qui, dans la relation de couple, sont incapables d'intimité. Devenir adulte – car c'est bien de cela qu'il s'agit – implique donc, entre autres, l'accès à la génitalité, à la maturité sexuelle et aux rapports d'intimité. Lorsque l'individu est interdit à l'un de ces pôles, l'intégrité de son équilibre à long terme est fortement menacée et la relation de couple mise en échec.

Éviter l'individualisme

Le roi Midas était riche et habitait un immense palais. De plus, il se croyait très intelligent. Imbu de sa personne et comme il était le roi, nul ne pouvait défier sa vanité. Un jour, on lui amena un vieil homme, accusé d'avoir volé des grappes de raisin. Midas l'aurait volontiers condamné, car il n'avait aucune considération pour les êtres qui ne lui étaient pas utiles. Or il reconnut immédiatement Silène, le protégé du dieu Dionysos. Flairant là une belle occasion de se faire valoir, Midas célébra Silène avec faste pendant dix jours et s'organisa pour provoquer une rencontre, en apparence fortuite, avec le dieu Dionysos. Puisqu'il avait si bien pris soin de son vieil ami Silène, Dionysos n'eut d'autres choix que d'exhausser le désir de Midas de posséder le pouvoir de transformer tout ce qu'il touchait en or ; même si Dionysos considérait ce souhait tout à fait futile et digne d'un simple d'esprit. L'émerveillement fut immédiat mais ne dura pas. Midas devint très vite désespéré, car il ne put bientôt ni boire ni manger. Il supplia alors Dionysos de cesser sa souffrance et le Dieu lui fit grâce en l'envoyant se plonger dans la rivière Pactole, pour laver les traces de son vœu stupide. Finalement, tous apprirent le malheur de Midas et se réjouirent avec délectation de la punition des dieux de ce sot présomptueux !

La légende de Midas introduit bien le portrait et la misère de l'individualiste : narcissique invétéré, condescendant, obnubilé par ce qu'il peut soutirer aux autres pour briller davantage et flatter son *ego*, il est toujours puni de sa vanité et finalement condamné à la solitude. Dans la relation de couple, il en est ainsi : il n'y a pas d'individualisme possible, de l'individualité, oui, mais pas d'individualisme. L'individualiste a tendance à ne penser qu'à lui, à ne jamais douter de son jugement et à manquer d'introspection ; par contre, l'individu en contact avec son individualité est au clair avec ce qui le distingue des autres, ce qui fait son originalité. Là est bien la différence entre l'adulte immature et celui ayant acquis la maturité de cette période d'âge. L'individualiste ne peut concevoir son rapport à l'autre sans anticiper les bénéfices qu'il en retire : en quoi la relation lui rapporte sur les plans émotif, social, professionnel, sans qu'il ait trop à donner. Pour lui, l'autre est un outil, un moyen, un tremplin.

Sur le plan émotif, l'individualiste entretient une relation qui le sécurise avant tout et dans laquelle il est tout en contrôle. Le contrôle qu'il exerce sur l'autre n'est pas forcément énoncé de toute évidence et peut s'exprimer avec subtilité, sous des airs de douceur et de gentillesse. Il choisit une relation amoureuse qu'il « maîtrise » bien, dans laquelle il manipule l'autre et où il ne court jamais vraiment le risque de se dévoiler. Chez l'individualiste, il semble toujours exister une part tout à fait inatteignable.

Sur le plan social, l'individualiste est un être qui brille souvent par son approche sensible aux autres, « il est celui que tout le monde apprécie et son partenaire a bien de la chance de partager sa vie » !

Sur le plan professionnel, l'individualiste réussit bien, en général, justement parce qu'il entretient des relations d'affaires harmonieuses… en apparence seulement. En effet, étant donné que les autres existent peu pour lui, sa partenaire de vie est seule à observer les frasques de sa vraie personnalité. Ainsi, de retour à la maison, il est irritable, contrarié, désagréable. Il a tendance à l'exaspération facile et décrit souvent les autres – collègues de travail ou amis – avec condescendance et mépris. Si tout le monde y passe, il en est de même pour la conjointe qui, elle aussi, devient bientôt l'objet de ses critiques. L'individualiste se sent profondément incompris et les autres ne réussissent jamais à le rendre heureux.

La force de l'individualité

La trame à suivre, le cap à ne pas perdre de vue, est bien celui d'un engagement émotif dans la relation à deux, un engagement amoureux sensible, qui se définit dans un mouvement d'échange avec soi et avec l'autre. À l'opposé de l'individualisme, la force de l'individualité est la richesse d'un contact privilégié aux trois entités interreliées du couple : le moi de l'un, le moi de l'autre, la dynamique entre les partenaires, c'est-à-dire le « nous » ; ici, le « moi » doit être compris au sens psychologique du terme, soit « l'ensemble de la personnalité ». Ainsi, l'individu capable d'individualité peut-il librement être disponible aux besoins raisonnables de l'autre, tout en ne perdant jamais contact avec lui-même. Dans l'individualité, la personne sait toujours quelle est la part d'elle-même qu'elle ne peut en aucun cas sacrifier à l'autre. Elle se garde alors – tel un précieux cadeau offert régulièrement – des moments de qualité où elle se satisfait. Les formes de ce plaisir fréquent à soi peuvent être tout à fait diverses et propres à l'idée que chacun se fait de son bien-être : s'accorder un moment choisi de solitude, s'offrir un massage, prendre un bain, rencontrer des amis, organiser des activités sportives, lire, voyager, écouter de la musique, etc. Continuer à exister, à garder du temps pour soi, tout en aménageant du temps pour l'autre et l'épanouissement de la relation. Chacun dans le couple trouvera sa formule, mais il est essentiel, pour la santé mentale et l'équilibre de tous, de ne jamais perdre de vue une entité précieuse : soi !

Avant d'être un partenaire de couple, avant d'être un parent, une personne est surtout un être adulte – une femme ou un homme – avec ses aspirations propres : une individualité potentielle et en évolution. Un être à part entière à satisfaire en priorité, avant de s'offrir et se rendre disponible à l'autre ou aux autres. Cette nécessité est fréquemment négligée, voire totalement oubliée ; et cela n'a rien à voir avec l'égoïsme dont certains font preuve. L'individualiste est égoïste, car il ne se préoccupe que de son plaisir et de son intérêt et c'est bien le caractère exclusif de cette préoccupation qui fait de lui un égoïste ; pour l'individualiste, l'autre n'existe pas, ou si peu. L'individu ayant développé une saine individualité prend soin de son plaisir et de son bien-être mais ne sacrifie jamais sa relation à l'autre.

Il est fréquent, pendant les psychothérapies, que les personnes aient une difficulté majeure à décrire ce à quoi elles aspirent. Elles parlent de leur partenaire de vie, de leurs enfants, de leur carrière, mais rares sont les idées relatives à soi. Habitués à s'oublier et à passer au second plan, vidés par un horaire et un emploi du temps qui n'autorisent que la course effrénée, les individus ne savent plus tout à fait qui ils sont. Certains sont tout bonnement incapables de dire avec certitude la dernière fois qu'ils se sont accordés une période de temps, juste à eux. Éberlués par le constat banal de cette distance ineffable qui les sépare d'eux-mêmes, j'en observe dans mon bureau qui sourient ou éclatent de rire, nerveusement, comme s'ils ressentaient tout à coup le poids ridicule de cette énormité ; j'en écoute d'autres pleurer, effondrés de mettre enfin des mots sur une réalité devenue insupportable. On entend souvent la maxime « on naît seul et on meurt seul », et je suis d'accord ; peut-être faudrait-il ajouter que l'on « vit seul ». Voilà donc une bien belle vérité, à mon sens, une conception très saine de la vie, l'acceptation presque automatique – et non fataliste – de la responsabilité d'équilibre, de santé et de prise en charge, que l'on a et doit avoir de soi. D'un coup, on vient de décharger le partenaire de vie d'un poids immense : l'obligation de nous rendre la vie douce et heureuse.

Comme individu « vivant », définitivement ancré dans l'éros et le courant de la vie, un individu équilibré se doit de répondre à ses besoins – même si l'un d'entre eux consiste à atténuer son angoisse de vivre. Il se doit de comprendre, de répondre à ses souffrances et à ses difficultés, et de régler ses troubles et conflits intérieurs. Ce travail actif peut plus difficilement être effectué en couple, car la relation sensible et affectueuse à l'autre vient inexorablement biaiser le rapport à soi : pourquoi ce partenaire est-il dans ma vie ? Parce que je ne peux répondre seul à mes difficultés ou parce qu'il est l'être pour lequel j'éprouve un amour sain ? Qu'est-ce alors qu'un amour sain ? Essentiellement, un amour dégagé de toutes demandes abusives de compensation des manques affectifs de l'enfance. En effet, il y a des vides affectifs que l'autre ne devrait jamais avoir à combler ; sinon, la relation ne peut s'installer autrement que sur un mode névrotique de dépendance. À l'inverse, une relation de couple qui évite ces écueils s'établit chez deux personnes au clair avec leur individualité – à mon sens, deux personnes aux personnalités fortes et adaptées. Elles connaissent la nécessité de la relation à soi et le bénéfice des moments implicites d'intimité mais n'oublient jamais l'autre et dosent avec finesse le temps qu'elle lui consacre. En cas de difficulté chez leur partenaire, elles acceptent aisément, en lien avec la nécessité du moment, de ralentir pour un temps – mais pour un temps seulement – les périodes qu'elles s'accordent : les instants de bien-être à soi ne priment donc jamais sur une difficulté que vit l'autre et qui réclame une écoute active. Là encore, il faut exercer cette disponibilité avec discernement.

Disponible à l'autre avec discernement

Ponctuellement, il est tout à fait compréhensible que chacun ait besoin de se sentir clairement « reçu » par l'autre, dans un épisode de vie plus mobilisant sur le plan émotif. Qu'il apparaisse banal ou significatif pour celui qui ne le vit pas, cela n'est pas important. Trop souvent, le membre du couple qui va mieux a tendance à banaliser le problème de l'autre, ou à vouloir à tout prix proposer des solutions. Cette maladresse ne fait parfois que créer une distance supplémentaire entre les partenaires, qui surajoute tout à coup à la difficulté du moment. L'attitude aimante, bénéfique pour les deux partenaires, consiste bien alors à ne pas juger de la pertinence d'une difficulté et accepter que si le partenaire la vit et qu'elle mobilise son esprit, il est tout à fait honnête de lui accorder du crédit. Ce que ressent votre partenaire, il ne l'invente pas. Alors, on ne devrait pas nier ou dénigrer la souffrance de l'un, car cela ne peut que le blesser et l'encourager au mutisme dans l'expression de ses émotions. Et peut-être que ce « détail » – pour vous seulement – qui le mobilise psychologiquement, révèle un élément mal identifié qui ravive une douleur plus profonde. On ne se trompe jamais – je ne cesse de le répéter en thérapie – à accepter que si une situation, aussi anodine soit-elle, affecte intensément un individu sur le plan émotif, il est incontestable que cette situation n'est que la pointe de l'iceberg.

En situation émotive, il est parfois difficile de prendre du recul, mais si la réaction provoquée par l'interaction du moment est surdimensionnée, il est clair que l'objet de la dispute est le déclencheur d'une souffrance réelle, plus lointaine et mal identifiée. Il faut alors absolument que celui qui vit ce malaise s'interroge sur ce qui se passe intérieurement et, surtout, protège de sa rage dévastatrice l'être aimé, présent, mais non responsable. Même si le rôle d'un partenaire aimant est de se mettre à l'écoute de celui qui en a besoin, la part de l'autre revient à verbaliser clairement son besoin d'écoute. Une approche pleine de maturité consiste en soi à communiquer précisément à son partenaire ce que l'on attend exactement de lui : une écoute, un conseil, la validation d'une perception, etc. Celui qui est en demande ne peut absolument pas s'attendre à ce que son partenaire devine son besoin au-delà de sa propre demande. Il serait assez fantastique, en effet, que, dans un moment difficile de confusion intérieure et d'émotions vives, le partenaire verbalise le problème en question. Mais il n'en est jamais ainsi et cette attente est bien infantile.

Tout à coup, il faudrait que le conjoint devienne ce parent perdu depuis longtemps qui comprenait et remplissait les besoins sans avoir à les exprimer. Dites-vous – il serait temps ! – que cet âge est révolu et qu'un adulte, par définition, est une personne qui sait identifier ses besoins et les exprimer clairement avec des mots, et non dans l'ambiguïté ou l'ambivalence. Certaines phrases typiques traduisent une grande détresse intérieure, une incapacité de se contrôler, et reviennent d'ailleurs souvent dans les couples : « tu vois bien que ça ne va pas et que j'ai besoin de toi, même si je ne le dis pas... » « Même si je crie, tu pourrais me prendre dans tes bras pour me calmer... » « Si je boude, c'est parce que tu ne comprends rien et que tu ne m'aides pas... » Je sais que dans une période de tourments, le fantasme se résout à ce que le partenaire produise la réponse tant attendue intérieurement ; mais, à ce moment précis, ce n'est plus l'adulte qui s'adresse à l'autre, mais la partie infantile de l'être, la partie blessée de soi qui fantasme la présence d'un parent qui adopterait le bon comportement et qui apaiserait tout à fait ; rappelons une fois encore que ce n'est pas le rôle du partenaire. Disons, enfin, que si l'on choisit d'appliquer un conseil demandé au partenaire, il serait bien inacceptable de lui reprocher un jour les conséquences négatives qu'il a pu engendrer. Un individu est toujours responsable de ses idées et de ses actes.

Communiquer, un terme à réinventer

« Communiquer », le maître-mot de la relation de couple, est employé à tue-tête, dans une ignorance totale de la réalité qu'il revêt vraiment. Compromis par un mauvais usage ou une absence de conception, *communiquer* reste l'un des mots les plus communs de la langue d'usage courant, utilisé à tout va. Les médias et les livres à caractère psychologique font régulièrement l'éloge de son incontournable nécessité dans une relation à deux ou en groupe : il faut donc communiquer ! Dans les émissions télévisées auxquelles je participe, les animateurs et les « recherchistes » sont exaspérés à l'idée d'évoquer une fois encore – une fois de trop – l'enjeu d'une absence de communication dans les couples. Tous parlent avec une relative condescendance de cette notion que l'on semble si bien connaître, parce que le mot est simple en soi et que l'on se targue généreusement d'exprimer aujourd'hui ses émotions. Pour ma part, chaque fois que je le peux, je ne me lasse pas, en éducateur de foule, d'insister lourdement non pas sur l'importance de la communication, mais sur le simple fait que les partenaires amoureux, les parents – et, les enfants en conséquence, – ne communiquent pas. À titre de psychologue clinicien et pour éviter que chacun ne teinte ce terme de « communication » de sa propre définition, je choisis d'en proposer une qui donnera la couleur de mon propos : « Communiquer consiste à établir une relation avec autrui en transmettant un message verbal et non verbal non équivoque. »

Sur le plan émotif, communiquer revient alors à dire avec des mots la vérité du trouble passager ou constant qui mobilise : joie, plaisir, peur, panique, surprise, colère, etc. En effet, que l'émotion soit positive ou négative, elle déstabilise toujours pour un temps l'individu qui la vit. Oui, l'émotion bouscule et fait vibrer, telle est sa principale caractéristique : être ému et être en vie ! Il n'est d'ailleurs qu'à évoquer combien souffrent les individus qui ne ressentent pas, les miséreux « coupés de leurs émotions » ; tous rêvent de ressentir à nouveau. Dans le couple, rares sont les individus qui acceptent de fonder leur relation sur ce sincère dévoilement, car se dévoiler, c'est s'exposer et tolérer de livrer de soi un champ de vulnérabilités. Il faut avoir confiance pour communiquer. Ainsi, que la communication soit intrapersonnelle (de soi à soi), ou interpersonnelle (de soi aux autres), elle émane essentiellement de la personnalité des individus, de leurs motivations et de leurs besoins. Dans cette mécanique intérieure, plus subtile en vérité qu'*a priori*, ce qui prévaut dans l'acte de communiquer est l'*intention* – consciente ou inconsciente – qui anime l'émetteur du message. Ainsi, un individu ne cesse au quotidien de tenter de s'exprimer, dans un bombardement incessant de messages verbaux et non verbaux, mais dans quel but au juste ? Pour se découvrir ? Pour se comprendre ? Pour s'estimer ? Pour renforcer la confiance en soi ? Pour comprendre l'autre ? Pour échanger ? Pour influencer ? Pour exister dans le regard de l'autre ? Pour être valorisé ? Pour être aimé ? Il est de la responsabilité de chacun d'être au clair avec sa réponse.

Mettre des mots sur ses émotions

L'efficacité de la communication dans la relation à soi et dans la relation de couple est toujours contextuelle, c'est-à-dire étroitement liée au moment précis où elle se vit et à la nature de son déclencheur. Je ne crois pas à la communication gratuite, animée par le simple exercice physique de la mâchoire et des organes vocaux ; même chez le bébé qui produit des sons variés, il y a tentative réelle de capter l'attention et d'exister de plus en plus efficacement. Tous les individus s'expriment sans cesse, par des messages qui revêtent pour eux des significations réelles et une intention profonde, consciente ou inconsciente. Que l'on dise mal ou plus clairement, les individus tentent sans cesse d'ériger des ponts pour créer un lien avec soi ou avec les autres. Or, dans ce que j'observe au quotidien des relations à soi et aux autres, je suis toujours interpellé par la pauvreté de l'efficacité des actes de communication : les individus se font mal comprendre ou ne se font pas comprendre du tout, mais de toute façon ils ne se comprennent pas. Les êtres se heurtent douloureusement à la même montagne : dire vrai. Si communiquer consistait tout bonnement à dire, à agencer plus ou moins savamment des mots, alors effectivement, tout le monde communiquerait et l'on pourrait à loisir se passer à jamais de la nécessité d'un sens intelligent et sensible du propos. Seulement voilà, communiquer implique aussi et surtout se faire comprendre et dire vrai. On entre ici dans un tout autre monde, celui de la responsabilité d'un message cohérent par rapport aux émotions qui le sous-tendent. Dans la relation à soi et aux autres, je ne peux que constater l'échec cuisant des actes de communication, et la pauvreté des messages justifie bien l'expression « parler pour ne rien dire » que je compléterai par une nouvelle expression plus nuancée : « parler pour mal dire » !

Tout individu qui a une difficulté à communiquer vit intérieurement un trouble global qui le bloque et l'empêche d'identifier en toute quiétude les émotions qui l'envahissent. La plupart ne savent pas mettre des mots sur ce qu'ils ressentent, les plus en détresse se plaignent de ne même pas identifier qu'ils réagissent impulsivement sous le coup de leurs émotions. Cette absence de contact à soi – et aux autres en conséquence – découle d'un passé de brimades, où l'expression était censurée, soit directement par des interdits explicites (« tais-toi ! »), soit indirectement par un manque total d'attention : un enfant lésé et annihilé de façon répétée dans ses tentatives d'expression spontanée des émotions (« ce que tu ressens ne nous intéresse pas »). Un adulte qui ne sait plus dire, même à lui-même, a d'abord été un enfant qui ressentait et savait dire puis un enfant qui pendant longtemps a essayé de verbaliser. Découragé, en souffrance par ce manque patent d'écho parental, cet enfant s'est contraint à moins ressentir ou à ne plus ressentir, en perdant ainsi ce fil du contact sensible avec lui-même.

Pour contrecarrer une enfance dans laquelle les parents se sont employés à faire taire, il est indispensable pour l'adulte de repérer dans son histoire comment les mécanismes de censure ont été installés. J'insiste sur le caractère premier de la démarche de réconciliation avec sa propre capacité de communiquer et donc d'exprimer, de façon sensible et nuancée, car aujourd'hui, adulte, l'impossible verbalisation des affects se rejoue avec le partenaire de vie. En psychothérapie, nombreuses sont les personnes qui me confient combien elles souhaiteraient vraiment réussir à communiquer, aux autres en général, et à l'être aimé en particulier, ce qu'elles ressentent, au lieu de se sentir coincées et étouffées dans leur incapacité. À l'instant où elles veulent clarifier les sentiments vifs qui les bouleversent et les exprimer ouvertement, le malaise monte, elles se sentent en danger et immédiatement emmurées dans un espace intérieur clos et hermétique, où les mots n'existent pas et où l'impulsion verbale ne se produit pas pour accéder à l'autre. Des personnes vont jusqu'à vivre ce blocage par des manifestations physiques de l'ordre de sensations vives de resserrement et d'étouffement. Elles se décrivent comme verrouillées dans une véritable prison intérieure, une absence subite dans laquelle elles se réfugient, un mouvement réflexe de protection à l'intrusion potentielle de l'autre : comme avant, comme toujours, communiquer est encore interdit et dangereux. Ce comportement traduit bien alors un mécanisme réflexe de défense mis en place pour éviter de souffrir.

Et la spirale est dramatique car les individus se sentent coincés de toute part. Enfant, on les a empêchés de s'exprimer, pendant longtemps, ils ont malgré tout tenté de le faire, puis, finalement, se sont résignés à ne plus dire, dans un profond sentiment mixte de colère et de tristesse. Adulte, j'ai pu constater qu'ils s'enlisent essentiellement dans deux types de schéma. Soit, ils sont sans cesse à la recherche de quelqu'un qui – enfin – les écouteraient, mais les partenaires amoureux rencontrés méprisent toujours leur besoin d'écoute, comme le faisaient leurs parents ; et ainsi se répète la roue de la souffrance. Soit ils ne développent des relations affectives qu'avec des partenaires qui leur réclament de s'exprimer mais, trahis dans l'enfance, ils en sont devenus incapables. Alors qu'ils ont toujours rêvé d'une oreille attentive, ils la refusent à leur tour, comme on leur a refusé dans l'enfance. Ils font subir de façon perverse, comme ils ont subi. Là encore, la roue de la souffrance se perpétue.

Ces deux cas illustrent bien ce que j'appelle « un choix névrotique de partenaire » : un choix de partenaire initié par des conflits psychologiques non réglés. Soulignons tout de même, en guise de piste de réflexion, que le partenaire qui se retrouve avec de telles personnes doit absolument, lui aussi, effectuer une sérieuse introspection. Je l'ai souvent dit : dans la formation d'un couple, il n'y a pas de hasard, il n'y a que de l'inconscient, qu'un fil presque transparent – mais bien existant – qui relie à la trame originelle de la relation parentale. L'autre est, soit la possibilité de perpétuer une souffrance relationnelle d'enfant blessé, soit l'occasion de grandir et de se détacher définitivement de ses maux, pour devenir adulte.

Un couple qui veut réussir à communiquer doit inévitablement être au clair avec la façon dont on communiquait au sein de la famille originaire de chacun. La communication était-elle favorisée ou étouffée ? Est-ce que les parents ou l'un des parents prenait toute la place dans l'espace familial de communication ? Préférait-on plutôt écouter un frère ou une sœur que l'on valorisait davantage ? Les enfants de la famille disposaient-ils de temps au quotidien pour exprimer ce qu'ils avaient vécu ? Les parents portaient-ils une attention particulière à ce qui était dit, en posant des questions par exemple ? Les parents signifiaient-ils clairement leurs émotions en racontant une situation significative pour eux ? Invitait-on les enfants à en faire de même ? Demandait-on aux enfants comment se sentaient-ils par rapport à tel ou tel événement marquant de leur journée ?

Toutes les réponses à ces questions sont incontournables pour ériger les bases de la compréhension des difficultés de communication que peut expérimenter un individu. L'ampleur de l'incapacité d'un adulte à communiquer est à la mesure de l'absence ou de la déficience de l'ensemble des attitudes parentales qui légitimaient sa communication lorsqu'il était enfant. Même si la tendance est fâcheuse, il faut savoir que tout individu va développer une propension à communiquer comme ses parents ou en réaction au mode de communication parental. Parce que la communication était déficiente dans le milieu familial, l'individu adulte reproduira cette carence – pour l'avoir longtemps observée et subie – ou bien, en réaction, il développera l'attitude opposée et aura tendance à surinvestir les actes de communication. Dans les deux cas, l'objectif ne se résume pas à communiquer mais à pallier les manques d'écoute et d'expression de l'enfance ; inévitablement, la communication sera de piètre qualité. Si cette tendance est identifiée au plus tôt de la relation de couple, elle peut être éventuellement modifiée. Cet exercice de conscience peut aisément être fait par chacun et doit être énoncé au partenaire amoureux.

« Dans ma famille, exprimer ses émotions était déprécié et considéré comme une faiblesse. » Une telle phrase pose d'emblée les bases d'une prise de responsabilité par rapport à un déficit de communication que l'autre remarquera certainement et dont il fera de toute façon les frais, à court ou à moyen terme. Dire, c'est déjà presque guérir. Et ce chemin doit être emprunté par les êtres qui s'aiment. Il faut trouver sa méthode d'expression, en s'ouvrant à l'autre par des phrases simples qui parlent de soi. Parler de la famille d'où l'on vient, de ce que l'on a compris des relations amoureuses précédentes, non pas pour excuser ses comportements inadéquats ou aller chercher l'indulgence de l'autre, mais pour faire un pas vers la personne que l'on aime en se montrant vrai, tel que l'on est. Dans toute situation émotive il y a une vérité sur soi à énoncer. Si l'on se connaît mieux, si l'on présente les situations qui sont plus anxiogènes pour soi, l'autre peut respecter plus aisément ces zones de fragilité et prendre soin de ne pas les aborder de façon brute, sans y mettre les formes. L'idée n'est pas de s'interdire de dire, bien au contraire, mais de savoir que certains points à aborder doivent l'être dans le respect des limites de l'autre. On ne force pas l'expression des émotions, on en fait l'invitation dans un contexte sécurisant et respectueux.

Je déconseille toujours de vouloir absolument régler une situation délicate sous le coup de l'émotion. Attendons plutôt que chacun soit dans de meilleures dispositions – par exemple en différant le temps de la discussion, en proposant un autre moment et, bien sûr, en respectant ce rendez-vous. Désinvestis des émotions trop vives, les partenaires pourront alors élaborer une réflexion plus claire, centrée sur la compréhension et sur la résolution du conflit.

Toute personne qui souhaite sincèrement réussir à communiquer sainement dans sa relation de couple doit donc accepter de prendre – ou reprendre – contact avec soi en réfléchissant à la dynamique de communication dans laquelle il a été élevé, en identifiant les émotions qui l'animent et en déterminant ce qui le pousse réellement à communiquer avec son partenaire de vie.

Croire à la longévité du couple

La communication dans les couples repose bien sur la volonté de chacun de s'investir sur le plan émotif, à long terme, dans un réel engagement moral. Tous les couples qui sont heureux veulent, avant tout, y croire avec une force farouche. Surtout, ils ne dérogent pas cette volonté aux premières embûches, au demeurant inévitables avec le temps. Moins les couples doutent de la longévité de leur relation, plus ils sont dans des dispositions favorables pour braver les épreuves. Vouloir s'exprimer, vouloir que le désir demeure, vouloir agir en ce sens, au quotidien, dans des actions concrètes pour prémunir l'usure. Dans une relation d'amour, d'affection, d'intimité généreuse et de respect, il n'y a pas de risques d'usure. On entend souvent, trop souvent, qu'à long terme, il est fatal que le désir s'émousse. Quelle fatalité confortable que beaucoup endossent pour éviter de s'employer sans relâche à maintenir un niveau de désir de belle intensité. Ainsi entend-on chez certains individus, chez certains auteurs et dans les médias, un discours savamment construit nous vendant l'apologie de l'impossible maintien du désir dans le couple et de l'infidélité inévitable.

Il est vrai que le couple se forme, au départ, dans un mouvement enivrant, dans une magie qui donne une énergie envahissante, des sentiments intenses et une volonté de fusionner. Il est vrai aussi qu'avec le temps ce nuage porteur de tous les espoirs se dissipe et que, tout à coup, l'autre apparaît sous un nouveau jour, plus vrai. Chacun revient à une réalité dans laquelle les partenaires sont soudain désincarnés d'un idéal auquel ils ont voulu croire avec force ; la relation est si jeune et il y a déjà un premier deuil à vivre. Alors seulement commence à se profiler la vitesse de croisière qui se vivra à long terme, si, à la séduction du début de la rencontre, succède une séduction plus subtile du quotidien. Le désir s'inscrit alors dans une relation qui dépasse « la découverte » pour intégrer progressivement « le connaître ». Les actions quotidiennes sont initiées par chacun pour correspondre, en vérité, à la volonté ferme dont je parlais précédemment ; comme un travail rondement mené et dont on retire fierté et gratification. Je conçois que la notion de « travail » dans la relation de couple peut en heurter certains. Je me souviens d'ailleurs d'un psychiatre très médiatisé, avec lequel j'ai fait mes premières armes à la radio, qui réagissait toujours vertement chaque fois que j'employais le mot ; j'avoue avoir toujours pensé que cela parlait davantage de sa propre relation de couple que d'un avis professionnel objectif et éclairé.

Je constate que, dans notre société, la carrière professionnelle est valorisée et l'on complimente à souhait les personnes qui versent avec passion dans leur emploi. Tout le monde comprend, et l'excès reste encore perçu comme une vertu : on est vaillant et respecté lorsqu'on travaille beaucoup. Si l'on transpose ce raisonnement à la relation de couple, là, rien ne va plus. Pourquoi serait-il plus vertueux de s'investir dans sa carrière que dans son couple ? Quel est cet étrange archétype qui pose la primauté d'un investissement forcené dans la profession et refuse la valeur du travail au quotidien dans le couple ? Je prône de ne jamais surinvestir une sphère de vie plutôt qu'une autre : pas plus donc la carrière que la famille, ou inversement – mais bien davantage l'accomplissement de toutes les sphères : accorder équitablement du temps de qualité à soi, à son couple, à sa famille, à ses relations sociales et à sa carrière. Si l'on y pense bien, cela me semble être la meilleure définition que l'on puisse proposer d'une personne équilibrée.

Témoigner de l'intérêt à son partenaire

La notion de travail dans le couple heurte parce que ce que l'on souhaiterait, dans l'absolu, consisterait à vivre une relation douce, harmonieuse, chaleureuse, dégagée de tout effort. Ce serait simple, mais il est utopique de nourrir l'idée en tant qu'adulte. D'où vient donc l'idéal de vouloir être aimé sans avoir à y travailler ? Même le bébé qui est en droit de recevoir beaucoup ne fait pas rien pour être aimé. Par tous les moyens dont il dispose, archaïques pourtant au départ, il s'emploie à créer une empreinte émotive et affective chez ses parents. Être aimé est certes possible, mais pas sans effort, et c'est en cela qu'il y a un vrai travail à accomplir. Pour parvenir à une relation pleine d'équilibre au désir sans cesse renouvelé, il faut déployer une activité soutenue, s'employer autant que possible et dans un engagement volontaire à nourrir ce couple. Que chaque couple se rapproche dans l'adversité plutôt que de tourner le dos aux difficultés en introduisant, par exemple, la nouveauté par une tierce personne, puis une autre, etc. Offrir à l'autre des informations sur soi, sur ce qui préoccupe autant que sur ce qui rend heureux, partager des idées nouvelles, proposer des changements, suggérer des projets pour se projeter dans l'avenir. Trop de partenaires de vie ne sont plus en contact avec l'autre en perdant de vue sa réalité quotidienne : ses réalisations, les personnes qu'il côtoie, ses inquiétudes, ses doutes, ses réussites, etc. Qu'il s'agisse d'une activité professionnelle ou de s'occuper des enfants, il est essentiel de questionner tous les jours et avec sincérité sur la qualité de cette journée achevée : « Qu'est-ce qui s'est passé aujourd'hui ? Comment va telle ou telle personne ? Quelle a été l'issue de telle difficulté ? Est-ce que tout va bien pour toi ?... » Et suivre ce feuilleton de vie avec assiduité.

Je rencontre dans mon bureau des couples qui réalisent avec stupéfaction combien ils ne savent rien des activités et des préoccupations de l'autre ; cela participe lentement à la mort du couple. Comment nourrir son intérêt pour l'autre si l'on ne sait rien de lui ? Pour assurer son épanouissement et son harmonie, il faut donc que la relation de couple soit émotive, sensible, pleine d'affection, d'amour, d'intimité, de complicité, de respect, bref, de vérités ! Présenté ainsi, le couple ne vous apparaît-il pas soudainement comme une véritable entreprise avec son lot de travail ?

Les individus qui échouent dans leur relation amoureuse sont comme ceux qui rêvent d'un esprit sain dans un corps sain mais qui, sentant pointer la nécessité des efforts pour y parvenir, abdiquent, se mentent, s'abandonnent et se plaignent alors d'une vie morne, empêtrés dans un esprit troublé et dans un corps frappé de disharmonie. Une personne saine prend soin d'elle psychologiquement et physiquement, au quotidien ; sur le même modèle, les partenaires de vie doivent prendre soin d'eux-mêmes et de l'autre aussi au quotidien. Le laisser-aller dans les couples est un puissant tue-amour. Je sais que ce n'est pas le temps qui rend la relation amoureuse moins stimulante, mais l'abandon et les négligences auxquels se condamnent les individus.

Séduire et complimenter au quotidien

Le maintien de la séduction passe indubitablement par l'image que l'on offre à son partenaire – oui, l'apparence, aussi futile que cela puisse paraître –, mais également par les pensées et les réflexions que l'on propose en guise de sujets de discussion. De nombreux couples se plaignent régulièrement en thérapie de la négligence qui frappe leur partenaire. Avec les années, ils reprochent ce désengagement sur le plan esthétique, accusant à la fois la tenue vestimentaire et les soins corporels (coiffure, traitements de la peau, etc.).

Si les femmes étaient auparavant plus enclines à formuler des reproches aux hommes, j'assiste aujourd'hui à des plaintes d'hommes clairement formulées à l'endroit de leur conjointe. On le comprendra aisément : même si le partenaire n'a plus besoin d'être séduit comme aux premiers jours de la relation, où la force du lien d'attachement était encore incertaine, la volonté de séduire doit demeurer, malgré le temps qui passe. Il est important qu'une femme persiste dans sa manière d'être, se montre élégante, prenne soin d'elle, reste désirable, ravive régulièrement la flamme, ne perde pas contact avec sa féminité et sa sensualité et suscite l'érotisme pour une sexualité active et évolutive. L'homme aussi doit également cultiver ce narcissisme sain, celui qui le rend désirable et attrayant. Là encore, ce peut être en entretenant son physique avec des exercices réguliers, en soignant son apparence avec des vêtements bien choisis et au goût du jour. N'oublions pas que les vêtements sont une seconde peau, une façon de se présenter à l'autre ; ils parlent, de façon non verbale, de l'individu qui les porte. Cette apparence, que certains négligent et estiment secondaire, fait partie, entre autres, de la première impression qui peut séduire.

Que la stimulation soit sensuelle, sexuelle ou intellectuelle, la négligence et la perte de la proximité sont à combattre au quotidien. Pour alimenter un couple, il faut que chacun se dote d'une belle vivacité d'esprit. Se tenir éveillé quant à l'environnement dans lequel on évolue, s'accorder des moments privilégiés de façon régulière, discuter des préoccupations et des aspirations de chacun, partager des activités et échanger ses impressions, se créer des instants de proximité qui vont insuffler un vent chaleureux de complicité. On oublie trop souvent la valeur symbolique d'une petite attention qui fait merveilleusement passer le message de son affection et de son amour. Que ce soit un bouquet de fleurs, acheter sa revue préférée ou lui préparer un bon café, l'objet de l'attention n'a aucune importance. Ce qui est adorable revient plutôt d'avoir pris du temps à soi pour réfléchir à comment accrocher un sourire au visage de l'être aimé. Et bien sûr, que ces attentions soient parfois à l'initiative de l'un, parfois à l'initiative de l'autre. Voilà de bons exemples d'attitudes qui mettent bien en évidence les notions de « volonté », « d'échange » et de « travail » dont je parlais plus tôt dans ce chapitre. Encore faut-il que l'autre remarque ces attitudes d'ouverture et d'engagement dans ce contrat moral qu'est le couple et lui accorde l'attention méritée. Trop souvent, les conjoints ne font absolument aucun commentaire sur les efforts produits par l'autre. J'insiste beaucoup sur la nécessité de mettre des mots sur les difficultés et de les discuter ouvertement pour qu'elles ne paralysent pas la relation, mais je veux insister ici sur l'obligation de se complimenter pour les actions concrètes qui font du bien au couple. Ainsi doit-on complimenter les efforts délibérés pour prendre soin de soi et de l'autre, par encouragement, parce que c'est un cadeau qui est généreusement offert et une autre façon, plus subtile, de dire à son partenaire de vie : « Je t'aime ! » Si l'on admet enfin que le partenaire de vie est un amoureux à conquérir sans cesse, il faut choisir son camp : celui de l'effort soutenu et de la réussite, plutôt que celui du désengagement et de l'échec.

Avec le temps, je constate combien les couples perdent le sens de la valorisation. Ils ont cette fâcheuse tendance à tenir pour acquises les dimensions qui ne posent pas de problème, pour se centrer uniquement sur les manques. Or, ce qui anime les couples unis revient essentiellement à garder un contact étroit et complice dans la vie de tous les jours. En soi, il s'agit d'une piste fort intéressante : la réussite du couple se fonde donc sur une complicité sans cesse renouvelée dans des petits gestes fréquents (regards, caresses, sourires, rires, délicatesses, etc.). Nul besoin de mettre en place de grands stratagèmes, la réussite est là, toute simple, dans le quotidien. Un conjoint qui prépare les repas pour la famille mérite de s'entendre complimenter régulièrement parce qu'il s'agit là d'une attention au plaisir incessant. En effet, n'est-il pas appréciable de rentrer le soir chez soi, d'ouvrir la porte et de sentir les odeurs invitantes d'un repas – aussi frugal soit-il – concocté pour la famille ? Il me semble que cette attention est déjà une jolie façon de souhaiter la bienvenue et de bien débuter les retrouvailles. Il faut le souligner et témoigner son affection. L'absence systématique d'un petit mot gentil ternira les initiatives et induira la démotivation. Si l'on admet qu'il ne faut rien tenir pour acquis, l'acceptation devrait inévitablement s'accompagner de gestes concrets.

Habitude et changement, répétition et transgression

Willy Pasini, célèbre psychiatre et sexologue italien, publiait en 2003 *Le Courage de changer* (Odile Jacob). L'auteur propose une réflexion sur l'habitude et le changement. S'il valorise le changement et l'assimile à un véritable mouvement de vie, il conçoit les habitudes comme une stagnation, une absence de mouvement, la mort. De façon comparable, il nous renseigne sur les couples amants qui, dans leur sexualité, oscillent entre la répétition et la transgression. La répétition concerne les couples routiniers et renvoie à ceux dont la sexualité est vécue dans un cadre où se répètent les mêmes préliminaires, les mêmes positions, les mêmes jours ou les mêmes heures. Les transgresseurs, adeptes du changement, sont en quête perpétuelle de nouveautés pour agrémenter leurs rapports sexuels : changement de lieux, de fréquences, de durées, de positions, etc. La répétition est la source d'excitation à laquelle s'abreuvent les « routiniers », le changement est celle à laquelle se stimulent goulûment les « transgresseurs », dans une exploration sans fin. Willy Pasini valorise le changement dans la vie et dans les rapports sexuels qu'il voit du côté de la pulsion de vie. Il invite à combattre les habitudes et les répétitions qu'il classe du côté de la pulsion de mort. Je ne suis pas d'accord et je souhaite ici moduler ce propos que je trouve trop radical et surtout restrictif.

Le changement peut être salutaire en soi, mais seulement si l'on considère avec perspicacité la personne qui l'initie. Aux abords de la quarantaine, par exemple, plusieurs sentent tout à coup peser trop lourd le poids de l'horloge biologique et se mettent à bouleverser radicalement leur mode de vie – et celui de ceux qui les entourent. Leurs idées et leurs actions sont déclenchées de façon impulsive et mues par une volonté de changements, farouche, suspecte et dangereuse. Tel est bien le problème : les changements ne sont pas réfléchis et réalisés par des actes de mieux-être mais bien plus par le besoin obsessif d'éviter la réalité de leur âge. Soyons clairs alors pour affirmer que de tels changements ne sont en aucun cas souhaitables. L'important ne revient donc pas à flirter à tout prix avec le changement, parce que, en soi et de façon immuable, c'est souhaitable ; il faut savoir précisément ce qui anime le changement. Il vaudrait mieux établir une distinction entre faux et vrai changement. Le faux changement est celui qu'expérimente, par exemple, l'éternel séducteur. Poussé irrépressiblement par sa compulsion, il réduit son angoisse en passant sans cesse d'une partenaire à l'autre : il change de femme mais ne change rien au fond. Dans son cas, du reste, la résolution de son problème consisterait bien au contraire à rester avec la même femme – à créer une habitude – pour tenter de développer une relation durable, débarrassée de sa difficulté originelle d'une mère qui l'a fait souffrir de rejet et d'abandon.

À l'opposé, un individu perpétuellement insécurisé par les déplacements incessants de ses parents dans son enfance et ayant souffert de multiples déménagements qui le confrontaient à des pertes répétées (amis, lieux familiers, etc.) sera réfractaire plus tard aux changements d'environnement et vivra les habitudes sur un mode rassurant et sécurisant. Il investira temps et énergie à se créer un cadre de vie mieux contrôlé qu'il assimilera à une sereine stabilité. Dans ces deux exemples, il est clair que certains changements peuvent traduire un malaise sous-jacent, qui s'apparente davantage dans les idées et les actions, à un élan destructeur plutôt qu'à une saine construction.

Je ne conseillerai jamais assez de réfléchir sérieusement à ce qui motive la nécessité d'un changement ou le maintien d'une habitude ; seule la vérité des réponses doit déclencher la prise de décision finale. Il en va de même dans la sexualité. *A priori*, les transgresseurs, adeptes invétérés du changement, semblent afficher dans leur sexualité une attitude globale fort envieuse. On regarde avec désolation et compassion les routiniers et l'on craint de tomber, comme eux, dans le piège des habitudes. Là encore, je n'y vois aucun problème. Le problème n'est pas de vivre la sexualité sur un mode de transgressions ou de routines, mais plutôt celui du décalage notoire entre la volonté de changement de l'un et la résistance de l'autre. Iriez-vous, par exemple, proposer des changements à des routiniers s'ils vous confiaient combien leurs habitudes et leurs répétitions les rendent complices et combien ils se sentent tous deux épanouis dans leur sexualité ? Il ne me viendrait pas à l'idée, à titre de psychologue, d'intervenir avec eux en leur vantant les bienfaits du changement.

Dans de nombreuses psychothérapies, le premier motif de consultation concerne le décalage significatif entre les partenaires quant à leur sexualité. L'un est tout à fait satisfait des habitudes du couple et se dit épanoui, l'autre se plaint de cet ensemble de routines qui déborde même la sexualité et ternit plus globalement la relation. Finalement, dans la relation de couple, il n'y a rien de pire que lorsque les partenaires ne sont plus à l'unisson et que l'un des deux routiniers, par exemple, veut tout à coup devenir transgresseur. Tel est d'ailleurs l'un des écueils auquel se heurtent inévitablement les couples après une certaine durée de vie : le cadre relatif à la sexualité. Situation de crise normale plus que fatale, la résolution de cet état d'instabilité passager donnera le ton de la longévité potentielle du couple. En effet, dans l'urgence, le couple arrive dans mon bureau, au bord de la crise de nerfs, paniqué à l'idée saugrenue proposée tout de go par l'un des deux : instaurer des changements dans leur relation pour raviver une flamme vacillante ! La demande est vécue comme une gifle et interprétée en panique comme un cataclysme qui annonce un désengagement amoureux. Dans ce climat d'incommunicabilité temporaire, le scénario catastrophe de chacun est soigneusement élaboré et nourrit l'angoisse du moment.

L'espace thérapeutique, neutre et désinvesti des tensions de l'environnement, conjugué à l'introduction d'une tierce personne objective et empathique – le psychologue –, permet de placer le couple sur une nouvelle voie de discussion. Il est immédiatement question de désamorcer l'état de crise. Au-delà du discours de chacun, il faut discerner en quoi consiste la frustration énoncée et de quelle nature est précisément le changement réclamé avec force. J'accueille toujours avec beaucoup de positivisme le courage et l'honnêteté de celui qui a osé se compromettre, en verbalisant son malaise ; je déplore souvent que les couples attendent trop avant de consulter, même si je connais fort bien la force perverse des résistances. D'emblée, je précise au couple qui débute sa psychothérapie que l'issue n'est jamais garantie d'avance ; peut-être que les rencontres serviront à déterminer le maintien des habitudes, la nécessité d'un changement ou la saine remise en question de cette relation. Par contre, on peut penser raisonnablement que chacun sera plus à même de faire un choix éclairé quant à sa volonté de poursuivre ou de rompre, et dans quel cadre. Réfléchir sur ce que l'on vit en couple n'est jamais inquiétant – l'inverse l'est par contre. Lorsque les partenaires n'ont pas perdu contact et se sentent libres d'exprimer leurs questionnements et leurs inquiétudes pour en discuter, il y a lieu de croire que l'on se situe bien dans une éthique de résolution des difficultés et des conflits : une médiation est possible. Les personnes sont alors dans une relation vraie, et sur la vérité un couple peut toujours construire. Malheureusement, peu de couples à problèmes s'inscrivent dans cette ligne et la loi préconisée est désespérément celle du silence. Le besoin puissant de changement n'est pas déclaré à la personne concernée et il est alors impossible de travailler à deux pour renverser les tensions et remplir les manques. En soi, l'un des deux a déjà sournoisement annoncé la mort du couple et le condamne sans lui accorder de valeur intrinsèque : il n'y croit plus ! Un partenaire se trouve à faire cavalier seul et le changement, pour qu'il soit satisfait, va parfois se résumer à développer une ou plusieurs relations sexuelles hors du couple, en laissant l'autre dans l'illusion d'une relation qui poursuit son chemin sans embûches. Le lien amoureux est devenu à ce point ténu qu'il ne permettrait plus l'ouverture au rapport conjugal franc. À moins qu'il n'ait jamais été présent… Depuis son commencement, cette relation n'était alors vécue que sur ce que chacun voulait se laisser croire de satisfaisant. La tromperie ne revêt pas ce caractère de fausse morale qu'on lui accorde habituellement – avoir trompé l'autre avec un nouveau partenaire sexuel –, mais plutôt le non-dit d'un désaveu de l'engagement dans la relation amoureuse. En ce sens, tromper sexuellement n'est rien… ce qui est grave est de moins aimer ou de ne plus aimer, sans le dire : là est la véritable tromperie.

À défaut de tromper sans l'avouer, plusieurs couples évitent la séparation fatale en introduisant une tierce personne dans les relations sexuelles. La tierce personne, acceptée d'un commun accord, constitue une proposition intermédiaire par rapport à la dynamique tout juste décrite précédemment, dans la mesure où cette sexualité, qualifiée d'« ouverte », n'implique pas de cacher la réalité des relations sexuelles extraconjugales, tout en permettant bien de les vivre. On observe alors l'établissement de règles tout à fait variables, élaborées ou improvisées par le couple, pour préserver une part inaltérable, aussi infime soit-elle, qui garantisse la primauté de la relation à deux : les moins ouverts refuseront qu'une relation sexuelle ne se vive en l'absence de l'un des partenaires du couple, les plus ouverts l'accepteront mais pas à la maison, certains voudront le savoir, d'autres non, etc. Le réseau des limites de chacun est une notion très élastique et il revient à chaque couple de définir clairement son propre niveau d'ouverture. Je comprends qu'il n'y a pas de fondements logiques à ces règles d'ouverture, mais certainement des origines plus secrètes, à puiser dans la sphère émotionnelle.

Pourquoi une personne accepterait-elle que son partenaire ait des relations extraconjugales – et en vive également – mais ne veuille pas le savoir ou le dire ? Je conçois aisément dans ce cas la blessure narcissique qu'elle veut s'éviter de vivre ; mais du bienfait supposé de l'ouverture, on passe subtilement à la souffrance d'une autre fermeture par rapport à celle d'interdire toute relation en dehors du couple. La plupart du temps, il semble clairement établi que la tierce personne n'est considérée que comme un objet sexuel de stimulation, pour lutter contre la baisse de désir et la monotonie de la sexualité. En fait, c'est faux. Si le couple souffre d'une diminution du désir (ou de sa disparition) et d'un manque de stimulation, introduire une autre personne n'est pas une nouvelle stimulation mais davantage un objet de diversion. Ce couple évite ainsi de traiter directement d'autres difficultés relationnelles dont la qualité de sa sexualité n'est que le reflet symptomatique. Quel que soit le choix ultérieur du couple, il semblerait bénéfique qu'ils tentent d'abord, ensemble, de comprendre ce que peut signifier cette interférence dans leur sexualité. Ils peuvent également tenter de déterminer s'ils ont épuisé les possibilités d'élever leur niveau de stimulation. D'ailleurs, ce peut être une excellente occasion de découvrir des sensations plus stimulantes par de nouvelles explorations introduisant des pratiques sexuelles différentes. Penser, d'emblée, faire évoluer sa sexualité grâce à une tierce personne me semble bien hâtif. Il y aurait tant à faire avant tout à deux. Refuser ce choix comme premier choix traduit davantage une forme de désengagement amoureux certain mais plus subtil. D'abord, parce que je ne crois pas que les deux partenaires vivent cette dynamique avec la même acceptation, le même épanouissement et la même sérénité. Ensuite, parce que je pense qu'à élargir la dynamique relationnelle à une autre personne, le couple sombre dans l'évitement de sa propre réalité relationnelle et ne travaille pas à se stimuler de l'intérieur. Enfin, parce que trop souvent, en psychothérapie, après quelques séances, l'un des deux affirme sa souffrance, son acceptation forcée (« je me suis convaincu que l'idée était bonne »), essentiellement par manque d'estime de soi et par peur de perdre son partenaire.

Pour certains, il peut être tout à fait concevable de vivre des relations sexuelles avec d'autres personnes. Ce sera toujours avec le respect de la sensibilité et des limites de chacun, dans une attitude globale de maturité ; en aucun cas pour masquer ou pour répondre à une sexualité déficiente. Indépendamment de cette source de stimulation nouvelle et ponctuelle, ce couple se caractérise par un bon niveau de communication et définit clairement le cadre de cet ajout à sa sexualité. S'il s'agit bien d'un élément de diversité visant l'ouverture des sources de stimulation, la ou les personnes rencontrées devraient alors être considérées comme des stimulants ponctuels, non comme l'élément essentiel sans lequel la relation sexuelle serait vécue avec désintérêt.

Dans la sexualité, faire un compromis vis-à-vis de soi ne peut que générer une véritable souffrance intérieure dans laquelle l'individu se retrouve seul et en désarroi, tiraillé entre le désir de se conformer à la demande du partenaire et son profond désaccord, au fond, quant à l'idée d'une tierce personne dans les relations sexuelles. Au contraire, il faut être fort et bien construit pour s'aimer assez en posant clairement le refus d'une sexualité extraconjugale et prendre le risque qu'éventuellement, l'autre exerce son droit de décliner l'invitation d'une sexualité monogame. C'est donc prendre le risque de ne plus être en relation avec l'être aimé, mais c'est surtout s'aimer assez pour ne pas être en relation à n'importe quel prix et accepter la réalité : « À bien y penser, cette personne ne partage pas mes valeurs, elle n'est pas faite pour moi. » Ne pas capituler par rapport à ses valeurs et à ses convictions implique nécessairement des conséquences parfois souffrantes mais génère un sentiment profond d'intégrité qui traduit en somme un réel amour de soi. En fait, au-delà de la notion de monogamie, la proposition devient celle d'une sexualité qui puise ses sources de stimulation dans l'intimité, le respect, la complicité et la créativité du couple, et où l'exploration est sans limites.

L'enjeu du couple revient alors à préciser sur quel mode chacun veut vivre la dynamique relationnelle et la sexualité, en posant comme juste le changement, ou la répétition, ou une souple alternance de l'un et de l'autre : pour qu'il y ait harmonie, il faut vivre une communauté d'idées, se parler, échanger, expérimenter. Et comme je le dis à maintes reprises, que chaque couple trouve sa formule gagnante !

Le recours judicieux à la thérapie de couple

Auparavant, de façon typique, Madame proposait la psychothérapie et Monsieur suivait – la plupart du temps sous la contrainte ou, pire encore, « pour lui faire plaisir ». Les femmes étaient plutôt dans une démarche de concertation, les hommes davantage dans un rapport de force dans lequel ils venaient chercher un allié chez le thérapeute. Je constate depuis ces dernières années que ce schéma ne vaut plus et que ces deux attitudes face à la thérapie sont adoptées indifféremment du sexe. Cela renseigne d'emblée sur les raisons qui poussent le couple à consulter et peut être un point de départ intéressant pour le psychologue : cerner les besoins de chacun. Si les besoins ne doivent pas forcément être identiques, les objectifs, eux, doivent être communs : identifier les difficultés et leurs origines et avoir la volonté réelle de les résoudre. De façon plus subtile, cela consistera essentiellement à vouloir honnêtement mieux s'écouter, mieux se comprendre, mieux se dire la vérité, et accepter de décider, au final, si cette relation peut se poursuivre ou touche inévitablement à sa fin. Lors de la première rencontre de thérapie, les couples en difficulté affirment avec véhémence « qu'ils n'ont plus rien à se dire ». Or, c'est exactement le contraire car tout est à dire : ce n'est pas parce qu'on ne sait plus comment se dire et que les canaux de communication sont obstrués qu'on n'a pour autant plus rien à dire. Il est alors impératif de recréer ce terrain favorable à la communication et de s'atteler à plusieurs apprentissages essentiels : écouter les propos de l'autre, attendre avant de s'exprimer, reformuler pour s'assurer d'avoir bien compris, prendre conscience des émotions envahissantes, les gérer en les verbalisant et, enfin, dire à son tour. Comme on enseigne à un enfant à mieux s'exprimer et à contrôler ses émotions sans les nier, on enseignera à un couple à se rapprocher dans le respect de ses divergences.

Lors de situations de crise qui perdurent, la spontanéité est l'ingrédient de base de la relation qui s'émousse jusqu'à disparaître ; notons d'ailleurs tristement que chez bon nombre de couples, elle n'a même jamais été présente. J'observe trop souvent, chez les partenaires, la perte de cette capacité de s'exprimer spontanément. Effrayés d'avoir à verbaliser un malaise, un différend, un conflit, ils réfléchissent, se questionnent, craignent les réactions de l'autre, ne se sentent pas armés pour expliciter leurs propos et choisissent finalement le silence et l'évitement. Envahis par une pensée magique qui leur laisse miroiter que le temps va dissiper cet inconfort, ils se taisent et, en attendant, s'étourdissent dans l'action et les excuses faciles pour ne pas aborder franchement la situation. Un autre comportement typique consiste à aller chercher dans les livres de psychologie populaire la réponse à ses maux. Même si l'écrit d'un spécialiste peut être éclairant et mettre des mots sur une réalité personnelle – je le souhaite avec ce livre ! –, il ne se substituera jamais aux bienfaits d'une communication spontanée et honnête entre deux êtres aimants. Il faut donc arrêter de recourir aux spécialistes dès que pointe le doute quant à la légitimité d'un ressenti ou d'un changement nécessaire des comportements. À être trop frileux face à la vie, on ne vit plus : oui, il faut parfois accepter de prendre le risque de certaines décisions et de faire face aux conséquences éventuelles. Si l'on admet aisément qu'il n'y a pas de parents parfaits, mais seulement des parents « suffisamment bons », selon la juste expression du psychanalyste Donald W. Winnicott, ou « suffisamment acceptables », selon celle du psychanalyste Bruno Bettelheim, il en va de même pour soi et le couple : essayons simplement d'être ou de devenir des partenaires de couples suffisamment bons ou acceptables.

Les psychologues et autres spécialistes du couple sont un outil dont il faut faire usage avec modération ! Ils ne remplacent pas l'individu pour dire ou faire à sa place. Ils doivent faciliter l'émergence des vérités du couple mais ne jamais s'approprier tout à fait les clés de sa dynamique. La frénésie de la toute-puissance gagne parfois certains collègues thérapeutes qui s'égarent tout à coup et s'approprient outrageusement ce pouvoir facile que leur concèdent sans retenue les couples en désarroi ; par manque de professionnalisme, d'éthique et surtout de clairvoyance quant à leur propre narcissisme. Il est impératif de refuser ouvertement cette infantilisation, ce pouvoir qui dépossède le couple et le mentionner de façon explicite pour rappeler que l'on doit demeurer dans un rapport d'adultes et une relation strictement professionnelle. J'ai régulièrement l'occasion de rappeler aux personnes avec lesquelles je travaille que je ne suis pas et ne serai jamais leur ami ; ainsi, chacun reste bien à sa place. Au travers des séances, les problèmes sont abordés un à un, dans une démarche systématique qui s'inscrit dans un plan d'intervention clairement énoncé après quelques séances. Progressivement, chaque personne du couple s'autorise à dire davantage, à formuler ses inquiétudes et ses craintes, et à se détacher des émotions que ces propos suscitent chez l'autre. Il est d'ailleurs essentiel de s'affranchir de cet impact émotif car, par anticipation de la douleur éventuelle du partenaire, les personnes atténuent souvent l'importance de leurs préoccupations et font avec elle-même le compromis de se taire : c'est plus simple, et l'on évite la lourdeur potentielle d'une longue discussion. En effet, il est bien difficile de dire vrai alors que les interactions quotidiennes – et, bien avant, celles avec les parents – ont consisté à biaiser la réalité, à la tempérer, à l'atténuer, à la diluer tant qu'elle devient au bout du compte mensonge ou non-dit.

Lorsque cette peur de dire vrai est levée, elle redonne à chacun le droit de s'exprimer en adulte et de s'attendre à ce que l'autre réagisse en adulte, en s'exprimant à son tour et en mentionnant ouvertement les émotions vécues par rapport à ce qui est dit. Ainsi peut-on dire à son partenaire que ses propos suscitent, par exemple, la colère, mais on n'a pas le droit de passer à l'acte et de vivre cette colère avec une violence verbale ou physique.

Je me souviens de Diane et de son conjoint Pierre. Pendant une séance, Diane m'explique que Pierre, pris de colère, l'avait insultée devant leur petit garçon, et que cela l'avait profondément blessée. Le lendemain, avant de partir travailler, Pierre s'approche d'elle : comme d'ordinaire, elle tend la joue et il lui donne un baiser. En apparence, voici une situation bien anodine. Il s'agit là d'un bon exemple d'une piètre communication et de ce qu'il faut éviter à tout prix : le déni d'une confrontation nécessaire et l'évitement d'un conflit non réglé. La colère est légitime et doit se dire avec des mots, sans équivoque : « Je suis furieux ! » ; le passage à l'acte, lui, ne l'est pas : insultes, vulgarités, humiliations, dénigrements, coups, bris d'objets, frapper les murs ou sur la table, etc. On ne peut se prétendre aimant, insulter dans un moment de colère, puis, après quelques heures, lorsque la tension intérieure est atténuée, faire comme si de rien n'était et même adresser un geste tendre à la partenaire maltraitée. Cette attitude dans laquelle chacun ravale sa frustration et « fait comme si » est aux antipodes de ce qui est à produire : clarifier les déclencheurs réels de ce fameux dérapage, reconnaître sa part de responsabilité, s'engager avec conviction à corriger certains comportements récurrents et, éventuellement, aller chercher l'aide d'un professionnel. Dans le cas présent, la réaction de Diane et Pierre parle bien de leurs déficiences et de leur part de responsabilité respective : l'appétence à l'irrespect de l'autre chez Pierre et l'appétence à l'irrespect de soi chez Diane. Ainsi, s'il reconnaissait sa perte de contrôle, Pierre devrait s'en excuser auprès de Diane, ce qu'il n'a pas fait. D'ailleurs, il devra ardemment travailler à développer cette soupape de sécurité qu'est le contrôle de soi, pour éviter de détruire ce rapport précieux qu'il veut maintenir avec sa partenaire. Prendre soin des êtres que l'on aime n'est pas un vœu pieux et doit s'accompagner de gestes concrets, particulièrement dans les moments difficiles. Si la priorité de Pierre est la famille – comme il le dira si fréquemment pendant nos séances –, où est passée cette belle valeur lorsque son fils assistait à la scène, hurlant de peine ? Pourquoi l'amour qu'il porte à ce petit être n'a-t-il pas suffi à le protéger d'une telle violence ? Il faut que la rage de Pierre soit d'une force dévastatrice et sans commune mesure pour qu'elle l'envahisse à ce point. Nous travaillerons pendant de longues semaines, pour l'aider à faire émerger les origines plus profondes de ses pertes de contrôle et de son manque de respect de la femme dont il est pourtant très amoureux. En thérapie, Diane prend conscience de sa tendance à accepter qu'on lui manque de respect, souvent dans une attitude ambivalente. D'un côté, elle est profondément blessée des insultes de Pierre et se met donc à bouder comme une enfant, de l'autre, elle tend la joue lorsque Pierre vient l'embrasser. Pourquoi accepte-t-elle les insultes au lieu de les interdire fermement ? Pourquoi n'affirme-t-elle pas avec véhémence qu'elle remet sérieusement en question sa relation avec Pierre, à cause des crises répétées avec insultes ? Pourquoi n'insiste-t-elle pas sur le fait qu'elle quittera Pierre si les insultes ne cessent pas définitivement ? Pourquoi a-t-elle perdu ce respect de soi, si fondamental cependant dans les relations affectives ? Diane apprendra au cours des séances successives à reconquérir progressivement le droit de dire « non », de s'opposer sainement et de poser clairement ses limites.

Dans un moment de dispute et lorsque le ton monte jusqu'à la crise inévitable, l'individu mature et en contrôle prend une pause, choisit d'abord de se calmer, seul, puis revient à la discussion, dégagé de l'intensité émotive qui le mettait à risque de prononcer un discours mal articulé ou de perdre le contrôle en sombrant dans une violence verbale ou physique. Sous l'emprise d'émotions fortes, on est à haut risque de mal dire ou de mal agir. Le bureau du psychologue est un lieu d'expérimentation privilégié pour prendre conscience des polluants qui altèrent ou obstruent les canaux de communication. Dans ce vaste champ de bataille que peut devenir soudainement un dialogue de couple, chacun doit apprendre ou réapprendre le respect de l'autre.

Quelle que soit la nature du dialogue dans le couple, il recèle toujours des non-dits qui peuvent faire mal, car ils biaisent l'intention initiale du discours. L'origine réelle des discussions qui dérapent est en fait à chercher dans les profondeurs abyssales des enjeux du couple. Ainsi, de fréquentes remontrances sur les soins qu'un père prodigue à ses enfants peuvent, en fait, masquer le conflit latent que sa conjointe vit encore avec son propre père. Elle dénigre son conjoint-père parce qu'elle a eu un père qui n'a pas pris soin d'elle et qui l'a mal aimée. Elle s'est interdit d'adresser des reproches légitimes à son père, mais s'autorise à les adresser à son conjoint : malheureusement, elle punit la mauvaise personne, agit négativement sur la relation et cela surajoute à sa colère. Il est donc fondamental d'identifier les motifs réels des reproches et d'éviter d'imposer à l'autre ce qu'il a à faire et comment il doit le faire. Les injonctions suscitent la plupart du temps un mouvement de recul et de protection, qui renvoie à la relation sous-jacente de pouvoir et d'autorité vécue dans l'enfance. Un adulte à l'enfance martelée par les contraintes parentales et qui ne s'est pas débarrassé de la colère réprimée qu'elles ont suscitée ne pourra entrer sainement en relation avec un partenaire de vie. Par rébellion, il voudra maladroitement affirmer son identité dans son couple, en refusant presque systématiquement toutes les demandes liées aux obligations du quotidien qu'il n'aura pas décidées de plein gré. Là encore, chacun doit faire sa part : si la demande concerne, par exemple, la participation aux tâches ménagères, il est compréhensible que le conjoint (ou la famille) y participe. Par contre, il est clair que la demande, même si elle est légitime, n'est acceptable que si elle est présentée avec politesse et courtoisie. Une demande de participation est une invitation, non une injonction. À la fois, elle doit respecter le style de la personne qui s'y conforme. Il n'est pas essentiel que les pratiques éducatives (marques d'affection, exercice de l'autorité, périodes de jeux, etc.) soient exactement calquées sur le modèle de Madame. Cependant, il est important que Monsieur accepte d'initier régulièrement ces moments privilégiés et essentiel, surtout, qu'il les occupe à sa manière. Cette liberté d'action a, en soi, une valeur intrinsèque et apprend aussi à l'enfant que l'on peut s'occuper de lui de façon tout à fait adéquate, complémentaire, mais différemment. Dans les demandes au conjoint, n'oublions pas de mettre toujours les formes, sans hypocrisie ou manipulation, mais comme un simple geste de rappel de ce besoin d'être aidé, sur un plan d'égalité, dans le partage des contraintes quotidiennes.

La réussite du couple est avant tout liée aux habiletés particulières des personnes qui le forment, à contourner certains comportements et attitudes à risques et à connaître les ingrédients nécessaires à son épanouissement. Bien sûr, chaque histoire de couple est unique en soi, en ce qui a trait aux circonstances et aux êtres qui se rencontrent. Pourtant, à titre de psychologue et de médiateur familial aidant les couples à se rapprocher ou à prendre la décision éclairée de se séparer, je constate plusieurs situations de crise récurrentes qui amènent avec elles leurs lots de blessures et de mensonges à soi et à l'autre. Vous l'aurez bien compris : les couples qui se mentent sont indubitablement voués à la morosité dans le meilleur des cas, à l'échec dans le pire.

Avant de concevoir l'émergence d'une entité saine que l'on qualifie de couple, il est indispensable que chacun ne se perde pas de vue : le « je » d'abord, le « nous » ensuite. Un individu ne devrait donc jamais sacrifier ce qui lui est propre et ses valeurs profondes pour être – désespérément – en relation. En cultivant le meilleur de soi et en contact avec ce qui fait sa spécificité, sa force et son charme donc, une personne n'entrera pas en relation pour les mauvaises raisons, dans les non-dits et les mensonges. Cela revient à dire qu'avant d'être en lien amoureux, on se doit de régler d'abord les douleurs du passé. Dégagé de ces lourdeurs qui biaisent les relations aux autres, chacun porte la responsabilité de son passé, se libère de ses blessures, comble ses manques affectifs par une meilleure connaissance de soi et découvre le bonheur de vivre. Il devient alors possible et souhaitable de s'acheminer vers un être avec lequel se développe une relation amoureuse, tissée sur une trame de complémentarités, où le partenaire est accueilli pour ce qu'il est, dans une saine émergence du « nous ».

Troisième partie

Mensonges et vérité aux enfants

D'où vient le désir d'enfant, le mystère profond qui participe un jour à la décision consciente ou inconsciente de mettre au monde un petit être ? Désir de donner la vie, de réparer la sienne, pulsion primaire de construction ou de destruction... Le désir d'enfant n'est jamais altruiste. Je le dis d'emblée : certains adultes, trop meurtris et éprouvés par leur propre enfance, seraient plus sages de ne jamais devenir parents. Ils n'en ont pas les aptitudes nécessaires et ne sont plus libres d'être des parents aimants. Malgré tout, ils passent à l'acte. Par inconscience ou perversion, ils mettent l'enfant en danger, lui confère le statut d'objet, né pour remplir les vides de leur propre éducation défaillante. On ne peut être un bon parent que lorsqu'on a fait le bilan de ses propres carences, des déficiences de son éducation et travaillé ardemment à évacuer leurs conséquences néfastes, une fois devenu adulte. Malheureusement, rares sont les individus dont l'intégrité initie ce mouvement spontané vers soi, la réflexion honnête dont l'aboutissement trancherait sciemment de la concrétisation – ou non – de ce projet d'enfant. Lorsque l'idée de la conception se pose sérieusement, il est commun d'entendre les couples évoquer les limites de leur situation économique... « Un enfant coûte cher ! » Il est vrai que mettre un enfant au monde, c'est, du même coup, endosser les coûts inhérents à ses besoins de base – logis, nourriture, vêtements, scolarité, etc. Si, déjà, un couple ne peut garantir d'assurer à un enfant le minimum matériel, il serait sain de se préparer davantage pour l'accueillir dans de meilleures conditions. Mais ne devrait-on pas évoquer davantage la crainte de ne pas savoir « bien aimer », d'autant plus si l'on a été mal aimé ? Il me semble que l'on oublie trop souvent qu'au-delà de certaines craintes des futurs parents – rarement légitimes du reste –, le besoin premier d'un enfant reste et restera celui de recevoir un amour inconditionnel pour ce qu'il est.

Les parents sont des accompagnateurs qui rythment la vie de l'enfant de leurs conseils bienveillants. Ils sont présents dans la vie du petit pour favoriser une acquisition majeure qui lui servira tout au long de son histoire : l'autonomie. Ressource essentielle au cœur des réalisations de l'enfant, puis de l'adulte, elle devrait porter à la fois sur la conquête d'une autonomie affective et économique. Se sentir suffisamment aimé et suffisamment valorisé dans ses réalisations, pour s'éloigner de ses parents et croire en soi. Il s'agirait donc de transmettre à l'enfant l'amour de soi, pour être capable de prendre soin de soi. Ainsi, les actions des parents doivent très tôt converger vers la reconnaissance de ce droit, comme un droit fondamental de l'enfant. J'insiste d'emblée sur la nécessité d'acquérir au plus tôt une solide autonomie. Rien ne sert d'y penser une fois que l'enfant est devenu adolescent ou jeune adulte, et de rager lorsqu'elle n'est pas présente ou à la satisfaction des parents – d'ailleurs, seul l'enfant serait en droit d'en vouloir à ses parents s'il n'est pas autonome.

À quel âge un enfant peut-il être considéré comme potentiellement autonome, libre de ressentir, de s'exprimer, de décider, d'agir selon sa volonté ? À tout âge… et déjà, alors qu'il n'est encore qu'un bébé ! Pour le savoir, il n'est qu'à observer l'enfant et constater à quel point, dès les premiers jours de sa vie, il veut agir pour satisfaire ses besoins vitaux. L'enfant veut « se nourrir » pour assurer ses fonctions physiologiques et psychologiques.

Après le premier trimestre de sa vie, si le lien d'attachement et la constance de l'amour sont bien construits, les parents – et particulièrement la mère – peuvent d'emblée agir en aménageant des périodes de temps régulières où l'enfant sera seul ou stimulé par différents objets, près d'eux, mais pas forcément collé à eux. Un bébé plein de sécurité s'éloignera de ses parents, libre d'explorer son environnement, s'approchera régulièrement pour s'abreuver d'affection et repartira pour de nouvelles explorations. Un bébé en déficit de sécurité restera perpétuellement dans la proximité et la réclamera avec des pleurs si elle lui est refusée. Il est donc tout à fait sain que l'ensemble du développement de l'enfant et les pratiques éducatives des parents soient pensés en termes d'autonomie. À l'heure actuelle, beaucoup de parents emploient leur temps, de façon anxieuse, à anticiper, prévenir et « faire » à la place de l'enfant au lieu de cesser de l'occuper pour découvrir par lui-même les joies de l'autonomie dans ses activités ludiques.

8

Des parents qui aiment mal

Le nouveau-né est une personne

Par nature, le nourrisson est aimant et cherche à être aimé. Il est résolument tourné vers ses parents dans une quête absolue de reconnaissance. Il tente intensément de capter leur attention par ses regards insistants, ses sourires, ses gazouillis, ses pleurs. Il recourt à son répertoire comportemental, aussi minimal soit-il, pour « exister » rapidement dans l'esprit et dans le cœur de ses parents. Il veut à tout prix créer un lien durable avec eux. Le bébé arrive avant tout parmi des parents qui l'ont fantasmé. Cet enfant qui vient de naître est rarement accueilli pour ce qu'il est, mais plutôt pour ce qu'il pourrait être ou devrait être. Il est donc toujours fort intéressant pour les parents – et pour le bénéfice de l'enfant – de se questionner sur ce qui fonde la volonté de cet enfant : vivre sa fibre parentale, constituer une famille, réparer les douleurs de sa propre enfance, donner de l'affection, un subtil mélange de l'ensemble, etc. Face à ce nourrisson tant attendu, les parents se souviennent de leur propre enfance, de l'éducation qu'ils ont reçue ou subie, des aspects positifs et négatifs, et des douleurs dont à leur tour ils ne voudraient pas affliger leur enfant. On peut déjà anticiper le risque de crise qui peut frapper les nouveaux parents, car ils manquent de neutralité dans leur nouveau rôle. Il est tout à fait normal pour chaque parent de fantasmer cet enfant et de projeter sur lui une partie de sa propre histoire. Ce qui est problématique est de rester accrocher à ses idées sans jamais accueillir le jeune enfant dans la réalité de ses différences, de son unicité et de son identité. Que ce soit conscient ou inconscient, certains parents prodiguent une éducation « réactive » qui se décline essentiellement en deux versions : leur enfant ne souffrira pas de ce dont ils ont souffert ou leur enfant souffrira comme ils ont souffert. Il s'agit là d'une expression différente et fataliste d'un même abus à l'enfant. Les premiers parents diront « il est normal de vouloir donner à son enfant ce que l'on n'a pas reçu ». S'ils ont souffert de parents qui ne caressaient pas, ils caresseront ; s'ils ont souffert de parents qui ne disaient pas « je t'aime », ils diront souvent « je t'aime » ; s'ils ont souffert de parents autoritaires, ils seront permissifs, etc. De tels parents sont à risque de blesser leur enfant, même s'ils sont bien intentionnés. En effet, leurs principes éducatifs sont basés sur la compensation de manques dont ils n'ont pas évacué la douleur. En fait, ils ne sont pas en contact avec leur enfant, ils essaient plutôt d'apaiser l'enfant en eux encore souffrant.

D'autres parents diront « je ne peux pas donner à mon enfant ce que je n'ai pas reçu ». Ils reproduiront alors, fatalement et sans recul, les schèmes comportementaux vécus avec leurs propres parents : même manque d'attention, même distance, même froideur, mêmes dénigrements, mêmes humiliations, mêmes dévalorisations, mêmes incompréhensions, etc. Incapables d'adresser à leurs propres parents la colère intérieure qu'ils leur inspirent, ils s'en libéreront de façon impulsive avec leurs enfants.

Lorsque l'enfant – et plus tard l'adulte – va mal, c'est parce qu'il a des parents qui vont mal, parce qu'il souffre notamment de besoins fondamentaux non satisfaits. La majorité des parents refusent de reconnaître leur enfant comme une entité, de lui accorder le statut d'individu à part entière, « autre », autonome, différent. Avec lui, ils n'instaurent pas un dialogue de personne à personne dans lequel chacun existe avec ses idées, ses réactions, ses émotions, ses attitudes et ses comportements. Malheureusement, l'enfant se coltinera cette souffrance pendant de longues années.

Des pleurs d'enfant mal compris

Un enfant pleure, et au lieu de reconnaître la nécessité des pleurs – comme libératrices de tensions ou pure expression émotive, par exemple –, les parents cherchent à les faire cesser au plus vite, en distrayant l'enfant, en le stimulant, mais alors, ils lui ôtent un droit fondamental : celui de s'exprimer. Consoler un enfant, ce n'est pas l'empêcher de pleurer, c'est d'abord reconnaître la validité de son émotion du moment. Le parent doit parfois verbaliser à la place de l'enfant, ce qu'il observe : « Tu es triste… j'entends que c'est difficile en ce moment pour toi… Veux-tu un câlin ? Veux-tu que je te prenne dans mes bras ? » Et si l'enfant refuse, écartez-vous, laissez-lui l'espace qu'il réclame, ne vous imposez pas. Ce n'est pas important qu'il refuse, ne le vivez pas comme un rejet de votre personne, la marque de votre impuissance ou celle de votre incompétence parentale. Après tout, il ne s'agit pas de vous, n'est-ce pas votre enfant que vous voulez aider ?

L'important est que votre enfant sache que vous êtes disponible, que vous avez de la compassion pour ce qu'il vit, mais ne vous confondez en aucun cas à sa tristesse, ne devenez pas lui :

acceptez qu'il vive une émotion qui lui est propre, grâce à laquelle il construit, intérieurement et dans son rapport à l'autre. Tant mieux s'il ne réagit pas comme vous ou comme vous le souhaiteriez, c'est la meilleure façon pour vous d'intégrer sur le plan émotionnel qu'il est différent. Bien sûr, vous savez qu'il est différent, vous le savez intellectuellement, rationnellement, mais l'intégration de cette information doit s'accomplir surtout sur le plan émotif. Si l'individualité de votre enfant est intégrée, vous ne vous projetterez jamais en lui, vous ne le confondrez jamais avec vous et votre propre histoire. De nombreux parents réagissent de façon émotive à certaines réactions de leurs enfants, et cette émotion qui les envahit les pousse parfois à se sentir désarmés et à s'énerver. J'ai reçu le témoignage de parents atterrés d'avoir giflé leur enfant à la suite d'une crise de pleurs de celui-ci et ne sachant pas comment le consoler. Qui les parents voulaient-ils soulager par un tel acte ? Quelle situation douloureuse voulaient-ils nier ? Où les parents ont-ils appris ce « geste réflexe » ? Une fois encore, l'enfant est laissé pour compte. Une telle réaction dépasse largement le cadre de la simple anecdote. Elle révèle avant tout la perte de contrôle, la rage et la colère de parents qui ont eux-mêmes souffert dans leur propre enfance de parents qui ont réagi de façon inadéquate. Je voudrais que le lecteur se souvienne : si une situation vous emporte sur le plan émotif, et que votre réaction est disproportionnée par rapport à l'événement qui l'a déclenchée, ne cherchez pas à comprendre en ressassant les faits. Allez au-delà des faits, car ils ont fait écho à votre propre histoire d'enfant, comme des éléments qui révèlent de vieilles frustrations. Tentez plutôt de cerner les mécanismes fins qui vous ont connecté à une réalité intime, douloureuse et non réglée. La première question à vous poser est celle de savoir ce que vous rappelle la situation vécue. Comment vous consolait-on lorsque vous étiez enfant ? Vous consolait-on seulement… ?

Banaliser et rationaliser la violence

Quelle que soit la situation émotive, il est une règle d'or à ne pas transgresser : on ne violente jamais un enfant. Trop de parents banalisent la « petite tape » sur les fesses ou derrière la tête. Une psychologue américaine, Elizabeth Gershoff, a récemment mené un vaste recensement des recherches portant sur les châtiments corporels aux enfants. Les conclusions des études sont unanimes : les parents qui frappent leurs enfants causent des dommages avec séquelles, dont les effets sont encore observables et mesurables à long terme. Ces enfants sont significativement plus à risque d'initier eux-mêmes des actes de violence physique et psychologique, de manifester des comportements antisociaux et de développer des troubles de la personnalité.

Je m'insurge contre cette fâcheuse tendance à minimiser la violence physique aux enfants en tentant de légitimer le bras serré juste « légèrement », juste à « de rares occasions », juste pour « capter » l'attention de l'enfant. Là se situe le mensonge éhonté des parents : ils savent la vulnérabilité de l'enfant qui ne peut se défendre, mais ils lui laissent croire qu'il en serait tout autrement s'il optait pour de meilleurs comportements. Les parents font donc croire à l'enfant qu'il est la source du problème et justifient ainsi de plein droit leur statut de parents abuseurs. Le pire est de les entendre avec candeur justifier leur geste d'agression pour le soi-disant bien-être de l'enfant. Il n'y a donc pas de limites à l'absurde !

Je suis tout autant dérangé de lire, à l'occasion, les conseils de collègues psychologues qui préconisent la « fessée légère à modérée » – telle est textuellement l'expression utilisée ! – comme pratique éducative particulièrement adaptée pour les enfants de 2 à 6 ans. Par contre, ces mêmes psychologues demandent aux parents qui auraient tendance à l'abus de s'en abstenir. J'aimerais leur demander comment évaluer le caractère léger à modéré d'une fessée ? Est-ce mesurable à l'intensité de la rougeur sur la peau de l'enfant ou à l'empreinte bien visible de la main du parent ? Comment peut-on penser que des parents abusifs aient le recul nécessaire pour s'empêcher d'abuser ? Il ne faudrait pas que certains professionnels légitiment leurs comportements.

L'enfant vivra toujours une agression physique avec une douleur profonde, dans un sentiment intense d'humiliation, et la blessure ne s'effacera pas ; les excuses ultérieures atténueront éventuellement la souffrance, car le parent reconnaîtra son erreur, mais la blessure psychologique ne disparaîtra pas. Pire encore, le parent transmet à l'enfant que la violence et la perte de contrôle sont des réponses spontanées tout à fait acceptables… Cet enfant blessé sera-t-il lui-même à risque de reproduire un jour ce type d'agression avec son propre enfant ?

La colère se gère, et si cette acquisition est déficiente il faut aller consulter, pour en comprendre l'origine, apprendre à la contrôler, à défaut de l'évacuer complètement. Lorsqu'un parent sent monter en lui la pulsion de frapper son enfant, il est impératif de prendre du recul, physiquement. Il faut immédiatement demander à l'autre parent de prendre le relais ou quitter la pièce, le temps de laisser tomber la tension intérieure. Il est prouvé que l'introduction de cette pause réduit pratiquement à zéro le risque de passage à l'acte. D'ailleurs, ce comportement global de gestion de la colère vaut en toutes occasions avec les enfants, en couple, dans les relations de travail et surtout, vis-à-vis de soi. En proie à la colère, prendre soin de soi consiste à mobiliser toute son énergie psychique à l'atténuation de la violence intérieure qui ne demande qu'à s'extérioriser. Il faudrait donc la réprimer dans sa forme destructive, pour la canaliser dans une nouvelle forme, plus constructive : faire du sport, appeler un ami de confiance ou un parent pour en parler, pleurer, écrire dans un journal, écouter une musique apaisante, etc. ; peu importe la formule, l'idée revient à trouver le moyen personnalisé de se calmer. L'objectif est d'éviter de courir le risque de se blesser ou de blesser physiquement pour un temps et psychologiquement pour la vie : on n'oublie jamais les actes de violence subis, certains les relèguent au plus profond de leur inconscient, certains vivent de véritables amnésies quant à ces épisodes bouleversants mais ils demeurent toujours en soi, consciemment ou inconsciemment. Et, surtout, il faut savoir que ce n'est pas parce que l'on se met psychologiquement à distance d'événements douloureux qu'ils cessent d'influencer le quotidien. Lorsque ces souffrances du passé ne sont pas réglées, elles s'expriment dans les choix de vie, dans les dynamiques relationnelles, elles limitent l'individu blessé dans l'accès à son plein potentiel de vie. Cet adulte n'est pas forcément conscient que son passé handicape aussi fortement son présent. Souvent, à son grand désarroi et sans comprendre, il observe simplement que sa vie est globalement difficile, ses relations amoureuses houleuses et la concrétisation de ses projets fastidieuse.

Une dernière fois, je veux tenter de convaincre les parents récalcitrants de cesser les corrections physiques en précisant qu'aucune recherche n'a réussi à montrer que les châtiments corporels ont des effets positifs sur les enfants. Je le dis et le redis encore : on ne violente pas un enfant, on ne lui assène pas un seul coup, aussi léger ou modéré soit-il, et si on pose les mains sur lui, c'est seulement pour lui offrir le cadeau d'une caresse bienveillante.

Tout pour être aimé

Après de multiples tentatives pour dire son besoin à ses parents, avec des mots, puis avec des comportements qui ne sont pas mieux compris, l'enfant se tait et se replie. Blessé, il fait le terrible choix d'une attitude de protection : puisque ses parents ont méprisé ce qu'il est, il ne le montrera plus à personne, il ne sera plus lui-même. Ainsi croit-il pour un temps, ou pour la vie selon l'ampleur des blessures intérieures, qu'il pourra tromper les autres et être aimé. Désoeuvré, il tente de traverser la vie et ses épreuves, caché derrière ce « faux soi », cette projection de lui qui a plus de chances d'être aimé puisque plus conforme aux désirs parentaux. « Si je suis ce que mes parents attendent de moi, ils devraient m'aimer. » Malgré tout, quels que soient les rares bénéfices et les rares gratifications, il reste seul et étouffe sa douleur. Trop souvent d'ailleurs, cette conformité aux attentes parentales n'apporte aucun retour positif et les demandes des parents sont incessantes : ce n'est jamais assez. Sa lutte intérieure, personne ne la connaîtra jamais. Devenu adulte, il traîne son handicap dans ses relations affectives. Que ce soit sur le plan professionnel ou sur le plan personnel, l'adulte blessé dans son enfance vit toujours sur un fond de déséquilibre. Et s'il existe un enfer, c'est certainement celui-là : la conviction de ne pas pouvoir être soi.

Un enfant qui est en perte de spontanéité fait attention à tout, est très préoccupé par l'idée de commettre des erreurs. Progressivement, il lui devient plus difficile d'exercer sa capacité de décider ce qui est bon pour lui : il se conforme. Plutôt que de faire un faux pas, il calquera ses comportements sur ceux de ses parents, adhérera à leurs valeurs et ainsi remplira leurs besoins ; sinon, ne risquerait-il pas de faire des erreurs et de perdre leur amour ?

Déséquilibré par la négligence affective, l'enfant apprend donc très tôt à mettre de côté ses besoins et ce qu'il ressent et comprend de son environnement. Insufflée par les parents, l'incertitude s'installe, et avec elle son lot d'hésitations et de mauvais choix. Petit à petit dépossédé de lui-même, l'enfant se perd dans la confiance aveugle qu'il porte à ses parents et fera taire rapidement l'intuition persistante qui lui dit intérieurement que quelque chose ne va pas ; avec le temps, il intègre progressivement le message qu'il décode mal ce qui l'entoure et qu'il se trompe. Dans son trouble psychologique, l'enfant se met à douter de la réalité des faits et des conduites à adopter au quotidien. Adulte, sa vie affective et sociale s'enlise dans une attitude d'hésitation globale peuplée d'incrédulité, d'indécision, d'irrésolution et de perplexité. Le doute existentiel s'installe et tisse sa toile de lente destruction.

Mentir aux enfants

En soi, cela reviendrait à choisir sciemment des mots et des actions dans l'intention de tromper. Dès sa naissance et tout au long de l'enfance, la vie du petit d'homme est peuplée de non-dits et de mensonges : au quotidien, sur ses origines, sur les motifs profonds de sa naissance, sur l'histoire familiale de ses parents et leurs relations à leurs propres parents, sur leurs difficultés émotives, sur leurs problèmes de couple (qui l'affectent pourtant), sur les motifs d'une séparation ou d'un divorce, sur ce que ses parents pensent de lui... Bref, les mensonges et les non-dits sont innombrables et rythment le quotidien des enfants. Qu'ils soient graves ou soi-disant anodins, ils laissent toujours l'enfant – et plus tard l'adulte – dans la perplexité, dans un puissant désarroi, dans un doute existentiel sur ce qu'il conçoit et comprend. Ne sait-on pas encore que l'enfant ressent au-delà des mots ? Un enfant trompé le sait toujours, même s'il n'accorde pas de crédit à son intuition ; tromper, c'est mentir ; c'est aussi choisir de ne pas parler d'une réalité difficile. Il apprendra plus tard à reconnaître en lui cette impression diffuse qui lui murmure intérieurement que ses parents sont des êtres faux. D'ailleurs, il luttera longtemps contre cette pensée perturbatrice, inacceptable et culpabilisante.

Des parents incapables de parler d'eux sont incapables de parler entre eux et d'instaurer un climat de communication avec l'enfant. Non seulement les parents évitent les sujets abordés par les enfants, et en cela refusent le dialogue spontané, mais, pire encore, ils dissuadent l'enfant de ses perceptions... « Non, ce n'est pas ce que j'ai dit », « Tu as mal entendu », « Tu ne m'as jamais vu faire ça », « Tu dois croire ce que dit maman/papa », « Fais ça pour maman/papa, c'est pour ton bien », etc. Je conçois très bien qu'il est difficile, comme parent, de choisir de dire la vérité ; il faut pourtant essayer, même maladroitement. Trop de parents contournent leur malaise en choisissant de pratiquer l'art du mensonge, avec un aplomb qui désarçonne l'enfant. Il faut alors comprendre que dans le mensonge l'enfant est en position de soumission et se prépare déjà à subir encore dans sa vie d'adulte : si on lui a menti, il est à risque de croire naïvement et de se laisser manipuler ; si on lui a menti, il est à risque de devenir menteur à son tour ; si on lui a fait mal, sur le plan émotif, il est à risque de faire mal aussi.

À titre de parents, avez-vous déjà réalisé à quel point et à quelle fréquence les informations, les messages, les explications, les justifications, les communications adressés aux enfants sont des mensonges en soi ou émanent de mensonges ? Combien de pirouettes et d'acrobaties intellectuelles exercez-vous parfois au quotidien pour convaincre votre enfant qu'il se trompe ? Combien de batailles et de luttes livrez-vous contre ce cher enfant censé se construire en vous prenant pour modèle ? Force est de constater que les parents sont souvent de piètres éducateurs, non pas parce qu'ils veulent mal faire, mais plus selon moi, parce qu'ils ne remettent pas en question les modèles éducatifs – et leurs conséquences – dont ils ont hérité.

Le pouvoir des parents

La vie est belle (1997), du réalisateur et acteur italien Roberto Benigni, se déroule pendant la Seconde Guerre mondiale. Un père juif fait croire à son fils que l'occupation allemande n'est en fait qu'un vaste jeu, dont le but est de gagner un tank ; effectivement, son jeune fils y croit et évite ainsi de souffrir de l'horreur des camps de concentration. Ce film illustre à merveille le pouvoir du parent. Pour l'enfant, par nature, le parent « sait » et ce qu'il dit est vrai. Bien des années passeront avant que l'enfant remette en question la force de la parole parentale, mais il aura alors déjà intégré que ce que son parent lui a dit – sur lui ou sur la vie – est exact, que ce soit pour le meilleur, comme pour le moins bon.

L'enfant transforme les adultes en parents et élève ce nouveau système fragile au rang de famille. Avec l'accès au statut de parent vient aussi ce pouvoir de l'adulte sur l'enfant. Ainsi, imposer à l'enfant est chose facile puisqu'il pense, *a priori*, que ses parents ont toujours raison ; cela, les parents le comprennent très tôt et tombent assez facilement dans l'abus de pouvoir, consciemment ou inconsciemment. Cette hiérarchie implacable peut être dévastatrice pour l'enfant, car il ne peut facilement s'en protéger et il lui est impossible de se défendre. Il me semble pourtant que le concept de légitime défense prendrait ici toute sa valeur : « le droit absolu de riposter pour se protéger contre un acte de violence ». Ce droit-là, accordé aux adultes par le système judiciaire, l'enfant, lui, en est exclu au sein de sa famille, par sa nature et sa condition. L'enfant aux parents abuseurs sur le plan psychologique est donc condamné d'avance à l'isolement et à la détresse, par manque de recours. Quand un parent fragile dans l'exercice de son autorité est questionné et se sent mis en défaut par son enfant, sa réaction spontanée est de surinvestir son autorité, pour impressionner, par un regard inquisiteur et glacial, un ton de voix écrasant, un mot humiliant, un geste brusque, ou, pire encore, par une gifle ou une fessée. Je me souviens de ce père qui se pavanait dans mon bureau, car ses enfants l'obéissaient « au doigt et à l'œil ! » et ne se faisaient jamais remarquer en société. Il était fier de ne jamais avoir eu honte d'eux. Un jour, pourtant, il a compris que ses enfants étaient tout simplement terrorisés par ses comportements autoritaires et tyranniques. Au fond, son manque de sécurité dans son rôle de père le poussait à l'agressivité : si ses enfants avaient peur de lui, ils seraient moins à risque de le confronter.

Décoder l'agressivité de l'enfant

De nombreux enfants vont s'interdire de vivre leurs pulsions agressives, même si elles sont vives et envahissantes, par sentiment profond de culpabilité. Souvent, les parents et les éducateurs sont déstabilisés par de telles manifestations violentes… Disons-le clairement : l'agressivité de l'enfant au développement normal n'est jamais anodine et gratuite. Elle est avant tout réactive. À quoi ? Il faut que les parents le déterminent, au besoin, avec l'aide d'un professionnel s'ils n'y parviennent pas seuls. Néanmoins, répondre à l'agressivité de l'enfant par de l'agressivité n'est jamais une solution acceptable. Bien sûr, un enfant dont les parents sont agressifs – voire violents – sera certainement plus calme, moins dérangeant, mais seulement par peur de ses parents et certainement pas parce qu'il va bien. De nombreux enfants sont tranquilles dans leur foyer familial, par crainte des réactions de colère de leurs parents, non par paix intérieure. Ils extérioriseront leur colère à l'école ou longtemps après, une fois adulte.

À défaut d'exprimer leur agressivité de façon ouverte et déclarée, certains enfants vont la manifester de façon détournée. En effet, il faut savoir que lorsqu'un enfant ne se sent pas libre de dire avec des mots ou n'a pas appris à dire avec des mots, il va « dire » autrement, par ses comportements ou avec son corps, par exemple par les maladies ou les blessures à répétition. Ces autres moyens pour exprimer son opposition ne sont pas toujours faciles à décoder et plongent souvent les parents dans le désarroi. Les agressions seront alors dirigées vers l'autre (parents, frères et sœurs, personnel enseignant, etc.) ou vers soi (autodestruction, mises en danger, prises de risques, maladies, etc.). L'enfant agressif et opposant ne l'est jamais pour rien. Un enfant coincé dans des tensions intérieures extrêmes est à grands risques de réagir par des comportements caractéristiques d'opposition : fugues, actes de délinquance, hypocrisie, haine déclarée ou sournoise, menaces, complots, etc. Une attitude constructive de la part du parent est d'apprendre à l'enfant à être davantage lui-même, en reconnaissant la validité de ces tensions et en l'aidant à les exprimer sans détruire. Au départ, et parfois pendant une période de temps significative, il faut l'aider à mettre des mots sur ce qu'il ressent, par exemple : « Je vois que tu as l'air en colère et je sais que c'est difficile à vivre, veux-tu essayer d'en parler ? Est-ce que je peux t'aider à trouver pourquoi ? Est-ce que c'est à cause de... » Il est fort possible que, tout d'abord, il refuse ou ne sache pas quoi dire, mais votre persévérance lui fait toujours passer le message réconfortant de votre bienveillance ; petit à petit, il est à parier qu'il s'ouvre davantage.

En désespoir de cause, certains parents choisissent pour leur enfant l'option de la psychothérapie. Dès la première rencontre, ils décrivent ses comportements « difficiles », leur désarroi, et attendent finalement du psychologue qu'il fasse disparaître les symptômes qui les inquiètent. Je note que les parents ne font pas toujours le lien entre les difficultés de leur enfant et eux-mêmes. Ils se questionnent sur l'enfant, rarement sur eux. Or, un enfant aux comportements problématiques est surtout un enfant qui réagit, à sa façon, à des préoccupations intérieures qui le troublent et qu'il n'arrive pas à résoudre tout seul. Que ces troubles soient associés à un problème scolaire, social ou familial, il est toujours intéressant que les parents se demandent si l'origine de ces difficultés ne reflète pas une difficulté relationnelle de leur enfant avec eux. Non pas dans une réflexion globale de culpabilité mais pour ouvrir le dialogue avec leur enfant, en se rappelant que, *a priori*, ils peuvent beaucoup pour l'aider.

Même si l'intervention d'un psychologue est nécessaire, les parents doivent continuer à se faire confiance quant à leurs capacités d'aider leur enfant et ne jamais donner un pouvoir aveugle au professionnel : pour ma part, ils sont censés être les vrais « spécialistes » de leur enfant, ceux qui le connaissent le mieux ; si tel n'est pas le cas, il faut s'employer à le devenir. Les parents travaillent de concert avec le professionnel, en tout temps, ils peuvent questionner le travail en psychothérapie et décider de poursuivre ou non. Pour que le psychologue qui travaille avec l'enfant puisse sceller un lien de confiance solide, il est bon que les parents laissent l'enfant seul avec le thérapeute ; d'ailleurs, tout dévoilement d'informations doit toujours passer par l'accord de l'enfant. Il est d'ailleurs très fréquent qu'au cours de la démarche l'enfant réclame lui-même la présence ponctuelle de ses parents, pour livrer certains contenus significatifs et lui permettre d'évoluer dans la prise en charge de ses difficultés. L'enfant est toujours assisté de la présence du psychologue, dont le rôle est alors de faciliter l'expression des contenus sensibles. Dans cette attitude d'ouverture et de disponibilité psychologique, les parents offrent à l'enfant le meilleur des terrains possibles pour dépasser des troubles passagers qui, traités à la source, ne seront jamais à risque de s'enraciner. Malheureusement, certains parents nient leur part de responsabilité dans les problèmes rencontrés par leur enfant. Ils ont peur d'aborder clairement les problèmes et d'en parler, ils n'osent pas dire à l'enfant qu'ils ont rencontré un thérapeute. Cela rend le travail du psychologue plus difficile et place l'enfant dans une position plus isolée pour résoudre ses souffrances. Tout comme il est indispensable pour croître de regarder en face la vérité de son histoire, il faut en faire tout autant quant à la relation que l'on entretient avec son enfant. Et accepter l'idée que l'on n'a pas à être un parent parfait, mais surtout un parent qui tente de faire bien, en restant attentif à son enfant et en mettant à sa disposition les outils dont il a besoin pour se construire ; parfois, le psychologue peut être l'un de ses outils.

À l'inverse, voici ce que les parents doivent tenter de proscrire. Souvent, sans s'en rendre pleinement compte, ils s'emploient à dissuader l'enfant de toute remise en question de leurs pratiques éducatives : leurs attitudes, leurs comportements et leurs propos. Cette éducation typique est vécue par l'enfant avec beaucoup de frustration et crée en lui un effet paralysant qui le contraint à se taire. À long terme, à cause de cette éducation que l'enfant vit comme punitive, il perd progressivement la capacité de s'objecter et de s'affirmer, en cas de désaccord. Il choisit le mutisme car il n'y a pas de place à l'échange et à la discussion. Il choisit le mutisme comme un refuge, une protection contre un mot de trop qui déclencherait une autre réaction négative, voire une forte colère. La conséquence est naturelle : avec le temps, il développe une attitude de soumission ou de révolte face à l'autorité. Adulte, il est donc à risque de se retrouver dans deux types de réaction caractéristiques :

- Soit il aura grand peine à s'affirmer, même de façon légitime, et sera susceptible de subir du harcèlement psychologique, que ce soit dans le milieu professionnel ou dans les relations amicales et amoureuses. Meurtris par des parents abuseurs, il aura intégré – à tort – la légitimité du manque de respect qu'on lui porte et, pire encore, l'interdit pour lui de s'opposer.
- Soit il versera dans l'excès inverse et répondra à la frustration par la rage et la destruction, en état d'opposition perpétuelle. Explosif, il perdra facilement le contrôle, car aux frustrations du quotidien s'ajoutera une vieille colère qu'il n'aura jamais pu évacuer.

Dans les deux cas, ces êtres n'évoluent pas dans un contrôle sain de leur vie, mais dans une douleur intérieure fréquemment ravivée par le quotidien. Ainsi, ils reproduisent une problématique dans laquelle ils étaient contraints, enfants, et dont, adultes, ils ne se déferont pas sans un réel travail d'introspection.

Ne pas se séparer pour les enfants

Dans une société dans laquelle on ne reconnaît pas la nécessité de quitter définitivement, la séparation prend des allures de tour de force, de tortures inutiles et d'échec. À titre de psychologue et de médiateur familial, j'observe que lorsque le couple parental est confronté à la douleur de la séparation, il semble parfois moins souffrant d'être dans l'évitement et de maintenir, pour un temps, un équilibre précaire. Souvent, le couple bouleversé à l'idée d'une séparation imminente, va avancer son dernier argument, ultime, incontournable : les enfants. Les partenaires ont le sentiment que le couple ne peut pas se dissoudre, car ils sont parents et que, en vertu de ce rôle, ils ne peuvent pas laisser tomber leurs enfants. Ils se doivent d'être là pour eux, comme une famille. J'entends souvent : « Lorsque les enfants auront grandi, la séparation sera plus envisageable. » Je n'endosse absolument pas ces idées. Effectivement, certains parents semblent sincères lorsqu'ils disent vouloir rester ensemble pour le bien-être des enfants, mais je pense plutôt qu'au fond, cela parle surtout de leur détresse à concevoir la vie de famille, ensuite, avec les temps de garde, la nouvelle réalité financière et le nouveau statut de monoparentalité. En ce sens, les parents prennent un raccourci en invoquant le bien-être de l'enfant pour masquer le dévoilement de leur peur panique de se séparer. Je comprends bien les inquiétudes tout à fait légitimes des parents face à la perspective de cette rupture, mais il est impératif de tenter de se décentrer de soi pour un temps. Sans le vouloir, il ne faudrait pas que l'enfant porte un poids trop lourd pour lui, qui pourrait lui être dommageable : être la raison principale à ce que ses parents soient encore ensemble, même s'ils ne sont plus amoureux. Ainsi, si l'enfant fait la famille, il ne fait pas le couple et n'empêche en rien les parents de se séparer ; la famille, elle, demeure, même après la séparation. Ces deux parents resteront pour l'enfant sa famille et l'inverse est tout aussi vrai pour les parents séparés. Les enfants ne sont jamais dupes. Ils savent, ressentent intuitivement, et d'autant plus lorsque les parents tentent de dissimuler. Profondément adaptable, l'enfant va suivre ses parents. S'ils disent la réalité de ce qu'ils vivent et notamment leurs difficultés du moment, l'enfant va se sentir libre de questionner pour travailler, lui aussi, à trouver sa position d'équilibre.

Le mensonge des parents devient celui des enfants

Lorsque les parents mal à l'aise cachent, l'enfant fait comme s'il ne savait pas. Parce qu'il sent ses parents torturés, il devient complice forcé de leur mensonge et ne parlera pas, ne questionnera pas. Mais alors il reste seul avec ses inquiétudes et ses tourments. À cette période apparaissent souvent chez l'enfant des réactions symptomatiques de terreurs nocturnes, d'énurésie, d'irritabilité, de troubles comportementaux, de difficultés scolaires, d'explosions émotives soudaines et inexpliquées, etc. ; certains enfants plus meurtris ne présentent aucun symptôme sur le moment, mais développent de vives réactions à l'adolescence ou à l'âge adulte. Le danger réside en ce que le petit être est dépossédé de son statut d'enfant – pour une durée variable – et doit porter la charge trop accablante pour son âge de l'incapacité de ses parents à gérer une situation anxiogène. Le message qu'il intègre alors est celui de faire comme si tout allait bien dans les moments difficiles et cela passe par l'attitude de ne pas en parler. Le drame pour l'enfant est à plusieurs niveaux. D'une part, il intègre une image biaisée du couple, dans lequel les échanges d'affection sont faux, rares, furtifs, maladroits ou inexistants, et d'autre part, il se voit contraint malgré lui de ne pas exprimer les émotions douloureuses que génère la discorde de ses parents. Les parents viennent alors de lui interdire l'accès aux émotions et à leur expression ; les larmes sont associées à des signes de faiblesse et d'apitoiement et sont donc bloquées, reléguées au rang de comportements émotifs inappropriés et interdits.

L'interdit de ressentir

« Quand on est fort, on ne pleure pas et on ne s'apitoie pas sur son sort... après tout, il y a bien pire que soi... » Certains parents font passer ce message à leur enfant, directement avec des mots, indirectement avec des comportements qui vont dans ce sens. Il est faux de croire que d'éviter d'exprimer les émotions réelles d'une situation de vie difficile permet du même coup de faire disparaître la réalité douloureuse de cette situation. Il y a des conséquences implacables à cet évitement et à ce refoulement ; nous avons vu précédemment qu'il s'agit là de mécanismes de défense qui atténuent certes la douleur pendant un temps, mais sans jamais en faire complètement disparaître l'impact. Que se passera-t-il avec le temps, lorsque l'enfant aura grandi dans un milieu familial peuplé de non-dits ?

Plus tard, ces enfants blessés sont davantage susceptibles de transformer ces émotions non évacuées en colère, en une force vive de destruction dirigée contre eux-mêmes ou contre leur entourage. Adulte, l'enfant devra apprendre à contrer les pensées parasites qu'on lui a inculquées. La vie est un continuum peuplé de situations difficiles, délicates, qui ébranlent au quotidien. Il est impossible de passer au travers de ces événements sans heurts et l'on est plus fragile lorsqu'on navigue mal dans le bassin de ses émotions.

L'introspection et la psychothérapie, grâce à l'écoute intime de soi, permettent d'être mieux équipé pour faire face à la rudesse de la vie et se construire des moments d'harmonie. Cette écoute n'est accessible que si l'individu a appris à se sentir libre de reconnaître en lui la lourdeur et la douleur des émotions présentes, avec leur lot de rages et de larmes ; encore faut-il que les parents aient montré le chemin. Pour évacuer les émotions pénibles, il faut sortir des mensonges et des non-dits, les vivre et non les étouffer. Pour être aimé de façon vraie, il faut soi-même être vrai. Aujourd'hui, la plupart des comportements et des attitudes des parents vont trop souvent à l'opposé d'un tel principe de vie, simple mais engageant et mobilisant. Au sein de la famille, les rôles se confondent, les limites sont floues. Les parents craignent que le cadre qu'ils instaurent ne les éloigne dangereusement de leur enfant. Les extrêmes s'expriment et les parents sont soit autoritaires, soit permissifs.

Une éducation autoritaire

Les parents autoritaires le sont tous pour le bien de leur enfant ! Sinon, le diront-ils souvent, ce serait l'anarchie, le chaos. Il n'est d'autre chaos que celui qu'ils vivent intérieurement, perturbés par une éducation rigide, stricte, et subie dans le silence. Cette éducation peuplée de colères répétées, et d'excès d'autorité, ils la perpétuent avec leur enfant. Qu'il paye lui aussi ! Pourquoi serait-il épargné ? Parents pervers, ils écrasent, étouffent, décident. Armés d'arguments percutants et imparables, ils rythment le quotidien de l'enfant de phrases toutes faites : « J'ai été jeune avant toi... » ; ou : « Je suis ta mère [ou ton père], je sais ce qui est bon pour toi... » ; ou encore : « Fais ce que je te dis pour me faire plaisir... » L'enfant apprend le conformisme ou se rebelle contre tout principe d'autorité. Pire encore, devenu parent, il reproduit activement ces principes de harcèlement avec son propre enfant. À l'extrême de cet autoritarisme destructeur, il y a la violence physique avec ses gifles humiliantes, ses coups sur les fesses, ses cheveux tirés, ses poussées dans le dos, ses bras serrés… on le sait, il n'y a pas « meilleurs » parents violents avec leur enfant que ceux violentés eux-mêmes dans leur enfance. Coincés dans leur rage, ils transmettent leur héritage de perversion à une nouvelle génération d'enfants. N'oubliez pas que l'enfant apprend, entre autres, par observation ; c'est donc en regardant agir ses parents qu'il apprend à réagir par tel ou tel comportement dans une situation similaire. Il apprend leurs réponses et les intègre pour les reproduire lui-même. Combien de fois, du reste, les personnes se font la réflexion suivante : « Quand j'ai telle réaction, j'ai l'impression de voir mon père [ou ma mère], alors que je m'étais juré de ne jamais lui ressembler. » En observant au quotidien la rage, la colère ou la violence comme mode de réaction privilégié, l'enfant apprend à être enragé, colérique et violent. Les journaux sont remplis de faits divers atroces où des enfants – toujours plus jeunes – « passent à l'acte ». Ils ont à peine 12 ans et tuent, fuguent, se suicident, trouvent le moyen qu'ils peuvent pour « dire » à leur façon leur désespoir. Faut-il attendre que l'appel soit si criant et si extrême pour les entendre ? Les parents doivent agir avant, très tôt, dès la plus jeune enfance, avant que l'irréparable ne soit commis, parce que les enfants ne connaissent que la raison de leurs parents.

Une éducation permissive

Coincés dans une ambivalence qui les paralyse, les parents permissifs culpabilisent à l'idée d'un interdit, ils craignent d'être perçus comme des mauvais parents et s'interdisent le « non ». La satisfaction du désir de l'enfant prime sur toute décision. Les limites sont quasi absentes, toujours floues, et l'enfant navigue sur la mer des contradictions de ses parents. En ne voulant être que bons, ces parents génèrent chez leur enfant la rage et le doute. S'il en reste ainsi, avec le cumul des années, cet enfant devenu adulte aura grand mal à reconnaître et à accepter la nécessité des règles sociales : tout-puissant, il sera inadapté.

En consultation, je vois généralement arriver dans mon bureau des parents inquiets, souvent épuisés, qui multiplient les exemples des comportements d'opposition de leur enfant : « Il nous frappe... Il ne respecte pas les consignes... Il fait des crises de rage si l'on ne fait pas ce qu'il demande... Il se met en colère lorsqu'on lui interdit quelque chose... Il refuse d'aller se coucher à l'heure... Il ne mange que ce qu'il aime, sans respecter les heures de repas... » Pour la majorité des parents, le coup fatal est celui du professeur d'école qui réagit avec étonnement à leurs propos et leur confirme, sans sourciller, que tout va bien. Sans en prendre conscience, les parents détiennent là, pourtant, un bel élément de réponse à leurs difficultés : à l'école, il n'y a pas de problème parce que la classe du professeur est un milieu structuré, avec ses règles à respecter et ses conséquences, en cas de transgression. Si les parents sont incapables de remédier par eux-mêmes à des pratiques éducatives trop permissives, il faut savoir qu'ils peuvent aisément aller chercher les conseils éclairés d'un psychologue, pour mettre en place un nouveau cadre éducatif. Je tiens surtout à rassurer les parents, car je constate qu'à peine après quelques séances, les parents observent des changements comportementaux significatifs dans lesquels leur enfant quitte progressivement l'opposition et devient, de façon objective, plus calme et plus heureux.

Laisser tout faire dans la permissivité ou décider de tout dans l'autoritarisme ne sera jamais un choix d'éducation sain pour le développement de l'enfant. Il s'agit donc pour les parents de créer pour chaque enfant un cadre éducatif clair qui balance avec souplesse permissivité et autorité, gratifications et punitions.

C'est la force vitale de l'enfant qui donne le ton de l'éducation dont il a besoin. Tout enfant a besoin d'un cadre clairement défini, aux balises nettes, rappelées régulièrement, renforcées positivement lorsqu'elles sont respectées. Par leur attitude, certains enfants réclameront une éducation où le cadre et ses limites leur seront très souvent rappelés ; d'autres ne nécessiteront que quelques rappels subtils. L'éducation de l'enfant doit être structurée en fonction de ses besoins et de sa personnalité. Cela sous-tend donc que dans les familles où il y a plusieurs enfants, les principes éducatifs doivent être différents, modulés et adaptés aux différents enfants. Dans une famille, l'éducation qui semble parfaitement convenir à un enfant pourrait avoir des effets dévastateurs pour son frère ou sa sœur. D'ailleurs, en consultation, les parents s'en étonnent systématiquement. Force est de constater que la tendance est à l'unicité des valeurs en matière d'éducation, et que de nombreux enfants souffrent de pratiques éducatives complètement décalées des réalités et des besoins de leur personnalité. Les parents devraient faire naître dans la famille autant d'éducations que d'enfants.

Prendre soin de l'enfant dans la séparation

Plus d'un couple sur deux divorce et ne fait pas facilement la distinction entre la séparation du conjoint de celle des enfants. On divorce de son partenaire, pas de ses enfants… le droit familial québécois va d'ailleurs dans ce sens. On a beau divorcer, la famille demeure et les parents se doivent de penser l'éducation de leur enfant selon le principe de son « intérêt supérieur ». Il n'est qu'à voir parfois l'acharnement de certains couples qui multiplient les requêtes et les procédures juridiques. Oubliant complètement l'impact possible sur leur enfant, le seul enjeu consiste à « faire payer » celui qui a décidé la rupture ou à conserver la plus grande aisance financière. Et quel meilleur moyen pour atteindre l'ex-conjoint que de négliger les enfants et leurs besoins. Là, par contre, dans leur colère, les parents mentent ou dévoilent certaines vérités qui ternissent l'autre parent, mais alors c'est un sentiment de destruction qui les animent. La colère est presque inévitablement présente dans les situations de séparation et malgré leur douleur, il est important que les parents ne cessent jamais d'être guidés dans leur démarche par la volonté de rendre l'expérience la moins traumatisante possible pour l'enfant.

Dans mon bureau de psychologue-médiateur, je suis le témoin de raisonnements et d'oppositions qui desservent à la fois chaque parent et l'enfant : de Monsieur qui ne donnera pas d'argent à son ex pour éviter qu'elle ne s'offre des vacances en Floride, à Madame qui n'acceptera pas de laisser aller l'enfant plus d'une fin de semaine sur deux parce que Monsieur ne s'est jamais occupé des enfants auparavant… ! Tout cela laisse pensif et m'inquiète, car tous les membres de la famille sont perdants : les parents se séparent mais alimentent une situation conflictuelle dans laquelle ils sont incapables de communiquer pour prendre, notamment, les décisions importantes liées à l'éducation de l'enfant. Les besoins de l'enfant sont négligés, il ressent durement les tensions et entend parfois des conversations téléphoniques ou des réflexions contre l'autre parent. Il se retrouve lui-même cristallisé dans un conflit qui le dépasse et le rend anxieux... Quel est le bénéfice de telles discordes pour l'enfant ? Que peut-il construire en observant les comportements haineux de ses parents ? Parents enragés et immatures, où est le bonheur de votre enfant dans vos batailles assassines ?

Séparés et incapables de se quitter

Les familles se recomposent et conservent en leur sein des relations étroites avec la famille précédente, celle du divorce. Ensemble, tout ce petit monde fête Noël ou les anniversaires, et les enfants regardent, acteurs passifs, leurs parents se retrouver pour ces occasions alors qu'ils ne partagent plus le quotidien. Et quand tout le monde se quitte, les enfants restent seuls avec leurs questions : « Mes parents vont-ils un jour revivre ensemble ? Ils ont pourtant l'air de bien s'entendre... » Quelle est cette inconscience de l'adulte ? Quel est ce déni ? Incapable de quitter, de laisser aller dans sa nouvelle vie l'ancien partenaire, le parent ambivalent apprend du même coup à son enfant, subtilement, qu'on ne quitte pas, qu'on reste à tout prix en relation. La séparation des parents est une grande souffrance chez l'enfant qui rêvera toujours, en secret, que la famille redevienne ce qu'elle a été un jour. L'ambiguïté des parents est transmise aux enfants et ravive perpétuellement la blessure intérieure de la séparation. Que les parents se quittent vraiment, s'ils en ont pris la décision. Cela sous-entend alors que seuls demeurent les contacts qui ont trait aux décisions importantes concernant essentiellement la santé – physique et mentale – et l'éducation des enfants ; c'est ça « l'intérêt supérieur de l'enfant ». Pour le reste, pas de lien intime, pas d'information ou de partage concernant la vie personnelle, particulièrement dans les débuts de la séparation, pour permettre à l'enfant d'intégrer sa nouvelle routine de vie.

Rester ami avec son ex

« Je veux rester ami(e) avec mon ex-conjoint(e) » est un désir ambigu qui témoigne plutôt d'une incapacité d'assumer la responsabilité de la décision de séparation ; en soi, cette phrase est un non-sens. Un ami n'est pas un ex puisque l'amitié ne se fonde ni sur les liens de sang ni sur l'attrait sexuel. Ainsi, se ment l'individu qui le propose, pour avoir moins le sentiment de quitter et surtout celui de moins se faire mal ou faire mal.

Dans cette difficulté à mettre une distance saine avec l'ex-conjoint, certains vont mettre en place des schémas de garde que je n'endosse pas sur le plan psychologique ; l'impact est tout autant néfaste d'ailleurs pour l'enfant que pour les parents. À défaut de mettre en place deux nouveaux lieux de vie, qui témoigneraient donc, dans les faits et les actions, de l'intégration de la séparation, des parents élaborent des stratégies intermédiaires pour limiter la distance physique – et émotive. Certains vont conserver la maison familiale pour que les enfants continuent de vivre toujours dans le même espace, par contre, au moment du changement de garde, le parent, lui, quitte la maison pour habiter dans un autre appartement. Bien sûr, je comprends que les parents vantent alors les bienfaits pour l'enfant de ne jamais « être dans les valises », mais je pense qu'il y a erreur : à chaque départ d'un des parents, l'enfant revit intérieurement la douleur de la séparation. Ces deux parents, dont il disposait dans la même maison, ne sont présents, maintenant, que par intermittence. J'anticipe tout à fait la déchirure de l'enfant au moment des changements de garde lorsque, simultanément à la joie de l'arrivée du parent qui a été absent, se vit la tristesse de voir partir l'autre. N'oublions pas : le plus grand souhait de l'enfant serait que ses deux parents vivent ensemble.

Dans un autre schéma, qui témoigne de cette même difficulté des parents à se quitter, les parents achètent ensemble un immeuble, mais occupent chacun un appartement différent. Là encore, c'est une erreur. Pour l'enfant, il sera difficile, par exemple, de respecter le cadre éducatif qui lui impose des limites quant aux visites. Pourquoi devrait-il rester parfois chez l'un, parfois chez l'autre, lorsque chacun est si accessible ? Pourquoi rester avec une gardienne si maman sort un soir, alors qu'il entend que papa est chez lui au même moment ? Va-t-il aller manger chez l'un ou l'autre selon sa volonté ? S'il entend maman dans les escaliers, peut-il aller la voir et aller chez elle ? S'il se fâche avec papa, peut-il aller se faire consoler par maman ? Peut-il aller chercher un jouet oublié chez papa ? Peut-il aller faire une dernière caresse à papa avant d'aller faire dodo ? Peut-il faire son travail de classe sur l'ordinateur de maman, même si elle n'est pas chez elle et qu'il est censé être chez papa ? Les questions et les difficultés que ce schéma pose sont innombrables. Elles se résument toutes à dire que, pour l'enfant, il va être bien difficile de comprendre les limites qu'on lui impose, alors que ses deux parents sont si facilement accessibles. Et puis pour les parents aussi, il peut être fort douloureux d'être témoin de certaines tranches de vie où ils n'ont pas leur place. Je pense, en particulier, aux situations où le parent qui n'est pas gardien entend son enfant se faire gronder, lorsque le ton semble monter trop fort ; ou à la situation dans laquelle Madame a un nouveau conjoint qu'elle ramène chez elle et que Monsieur vit encore intérieurement avec la difficulté d'accepter la séparation. Je pense à la douleur que peut vivre maman, lorsqu'elle entend son fils rire avec la nouvelle conjointe de papa, ou se faire disputer par elle. Il est clair que ces exemples montrent combien on cumule les risques d'écueils, à trop éviter la réalité de la séparation, en maintenant une proximité trop grande. Il faut surtout prendre garde à l'enfant qui nécessitera parfois plusieurs années, avant d'accepter complètement la séparation.

Le couple qui se sépare ne peut se constituer à nouveau que si chacun est allé construire de son côté mais en gardant contact pendant ce temps, dans un lien fort d'attachement ; rares sont les personnes qui réussissent. L'ex-conjoint est entré dans la vie de sa partenaire sur la base d'une relation amoureuse, fondée sur le principe d'un désir de rapprochement et de partage. Au cœur de la relation amoureuse, la sexualité s'est imposée, subtile et enivrante, exultation de deux corps qui se rencontrent. Au début, il y a cet écho, hors de l'ordinaire et percutant, qui lie à l'autre dans un passé inconscient et toujours partagé. Je ne crois pas qu'un couple se forme de façon systématique parce que les contraires s'attirent, mais plutôt parce que le passé d'enfant de chacun relie toujours les êtres qui s'aiment pendant un temps ou pour la vie ; c'est ce fameux « état naissant », selon l'expression imagée d'Alberoni, dans son livre *Le Choc amoureux*. Vous comprendrez que ces quelques lignes, de ce début de paragraphe, n'ont rien à voir avec l'amitié dont rêvent, telle une chimère, les couples qui se sentent coupables de se séparer.

On a le droit de quitter, c'est un droit essentiel, absolu, qui protège et garantit la préservation des frontières saines pour soi et les enfants. Les individus peuvent alors désinvestir leur relation passée, en faire le bilan et s'ouvrir éventuellement à une prochaine, enrichis de leurs expériences. Par peur de tout perdre et de se perdre, ils ne quittent pas. La société ne facilite pas les deuils des relations de couple, alors que certains choix de séparation sont tout à fait sains. En souhaitant tout garder – notamment l'ex-conjoint dans une fausse relation d'amitié –, les individus nient alors la nécessité du changement. Pourtant, sans changement, il n'y a pas de vie possible, pas d'évolution. Si le mouvement émane de la pulsion de vie – éros –, la stagnation emmure dans la pulsion de mort – thanatos.

Les parents transmettent – consciemment ou inconsciemment – ces subtils interdits de quitter, de remettre en question leur parole et leurs valeurs, souvent par maladresse, parfois pour satisfaire leurs propres besoins. En ôtant le droit de les questionner, ils ôtent le droit de vie, le droit qu'a leur enfant d'exister pour ce qu'il est, ils le dépersonnalisent. Ils étouffent pour un temps son souffle de vie.

9

La vérité aux enfants

Finalement pour un enfant, le plus important,
ce n'est pas d'obtenir la meilleure réponse à sa question,
c'est surtout qu'on lui réponde.

PAOLA PISTORIO, 15 ANS

Comment un enfant peut-il comprendre la vie en général, si ses parents, principale source d'informations et de références, suscitent en lui le doute et n'osent pas lui dire « les vraies choses » ? Les « vraies choses », c'est ce qui entre dans le vaste champ de la vérité et de l'intégrité, c'est accepter comme parent de ne pas cacher la réalité, quelle qu'elle soit, c'est ne mentir sur rien lorsque l'enfant pose des questions précises, c'est accepter, comme parent, d'affirmer ses propres limites et ses propres incompréhensions par un « je ne sais pas » franc et honnête, c'est enfin toujours tenter de dire le plus clairement possible, même si c'est difficile, surtout si c'est difficile. Un enfant sera extrêmement sensible et favorable à cette authenticité du parent qui « dit » et revêt alors véritablement son caractère de lieu de sécurité. Un enfant peut s'affirmer et se confier à un parent vrai, parce que le lien de confiance est tissé serré. Par contre, il aura une plus grande difficulté à faire confiance à un parent avec lequel il ne sent pas la véracité des propos ; il choisira plutôt de taire ses difficultés, d'autant plus si elles lui semblent majeures, et essaiera plutôt de les régler seul. Ce que l'enfant ne comprend pas de la vie et de lui dans cette vie restera pour un temps indéterminé, sans réponse. Plus tard, devenus adultes, les plus forts reconstruiront la vérité en thérapie et édifieront leur propre bonheur en se détachant de leur histoire ; ceux qui ont moins de ressources intérieures s'adapteront aux malaises quotidiens en restant dans le mensonge, comme ils l'ont appris dans l'enfance, et en courant le risque de le perpétuer à leur tour, cette fois dans leur propre vie de couple ou de famille.

Une éducation globale de bienveillance

En matière d'éducation, il est un principe à respecter : le principe de vérité aux enfants. Bien sûr, il n'est pas toujours facile quand on est parent de trouver la formule juste, celle qui est adaptée à l'âge de l'enfant, à sa capacité de comprendre, à son niveau de vocabulaire. Pour être bienveillant, il est essentiel d'endosser avec la naissance de l'enfant l'ingratitude du rôle de parent ! Il est clair que l'enfant aura toujours des reproches à adresser à ses parents, parfois d'ailleurs les plus insoupçonnés. Et là où vous pensiez avoir été parfait, adéquat, généreux, il vous rappellera combien vous auriez pu mieux faire. On endosse son rôle de parent avec une grande humilité, en faisant le deuil de la perfection et en sachant que pour bien faire, il s'agit surtout d'éviter de trop mal faire.

Quand doit-on commencer à dire la vérité à l'enfant ? Toutes vérités seraient-elles bonnes à dire ? S'il est une sélection à opérer, sur quels critères précis faut-il s'appuyer ? Peut-on atténuer certaines réalités à cause de leur gravité ? Doit-on protéger l'enfant de certaines vérités ?

La vérité s'appuie sur des mots, bien sûr, mais elle s'appuie d'abord sur une volonté sincère de vérité. Beaucoup de parents s'inquiètent, craignant de faillir à la tâche en ne choisissant pas les « bons » mots, ceux qui seraient signifiants et répondraient avec justesse au besoin de savoir de l'enfant. Pour les rassurer, je préciserai que la vérité se transmet, même sans mots. Surprenant, n'est-ce pas ? Sachez, par exemple, que de nombreux analystes travaillent avec des bébés. Dans les hôpitaux, des psychologues et des psychanalystes aident des mères dont les bébés souffrent d'anorexie du nourrisson : un refus de s'alimenter qui n'est dû ni à une maladie organique ni à un trouble mental. Les nouveau-nés disposent de peu de moyens pour s'exprimer et le refus de s'alimenter en est un. Ici, le problème vécu par le bébé, et par sa mère, témoigne davantage d'un lien d'attachement difficile à se développer entre eux. Lors des tentatives d'alimentation, l'anxiété est observable et les interactions parents-enfant sont particulièrement difficiles et conflictuelles. Cette anorexie infantile apparaît entre 6 mois et 3 ans, avec une fréquence d'apparition plus grande entre 9 mois et 18 mois. Tout à coup, la mère et l'entourage observent l'évidence d'un refus alimentaire et, avec lui, des symptômes de malnutrition avec un ralentissement global staturo-pondéral.

Grâce au travail psychothérapeutique, ces mères vont apprendre à entrer en contact avec leur enfant, à mettre en mots ce qui bloque ; et l'enfant, progressivement libéré d'un « interdit d'exister », se remet à manger et accepte de vivre. Les bébés « parlent », s'expriment, montrent, au-delà des mots, à un âge où ils n'ont pas encore acquis la capacité de prononcer. Il est essentiel alors de leur reconnaître, dès leur conception, cette sensibilité particulière aux émotions, quelles qu'elles soient, cette capacité de ressentir : pour mieux les aimer. C'est ce qui fait que les parents sont tout à fait en mesure de décoder une demande de leur enfant, alors qu'il n'y a pas de mots et que l'entourage ne saisit pas. C'est ce qui fait, en retour, qu'un enfant en crise peut se calmer grâce aux paroles réconfortantes de ses parents. L'enfant a un immense besoin de « paroles vraies » sur lesquelles il s'appuie pour se construire et se structurer solidement. S'il ne comprend pas les mots parce qu'il est trop jeune, il est sensible à l'intention du parent de lui communiquer la vérité et extrêmement réceptif à la musicalité des phrases et aux subtilités de la communication non verbale (intonation de la voix, expressions du visage, etc.). Mettre des mots sur la réalité du quotidien de l'enfant lui offre l'occasion d'articuler son histoire, d'avoir de l'emprise sur ses peines et ses douleurs, d'exister. Mettre des mots sur ce que vit l'enfant ou sur ce qui le concerne fait passer le message de l'intérêt que lui porte son parent, de la reconnaissance de sa personne, de son respect et du soutien indéfectible sur lequel il peut compter.

Tel que l'a montré le célèbre pédopsychiatre américain Terry Brazelton, le bébé n'est pas une table rase à sa naissance, une pâte à modeler qui ne serait façonnée que par ses parents. Le bébé naît avec son propre caractère et son propre tempérament qu'il va conjuguer ensuite à la multitude d'expériences de son environnement. Il est déjà prêt, dès la naissance, à entrer en interaction avec son père et sa mère. La responsabilité première des parents est de répondre à cette soif de stimulations physiques, psychologiques et intellectuelles ; et permettre à cet enfant de devenir dans sa vie curieux de stimulations nouvelles.

Il est important de préciser que la vérité à l'enfant concerne certes les mots mais aussi, plus largement, les comportements et les attitudes de bienveillance. La vérité du parent est donc globale et se doit dans des situations de vie extrêmement diversifiées. Elle peut alors concerner directement l'histoire de l'enfant, le cadre éducatif qui balise ses comportements, les réponses à ses questions les plus délicates, etc. Ainsi, j'ai choisi d'aborder, pêle-mêle, plusieurs sujets qui déstabilisent souvent les parents, les poussent à mentir à l'enfant ou à sortir de leur rôle de guide. Voici les lignes éducatives concrètes dont les parents peuvent s'inspirer, pour trouver leur propre façon d'être, de procéder et de dire vrai.

Développer un sens aigu de l'observation

Toutes les expériences que le parent partage avec son enfant sont le lieu privilégié d'une compréhension en profondeur de ce qu'il est, des raisons qui le poussent à certains comportements et de ses craintes. L'objectif est d'aider l'enfant à dépasser ses difficultés et que ses contacts particuliers avec son parent soient la préparation efficace de ses futurs contacts au monde extérieur. Il ne faut jamais tenter de trop rationaliser les craintes d'un enfant en opposant à son discours, rempli d'émotions troublantes pour lui, un discours d'adulte trop logique, qui tourne rond. Il se retrouverait alors seul avec ses interrogations face à un parent qui tente, maladroitement, de dissiper ses inquiétudes en les niant en quelque sorte.

Depuis quelques jours, Nadia, 8 ans, rentre régulièrement de l'école la mine basse. Sa maman la questionne gentiment pour essayer de comprendre ce qui se passe. Nadia lui confie que certaines de ses copines ne sont pas gentilles avec elle et refusent même de l'accepter dans leur petit groupe. Avec un sourire, la mère de Nadia lui dit : « C'est pour ça que tu t'inquiètes ! Voyons Nadia, tu n'as qu'à changer de groupe d'amis. » Cet exemple est typique des réponses que les parents offrent à leurs enfants : une réponse pragmatique, centrée sur la solution. Or, malgré les bonnes intentions des parents, je veux surtout préciser que ce type de réponse n'aide en rien l'enfant. En effet, Nadia n'attend pas forcément qu'on lui dicte tout simplement ce qu'elle devrait faire : on lui ôte ainsi la possibilité de trouver elle-même sa propre solution et, du même coup, le sentiment de confiance qu'elle en est tout à fait capable. En règle générale, les parents ne devraient pas débuter leur échange avec l'enfant par la proposition d'une solution, surtout si l'enfant n'en fait pas clairement la demande. Il est beaucoup plus important d'écouter d'abord l'enfant et de l'aider à valider les émotions envahissantes que suscite la situation problématique qu'il décrit. Il est bénéfique qu'il les verbalise, car il se sentira mieux ensuite. Alors, le parent peut valider ce que l'enfant ressent par des phrases telles que : « Je comprends... effectivement, c'est triste d'être mise à l'écart par ses amis... » ; cette reformulation des affects nommés par l'enfant pourrait d'ailleurs s'accompagner d'une caresse ou d'un regard apaisant. Enfin, lorsque les émotions fortes semblent être dissipées, il peut être intéressant de demander à l'enfant : « Comment tu vois ça, toi ? Qu'est-ce que tu pourrais faire ? » Il est bon de suivre l'enfant dans son raisonnement et, éventuellement, de le guider pour qu'il trouve sa propre solution, quelle qu'elle soit. Si sa sécurité physique ou psychologique n'est pas en jeu, l'intervention du parent doit être subtile et discrète. L'enfant – tout comme l'adulte d'ailleurs – assumera mieux une solution à laquelle il a lui-même pensé. Offrez-lui la vôtre *a posteriori*, s'il en émet le souhait. Mais il est salutaire pour lui qu'il apprenne, dès son plus jeune âge, à développer ce sentiment profond de sa capacité de répondre à ses propres besoins, dans des situations de vie diversifiées, en distinguant notamment les émotions des solutions.

Un parent attentif peut anticiper certaines des réactions de son enfant dans des situations du quotidien et les utiliser pour l'aider à évoluer dans ses craintes et ses hésitations. Il peut également s'avérer que certaines situations révèlent chez l'enfant des difficultés jusqu'alors insoupçonnées ; là encore, un parent peut en profiter pour utiliser cette réaction comme une occasion de mieux comprendre la difficulté de l'enfant et lui permettre de la dissiper. Une réponse adaptée à son émotion du moment est plus utile que toute activité visant à occuper son temps libre. Il apparaît prioritaire de favoriser la résolution des conflits internes de l'enfant par des attitudes éducatives adaptées, au lieu de privilégier un emploi du temps chargé d'activités les plus diverses. Je note trop souvent la propension naturelle des parents à vouloir « remplir » : occuper le temps de l'enfant par une multitude d'activités, distraire l'enfant lorsqu'il pleure ou lorsqu'il s'énerve en lui proposant des jouets, offrir des récompenses pour qu'il finisse son assiette, etc. Il me vient alors à l'esprit qu'en dépit d'une société centrée sur la rentabilité nécessaire du temps – vivre vite pour vivre plus –, les parents semblent souvent anxieux lorsqu'ils passent du temps avec leur enfant : ils se sentent obligés de l'occuper sans cesse et sont mal à l'aise de ne rien faire. Du coup, l'enfant intègre la difficulté d'occuper seul son temps libre : il développe une tendance à l'ennui.

Il est salutaire et équilibrant de vivre tout simplement le moment présent, sans agitation particulière, sans activisme forcené. Vivre vite et répondre à tout prix à la somme incalculable de sources de stimulations de notre époque dessert le rythme de développement de l'enfant et l'instauration d'un équilibre dans la relation au parent.

Disponible physiquement et psychologiquement

On avance très souvent en éducation le concept de temps de qualité avec l'enfant. La notion, certes simple en soi, est bien mal comprise. La qualité de l'interaction avec l'enfant est basée sur des éléments relationnels fondamentaux : d'une part, observer son enfant dans les environnements familiers dans lesquels il évolue, et d'autre part, être disponible à lui en répondant à ses interrogations face à ses expériences de vie. Il est extrêmement difficile de satisfaire à ses deux principes, mais ils doivent être au cœur de la philosophie de vie de tout parent. Observer son enfant, c'est le suivre à la maison, du coin de l'œil, pour capter la nature de son contact aux objets et aux individus, c'est arriver un peu plus tôt à la garderie ou à l'école pour saisir la nature de ses comportements avec les autres enfants et les éducateurs, c'est poser des questions aux personnes qui le côtoient au quotidien, c'est lui permettre l'expérience de situations dans lesquelles il aura à se positionner et faire ses propres choix, etc. Être disponible, c'est rester attentif aux humeurs de l'enfant, remarquer ses changements comportementaux, les variations inhabituelles : perturbations du sommeil (cauchemars), régressions temporaires (énurésie), pertes d'appétit, mines affectées (tristesse apparente, isolement), etc. Vous resterez les meilleurs experts de vos enfants et leur meilleure source de sécurité, si vous savez rester en contact avec eux. Pour cela, il faut dialoguer avec l'enfant dès son plus jeune âge, régulièrement et fréquemment. Trop de parents sont déstabilisés, par exemple, par le refus de l'adolescent de vouloir communiquer avec eux alors qu'ils se disent disponibles à l'écoute et au dialogue ; il aurait fallu que l'habitude soit créée plus tôt. Il est toujours bon que cette volonté soit manifestée à l'adolescent, mais les parents ne peuvent rien exiger de plus.

L'adolescent doit savoir que vous êtes sensible à ses préoccupations et que vous êtes là pour lui en cas de besoin. « Laissez la porte ouverte », il est le seul à décider de répondre à votre invitation. Il est libre de vous confier ses difficultés ; s'il s'y refuse, il faut l'accepter mais chercher à comprendre le message de cette fermeture. Souvent, les parents s'attendent à ce que leur enfant leur parle parce qu'ils se montrent disponibles ; mais l'enfant refuse. Il est dans son plein droit, celui de choisir à qui il s'adresse en cas de conflit interne. Trop souvent, les parents ont négligé la communication avec leur enfant sous prétexte d'avoir manqué de temps ou en pensant que l'enfant était encore trop jeune ou par manque d'habileté. Soudainement, à l'adolescence, ils décident que c'est le moment pour eux de questionner, et pour leur adolescent de s'ouvrir. Combien de fois cependant dans le passé n'a-t-il pas été écouté ? Combien de fois aurait-il espéré vous voir sentir certaines de ses détresses, incapable lui-même de les exprimer ? Comment pouvait-il dire si vous ne disiez pas vous-même, ou mal ? Comment aujourd'hui pourrait il vous faire confiance ? Vous avez peut-être longtemps été absent. Alors, il va falloir redoubler de patience, lui parler et tenter d'abord de comprendre les limites de votre communication. Il va devoir entendre le fruit de vos réflexions et la reconnaissance de certaines de vos déficiences. Votre humilité, votre ouverture franche et votre discours vrai, maintenus à long terme, lui inspireront le respect. Avec le temps, il vous fera peut-être de nouveau confiance et développera progressivement l'idée que vous pouvez le comprendre.

Aider l'enfant en colère

Souvent, les parents semblent désœuvrés face à leur enfant en état de crise de colère ou de pleurs. Au lieu de lui laisser vivre le moment de son émotion, ils s'emploient à faire cesser l'expression de l'émotion en cours. Cette attitude est fréquemment observable dans les lieux publics, où les parents se sentent jugés par le regard des autres. Ils considèrent leur enfant comme dérangeant la paix sociale et son état de crise qui persiste comme la marque évidente de leur incompétence parentale. Il est fondamental de reconnaître à l'enfant le droit de vivre ses émotions, même si leur expression met mal à l'aise le parent ; pour un temps seulement, car les parents sont tout à fait capables de canaliser l'envahissement colérique de leur enfant. Il faut surtout partir du principe qu'il est normal qu'un enfant vive de grosses colères. Pour mieux les dépasser, il va avoir besoin de parents fermes, qui lui montrent clairement comment se comporter face à cette émotion qui le bouleverse. Voici donc les attitudes précises à préconiser, pour être un parent aidant.

Au lieu de brimer l'enfant pour l'intégrer à un conformisme parfois forcené quant à l'expression de sa colère, il est bien plus constructif de l'entourer d'affection, dans de tels moments de crise, juste pour le rassurer. Et si l'enfant repousse le parent, c'est qu'il est encore trop envahi par son émotion. Il est toujours possible de faire des tentatives d'approche, à intervalles réguliers. Sans trop tarder, il devrait accepter les gestes de consolation. Il serait maladroit de lui demander de se calmer avec insistance, comme un ordre, car il ressent alors l'agacement du parent et son désarroi de ne pas savoir gérer la situation. Alors qu'il vit un moment difficile, il ne devrait pas avoir, en plus, à

« prendre soin » de son parent et ajuster ses comportements pour répondre à son inconfort. Il faut plutôt que le parent compatisse à la difficulté de son enfant et reste là, présent, aimant, sans aucune attitude d'énervement.

Il est important pour un enfant qui construit sa personnalité au quotidien de savoir que même s'il est triste ou en colère, même s'il a fait une bêtise, il ne perd pas l'amour de son parent pour autant. En lui accordant le droit de vivre pleinement ses émotions, on lui offre, du même coup, la constance de l'amour parental. Ainsi, s'il pleure, on peut le conforter dans ce comportement en lui disant qu'il peut le faire à souhait, dans sa chambre, tranquille, et que vous êtes disponible, s'il a besoin de vous. Il doit découvrir qu'il y a des formes acceptables d'expression de la colère et de la tristesse et d'autres qui ne le sont pas. Notamment, il est interdit de frapper qui que ce soit ou de casser des objets, aussi bien pour sa sécurité que pour celle des autres ; par ailleurs, un jouet cassé lors d'une colère ne sera pas remplacé et sera laissé dans sa chambre, pour un temps.

Enfin, un mot sur les jeunes enfants qui se frappent ou se cognent la tête contre les meubles ou à terre : il s'agit là d'un signe alarmant. Un enfant qui retourne sa colère contre lui-même est en train d'essayer de dire quelque chose de l'ordre d'une perturbation ou d'un malaise intérieur. Il faut absolument en parler avec lui, dans les moments d'accalmie, pour lui expliquer, patiemment, que cela ne se fait pas et qu'il y a d'autres moyens pour dire qu'on n'est pas content. Il peut demander un câlin et, plus grand, il faut lui dire qu'il peut en parler s'il le souhaite. Si de tels comportements ne disparaissent pas malgré les tentatives de soutien, les parents doivent aller chercher le soutien d'un psychologue.

Désavouer une position trop rigide

Quel que soit le statut des parents, vivant ensemble ou séparés, je considère important que chacun des parents s'attache à véhiculer une image positive de l'autre parent, particulièrement en présence de l'enfant. En effet, il est très troublant pour un enfant d'entendre un parent vilipender l'autre ; il le vit comme si l'on critiquait une partie de lui-même. Si l'occasion se présente, il est bon pour l'enfant que soit évoquée avec respect et positivisme les moments heureux partagés depuis que les parents vivent ensemble ou lorsqu'ils vivaient ensemble, avant la séparation. Les enfants adorent entendre les anecdotes de la vie de leurs parents et celles qui entourent leur naissance. Ils aiment que soient évoqués l'affection et l'amour que leurs parents ont un jour partagés. Ils sont ainsi rassurés que leur conception a été souhaitée et reste pour leurs parents un événement heureux.

Par contre, je ne suis pas d'accord qu'un parent renforce la pratique éducative de l'autre parent, lorsque celle-ci se vit au détriment de l'enfant. Pour m'expliquer, je m'appuierai sur l'exemple de ce père qui interdisait à sa fille de pleurer avec sa poupée dans les bras, car les larmes allaient tacher la poupée ! Or, cette poupée était le jouet que l'enfant traînait partout depuis qu'elle était bébé, objet transitionnel par excellence, dont le but est de permettre à l'enfant de vivre ses émotions, quelles qu'elles soient. Tout à coup, coincée entre l'injonction du père et la volonté de partager ses pleurs avec sa poupée, la petite fille retenait ses pleurs et se sentait mal lorsqu'elle n'arrivait pas à les réprimer. Les parents ont parfois l'inconscient si troublé qu'ils peuvent faire subir à leur enfant des demandes qui les peinent beaucoup. Peu importe que la poupée se salisse de larmes, le but n'est pas qu'elle soit propre en tout temps, mais plutôt qu'en tout temps elle soit disponible à l'imaginaire, au jeu et au réconfort de l'enfant. Dans ce cas-là, il n'y a pas de solidarité qui tienne. La mère peut le mentionner au père qui choisira de remettre ou non en question son comportement. Mais il est impératif que la mère affirme cette liberté chez elle et dise à l'enfant que son papa n'a pas raison, qu'il est tout à fait correct de pleurer avec sa poupée, si elle en ressent le besoin, et que même s'il y a des taches de larmes sur sa poupée, ce n'est vraiment pas grave. J'estime qu'il est beaucoup plus constructif pour l'enfant d'être libre de vivre ses émotions, plutôt que d'apprendre à les réprimer pour garder sa poupée propre : ce qui est à privilégier, ce sont les émotions de l'enfant, pas la propreté de sa poupée !

La majorité des parents se sentent mal à l'aise de s'opposer à une pratique éducative de l'autre parent – soit en mots, soit en actes – parce qu'ils ont le sentiment qu'il est interdit de critiquer ou d'invalider ouvertement. Or, il faut comprendre que l'intention première ne doit jamais être la critique gratuite de l'autre parent mais bien l'élimination du trouble chez l'enfant. Il me semblerait tout à fait préjudiciable pour l'enfant de cet exemple de confier à sa mère sa peine de ne plus pouvoir pleurer avec sa poupée pour ne pas la salir de larmes et que celle-ci ne démentisse pas pour ne surtout pas aller à l'encontre du père : la mère renforcerait le malaise de l'enfant et prendrait alors plus soin de son conjoint que de sa propre fille ! Il est essentiel que les parents s'ajustent au niveau de leurs pratiques éducatives et que leurs valeurs respectives soient foncièrement similaires ; ainsi, ils sont moins à risque de perturber leur enfant. Dans le cas des parents séparés, pour le respect et le bien-être de leur enfant, chaque parent a aussi l'obligation de garder un œil sur ce qui se passe chez l'autre parent et d'intervenir au besoin, de façon respectueuse.

De l'enfant pulsionnel à l'enfant socialisé

Qui n'a pas souri un jour, ravi par ce petit corps adorable, plein de vie et de maladresses dans ses mouvements, courant tout nu sur une plage ensoleillée et jouant dans l'eau et le sable ? Ils ont entre 0 et 3 ans et ne connaissent aucune pudeur. Ils sont pure spontanéité et se déshabillent au gré de leur humeur du moment. Les parents, eux, savent qu'ils doivent poser certaines limites. Mais quand au juste ? Je dirai que l'on ne peut se tromper si l'on respecte les étapes du développement de l'enfant. Voici donc les précieuses informations à connaître pour choisir le cadre éducatif à poser dans la pleine période de l'enfance, de 3 ans à 8 ans.

Jusqu'à environ l'âge de 3 ans, il est essentiel au développement de l'enfant et d'un schéma corporel harmonieux qu'il soit libre de « vivre » son corps comme il le ressent. La nudité est pour lui l'occasion d'expérimenter des sensations tout à fait nouvelles, extrêmement agréables et stimulantes. Il aime se toucher, toucher les autres, et cette découverte passe aussi par le ressenti des premiers plaisirs associés à son corps en général et à ses organes génitaux en particulier. Un bébé a besoin d'être caressé et « d'exister » à travers les gestes d'affection et de tendresse de ses parents. J'en veux pour preuve cette horrible expérience des nazis, pendant la Seconde Guerre mondiale. Ils ont séparé plusieurs nouveau-nés de leurs mères biologiques. D'autres femmes étaient chargées de les nourrir avec la consigne de ne jamais les toucher, de ne pas croiser leur regard et de leur tendre un biberon à bout de bras. La conséquence directe de la privation de stimulations a été fatale : tous les bébés sont morts ! On sait depuis, combien le toucher et le regard sont particulièrement structurants pour le jeune enfant et essentiels à sa vie. De ce besoin fondamental l'enfant va acquérir une belle sécurité intérieure qui le prédispose déjà à une relation positive et rassurante avec soi et les autres. De 0 à 3 ans, les parents sont tout à fait adéquats de prendre un bain avec le très jeune enfant et donc à se montrer nus : il adore ces moments de contacts physiques dans l'eau. N'oubliez pas, il n'y a pas si longtemps, il baignait dans la chaleur et le confort du liquide amniotique.

Après 3 ans, il est souhaitable que les parents cessent de prendre les bains et les douches avec l'enfant pour que prennent fin les contacts éventuels des organes génitaux. L'enfant entre de plain-pied dans une étape où il va ressentir intensément ses premières excitations sexuelles, et les parents ne doivent surtout pas les initier ou être perçus comme des sources d'excitation sexuelle. Trop de parents négligent de protéger leur enfant et adoptent des comportements incestueux, que cela soit psychologiques ou physiques : psychologiques, en faisant évoluer l'enfant dans un climat de tensions érotiques ou sexuelles ; physiques, avec cette fois des contacts impliquant directement l'attouchement des organes génitaux.

À partir de 4 ans et jusqu'à 6 ans, période œdipienne par excellence d'identification au parent du même sexe, l'enfant entre dans des activités à caractère purement sexuel. Il est très en contact avec ce type d'excitation, multiplie les activités masturbatoires et aime s'exhiber. Les parents notent cet intérêt que l'enfant manifeste de façon observable par plusieurs comportements qui vont dans ce sens : non seulement il se touche sexuellement, mais il est particulièrement curieux des organes génitaux de ses parents. À cet âge, l'enfant aime beaucoup les jeux de contacts physiques qui le défoulent et à la fois lui offrent un moment de plaisir partagé avec ses parents. Ainsi, il poursuit la construction de son image corporelle, en comparant son corps à celui de ses parents, en le touchant et en anticipant ce que deviendra son corps plus tard.

J'insiste sur l'importance « d'accéder » physiquement et psychologiquement au corps de ses parents pour favoriser, notamment, la proximité et renforcer le lien d'attachement. Il ne faut pas faire du corps et des organes génitaux un mystère ou un tabou. Le meilleur moyen pour cela est de permettre à l'enfant de satisfaire sa pulsion de « voir ». Néanmoins, cette pulsion peut être satisfaite quant au corps nu des parents, mais certainement pas quant à leurs relations sexuelles. Il est donc recommandé de faire preuve de vigilance quant aux ébats sexuels qui sont toujours très impressionnants pour l'enfant : il ne comprend pas ce qui se passe, il est troublé par l'intensité des émois et pense être le témoin d'un acte de violence. Un enfant qui ne verrait jamais ses parents nus pourrait aisément développer une fixation sur le corps et les organes génitaux, au point d'en être troublé sur le plan de sa propre sexualité. Il serait alors à risque de s'organiser pour satisfaire sa curiosité auprès d'autres adultes, ce qui n'est absolument pas souhaitable ; surtout, il risquerait un abus. Il est fondamental que les parents représentent pour lui une source d'information stable et apte à répondre à ses questionnements. Entre 4 et 6 ans, il est temps de lui apprendre à contrôler certaines pulsions et à orienter certains comportements :

- « Tu as le droit de toucher ton pénis ou ta vulve autant que tu veux, mais lorsque tu es seul(e), dans ta chambre par exemple. »
- « Ton pénis (ou ta vulve) est à toi, personne ne doit le toucher, ni papa, ni maman, ni aucune autre grande personne. »
- « Tu es grand(e) maintenant, tu vas commencer à prendre ton bain ou ta douche seul(e) et aussi à te laver tout(e) seul(e). »
- « Quand tu vas aux toilettes, il faut fermer la porte. »
- « Si quelqu'un est déjà dans la salle de bains, tu dois attendre que la personne sorte. Si c'est très long et que tu as vraiment besoin d'y aller, tu peux frapper à la porte pour le dire mais sans entrer. »

Ces règles de comportement sont essentielles au renforcement positif du respect de l'intimité de l'enfant – et de chacun – et de l'affirmation d'un interdit dont les parents doivent absolument se porter garants : l'interdit de l'inceste. Ainsi, ils aident leur enfant à renoncer au fantasme de conquérir le parent de sexe opposé – on dit autrement « à résoudre son Œdipe » – et à intégrer progressivement l'idée que la sexualité est affaire de grands. Il peut donc aisément désinvestir la sexualité et passer à l'étape de développement suivante. Lorsque l'interdit de l'inceste n'est pas clairement posé par les parents, le développement de la sexualité de l'enfant est troublé et celui-ci est à risque élevé de subir les abus sexuels d'autres adultes.

Autour de l'âge de 7 ans, la pudeur s'installe et les parents notent tout à coup l'apparition de nouveaux comportements. Leur enfant fait preuve de gêne, préfère mettre ses sous-vêtements à l'abri des regards, tient à ses moments d'intimité : ce sont les premières manifestations de sa pudeur. Il est indispensable que les parents s'ajustent à ces comportements et les respectent. À cette étape de développement, l'enfant n'a plus besoin de se montrer ou de voir, il a déjà acquis ces informations sur son corps et celui des autres et commence à expérimenter son sens de l'intimité. Il comprend que ce qui est de l'ordre de la sexualité ne se partage pas en public et adopte les comportements sociaux conséquents. À partir de l'âge de 8 ans, si l'enfant manifeste une curiosité marquée quant aux organes génitaux ou s'il est encore dans l'exhibitionnisme, il faudrait penser consulter un professionnel, de préférence un psychologue pour enfants ou un pédopsychiatre.

Qui est mon père ?

J'ai été captivé par les propos de Marcel Rufo, pédopsychiatre français, qui, dans un passage de son livre *Œdipe toi-même !*, remettait en question la nécessité de dire à l'enfant la vérité sur ses origines. Il s'appuyait pour cela sur l'anecdote suivante : un jour, son infirmière-chef lui demande tout de go ce qu'elle devait répondre à la question de son fils de 20 ans : « Qui est mon père ? » Elle avait toujours raconté à son fils la même histoire romantique d'un beau marin de passage, amoureux fou d'elle, qu'elle n'avait pas voulu suivre et qui n'avait jamais su qu'elle était enceinte. En réalité : elle s'était fait violer à l'âge de 15 ans par un chauffeur de taxi qui la raccompagnait en pleine nuit au foyer d'accueil d'où elle avait fugué. Pour le Dr Rufo, le « beau mensonge » paraissait plus efficace que la triste vérité et n'était pas dangereux pour le jeune parce qu'il serait bien pire pour lui de réaliser que sa naissance n'était pas désirée. Que faut-il faire alors, dire ou ne pas dire, mentir ou offrir la vérité ?

En fait, le jeune homme de cette histoire nous donne lui-même la réponse : malgré le récit de sa mère qu'il a entendu à maintes reprises depuis des années, il repose sans cesse la question de l'identité de son père. L'histoire romancée de sa mère, il n'y croit tout simplement pas, elle ne fait pas écho en lui. Je suis donc en total désaccord avec le Dr Rufo pour une seule et simple raison : le droit absolu pour tout individu d'accéder à sa propre histoire, surtout s'il la réclame. Cette continuité intergénérationnelle est essentielle, car on a besoin de savoir d'où l'on vient pour se construire. Lorsqu'un parent fait ce choix pour l'enfant, il l'ampute du même coup d'une part importante de son identité. Il l'empêche de vivre tout à fait. Pourquoi perpétuer un mensonge sur les origines d'un enfant, lorsqu'il ne cesse de poser la question ? Qu'est-ce qui pourrait justifier l'entêtement du parent à ne pas dévoiler la vérité ? Certainement pas le bien-être de l'enfant et certainement, pour le parent, la dissimulation de sa honte. Si à l'âge de 20 ans le fils continue de demander qui est son père, c'est qu'il n'est pas « nourri » par la fable de sa mère. Il a la conviction que ses réponses cachent la réalité et qu'il y a davantage à dire. Quand on est au clair avec ses origines, avec la réalité de son histoire familiale, on ne se questionne pas sur l'identité de son père. Quand les professionnels s'interrogent sur la nécessité de révéler ou non à un enfant la réalité de son origine et tranchent à partir de leurs propres convictions, je trouve qu'ils outrepassent leur rôle. Pour ma part, je me range toujours du côté de la seule réponse possible : celle de la question de l'enfant ; et je serai là ensuite, s'il a besoin de moi, pour faire face aux émotions associées au dévoilement. S'il questionne, on lui répond, et si on lui répond vrai, alors il ne reposera plus la même question, il sera rassasié… Il pourra éventuellement être libre d'en poser d'autres et, surtout, il pourra enfin à sa guise, vivre les émotions présentes en lui. Sur ce que l'on sait, on peut construire et grandir, sur l'inconnu sur soi, on ne peut que souffrir. Ces enfants blessés, une fois devenus adultes, sont ceux-là mêmes qui arrivent un jour dans mon bureau, désespérés, à bout de souffle, incapables de contenir davantage un malaise intérieur invivable.

Le Père Noël existe-t-il ?

À l'heure où les parents veulent perpétuer la tradition de Noël et la magie de son conte, certains comportements et histoires rocambolesques prennent des allures de cauchemars. Il est tout à fait sain que l'enfant croie, pour un temps, au Père Noël. Pour un temps, cela signifie que l'enfant est dans sa jeune enfance, ne se pose pas la question de la véracité du conte et baigne dans un imaginaire qui le nourrit et le rend heureux. Le merveilleux du moment lui est transmis par le caractère festif de cette tradition : les préparatifs de la fête et son excitation, la joie des retrouvailles, le repas familial, le coucher plus tard que d'ordinaire, les cadeaux, etc. Et tout à coup, la confusion s'installe. Tout à coup, ce qui est imaginaire, ce qui est fantasmé prend forme. Tout à coup, les Pères Noël se multiplient, on les voit partout dans les grands magasins – alors qu'il n'y en a qu'un soi-disant –, et certains enfants en rencontrent même parfois à la maison ! Les formules les plus diverses existent selon les familles, des enfants qui ne croisent jamais le Père Noël à ceux qui sont réveillés pour le voir, lui parler et s'asseoir sur ses genoux ; étrangement, certains sont même vaguement identifiés par des enfants qui reconnaissent le timbre de leur voix ou leur odeur.

À mon sens, les parents se laissent emporter par leur propre besoin de magie et se perdent. Alors qu'ils croient duper facilement l'enfant pour lui faire plaisir, ils créent complètement l'inverse et le trouble en rendant l'irréel réel. Sachez que l'enfant n'en a tout simplement pas besoin. Croire au mystère, l'enfant le vit dans sa tête ! Au lieu de surajouter à la beauté du moment, lorsque les parents provoquent un contact physique avec le Père Noël, ils provoquent aussi un profond malaise chez l'enfant. En effet, il est bien inquiétant pour lui d'expérimenter que ce qu'il croyait vivre dans sa tête se matérialise, soudainement. Ainsi, est-ce que les monstres qui lui font peur le soir, avant de s'endormir, pourraient effectivement faire intrusion dans sa chambre ? Pourtant, ses parents lui disent qu'ils n'existent pas. Pourquoi, si le Père Noël est réel, les monstres, eux, ne le seraient pas ? Lui mentirait-on pour le consoler et le faire se calmer ?

Pour sécuriser leur enfant, les parents doivent faire preuve de cohésion. Par exemple, quel est cet acharnement à vouloir faire photographier leur enfant avec le Père Noël des grands centres commerciaux ? Alors que l'enfant est hésitant, craintif, parfois en pleurs, j'observe trop souvent l'insistance des parents qui, à force de persuasion, réussissent à l'installer – bien inconfortablement d'ailleurs – sur les genoux du fameux Père Noël. Pour un enfant, le personnage est très impressionnant et peut faire fait peur : il est gros, rouge, a un rire imposant, une grande barbe, il sait si l'enfant a été sage ou non, il peut voler dans le ciel et entrer dans les maisons. Il a des pouvoirs surnaturels, est complètement étranger à la famille et il faudrait aller s'asseoir sur lui sans sourciller ! Il est de tradition de transmettre l'histoire du Père Noël, mais sur le plan psychologique, l'enfant ne retire aucun bénéfice à devoir physiquement le toucher, le voir de près ou lui parler.

Les parents se sentent particulièrement désarmés face à l'angoisse soudaine que suscite l'enfant qui pose candidement : « Il existe vraiment le Père Noël ? » Là encore, on assiste à des réponses absolument farfelues qui sont loin d'aller dans le sens du respect de l'enfant. Les parents passent outre ses réticences évidentes et tiennent à tout prix à le convaincre. Leur enfant serait-il le prétexte à se reconnecter un temps à leur propre enfance ? Pourquoi pas… mais jamais aux dépens du bien-être de l'enfant. Au lieu de faire des pirouettes maladroites et de mentir outrageusement, pourquoi ne pas lui répondre, en toute simplicité ? S'il pose la question, c'est que le doute l'envahit et qu'il a besoin de valider son questionnement. Il a donc besoin d'une réponse honnête. Il faut lui dire la vérité. « Non, le Père Noël n'existe pas. » De quoi les parents ont-ils peur au juste – et certains psychologues également ? De faire de la peine à l'enfant ? De « se » faire de la peine ? Les parents se sont-ils posé autant de questions et de tourments à l'idée que la « fée des dents », la « petite souris », le « marchand de sable » ou le « bonhomme sept heures » n'existent pas ? Se sont-ils tracassés pour l'annoncer ou le dissimuler ? Le Père Noël fait partie des grands rites de l'enfance, mais il doit être vécu par les parents comme un rite de passage ; par définition donc, on « passe » d'un état à l'autre, sinon on est à risque de stagner. Il y a bien des adultes qui croient encore au Père Noël (!), dans leur recours trop systématique à une pensée restée magique dans laquelle ils ont la conviction que la vie se chargera de résoudre leurs problèmes, indépendamment de leurs actions. Ne plus croire au Père Noël est l'étape d'un deuil nécessaire où l'enfant grandit. Grandir, avec cette occasion d'entrer davantage dans la réalité (plutôt que de rester dans le rêve), de se responsabiliser un peu plus, car la vie est belle, certes, mais certainement pas comme dans les contes.

À notre époque, la surabondance des cadeaux aux enfants est dictée à la fois par l'injonction de surconsommation et l'utilisation de Noël et de sa tradition comme le prétexte d'une vaste opération mercantile. On irait presque jusqu'à dire que Noël n'a rien à voir avec les enfants ! L'excès de cadeaux est dramatique et ne participe pas du tout au développement du plaisir de jouer de l'enfant. Ce qui est fondamental pour l'enfant est que soit stimulée sa capacité ludique, car elle est propre à son étape de développement et lui permet d'exercer une combinaison complexe d'aptitudes physiques et cognitives. Les parents ne devraient pas offrir des cadeaux pour compenser les Noëls de leur propre enfance : ils offrent de nombreux cadeaux parce qu'ils ont souffert de ne pas en recevoir ou trop peu, ou encore, ils offrent ceux qu'ils auraient aimés recevoir. L'enfant ressent bien lorsqu'un cadeau ne lui est pas vraiment adressé ; intuitivement, il se sent manipulé et cela laisse en lui une empreinte qu'il n'oubliera pas ; bien des adultes aujourd'hui témoignent à quel point certains cadeaux de leur enfance leur ont laissé un goût amer. Finalement, peu importe le nombre de jouets et leur prix, ce dont l'enfant a besoin avant tout est de jouer ! Offrir un cadeau consiste bien alors à penser à qui on l'offre et à se laisser guider dans son choix par ce qui plaît à l'autre, non à soi : on ne s'offre pas à travers l'autre. Il est important aussi que l'enfant reçoive en quantité raisonnable et apprenne du même coup à gérer intérieurement la déception de ce qu'il n'a pas reçu.

Enfin, je veux également mettre les parents en garde contre l'utilisation abusive du Père Noël pour faire respecter leurs principes éducatifs : « Si tu continues à être méchant, le Père Noël ne t'apportera pas de cadeaux. » Les parents ne doivent pas troquer la bonne conduite de l'enfant contre un cadeau. Les sanctions relatives aux comportements de l'enfant ne pourraient-elles pas se vivre en d'autres temps qu'au moment de Noël ? Il y a bien des occasions, le reste de l'année, de rappeler le cadre éducatif dont le respect des règles revient davantage aux parents qu'à un personnage fictif de conte. Noël est le temps pour l'enfant de ressentir sans ombrages, la force du plaisir de recevoir et de donner.

Une séparation centrée sur le bien-être de l'enfant

D'emblée, il me semble important de débuter cette réflexion avec l'idée que, statistiquement, on sait aujourd'hui qu'une union sur deux est vouée à l'échec et que la dynamique de la séparation aura un impact significatif sur le développement de l'enfant. Ce dernier argument devrait d'ailleurs suffire en soi pour qu'enfin les parents, aux prises avec une telle situation, se mobilisent pour « l'intérêt supérieur de l'enfant », selon l'expression consacrée de la Loi sur le divorce au Québec.

Un divorce ou une séparation est toujours un événement particulièrement marquant dans la vie d'un enfant : il n'oubliera jamais l'empreinte émotive du moment de l'annonce et le vécu qui s'en est suivi. Qu'est-ce qu'on lui a dit ? Lui a-t-on seulement expliqué ? A-t-il reçu du soutien émotif à ce moment charnière de sa vie ? Comment ses parents ont-ils planifié sa nouvelle vie ? Comment se sont déroulés les années ultérieurs et les événements importants tels que les fêtes de Noël, les anniversaires, les spectacles d'école, etc. ?

S'il est vrai que la séparation des parents peut prendre des tournures cauchemardesques et se résumer en une série d'épisodes traumatiques pour un enfant, elle peut aussi être vécue de façon beaucoup moins anxiogène, moins souffrante, et même libératrice de tensions, lorsque les parents ont réellement à cœur le bonheur de leur enfant. À titre de psychologue et de médiateur familial, je navigue souvent entre la dernière tentative pour sauver le couple en psychothérapie – je suis alors psychologue – et les déchirements de la garde à choisir au milieu des enjeux financiers du partage du patrimoine familial – je suis alors médiateur familial. Dans les deux cas, je constate trop souvent combien les parents se heurtent et se détruisent, emportés par leur détresse devant l'échec de leur relation de couple ; malheureusement, coincés dans leur colère et leur douleur, ils oublient complètement l'impact de cette immaturité sur leur enfant. Certains parents crédules vont même jusqu'à croire que la naissance d'un autre enfant pourrait rapprocher le couple et faire disparaître tout risque de séparation. C'est un leurre en soi et, surtout, cela fait déjà porter un poids trop lourd à cet enfant en devenir qui, d'emblée, se voit confier la tâche de régler les problèmes de couple de ses parents.

Bien au contraire, lorsque les parents sont à risque de séparation, je déconseille vivement le projet d'un « enfant réparateur » : que le couple règle d'abord ses difficultés avant d'accueillir un bébé. Je le dis haut et fort : lorsque la relation de couple est moribonde, il y a vraiment moyen de faire autrement que de continuer de vivre ensemble juste pour les enfants, ou de se disputer de façon ordurière devant eux. Il y a des mots à prononcer, des actions à poser et des comportements concrets à adopter, pour prendre soin de son enfant, faire la différence dans sa vie et, bien sûr, dans celle des parents. Dans ma pratique de médiateur familial, j'ai pu maintes fois constater qu'un couple peut échouer dans sa relation de couple et tout à fait réussir sa séparation !

Accepter la nécessité de la séparation

Lorsque la séparation s'annonce comme la décision finale qui s'impose, tous les membres de la famille sont perturbés. Happés par la culpabilité, plusieurs parents se demandent s'ils ne devraient pas rester ensemble au moins pour les enfants. Même s'il est douloureux de voir ses parents se séparer, c'est un leurre de croire que les enfants sont heureux malgré les discordes et la tension familiale ambiante. Sachez que les enfants sont extrêmement perceptifs et détectent les dynamiques parentales bien au-delà des mots : un enfant sait toujours que ses parents ne partagent pas le bonheur. En psychothérapie, les personnes confient fréquemment avoir péniblement vécu ce quotidien dans l'enfance, avec des parents qui ne s'entendaient pas, même s'il n'y avait pas de cris ni de disputes. L'ambiance était trop tendue et la séparation aurait vraiment été préférée. Je pense que si l'idée est de vivre avec soi et son entourage dans l'authenticité relationnelle, des parents qui ont perdu la flamme et ont bien compris que leur vie n'est plus à partager ne doivent pas s'infliger – pas plus à leur enfant – cette fausseté émotionnelle du quotidien. Sinon, l'enfant se voit marqué du non-dit suivant : « Même malheureux en couple, si tu as des enfants, tu ne dois pas te séparer. » Sur le plan psychologique, je suis certain que ce fardeau malsain prive les membres de la famille de toutes perspectives d'harmonie. Il est évident qu'un enfant aura toujours à vivre une période de deuil quant à sa famille d'origine, mais sa nouvelle vie avec des parents séparés et moins tendus devrait avoir un vrai effet de soulagement.

Je considère qu'il est toujours nécessaire pour un couple en crise de faire le bilan avant toute décision de séparation et d'aller chercher l'aide d'un psychologue, car la charge émotive est souvent très forte et les partenaires confus. En thérapie de couple, l'objectif est de déterminer si ce couple a encore du sens et si les prises de conscience peuvent éventuellement rapprocher. Mais l'issue de la thérapie peut aussi être de conclure à la fin de cette relation de couple. Il faut alors se positionner clairement vis-à-vis de l'enfant : il va avoir grand besoin d'être sécurisé dans ce bouleversement soudain de sa courte vie.

Annoncer la séparation

Les parents doivent choisir le moment de l'annonce. Il est important que l'enfant ait le temps de « vivre » l'annonce de la séparation, sans avoir immédiatement à aller à l'école ensuite ou se coucher. Choisissez aussi le lieu, par exemple une pièce familiale où l'on a coutume de se retrouver pour partager des moments ensemble. Pour chaque famille, il y a un lieu et un moment où les informations circulent, une routine dans laquelle l'enfant se sent à l'aise d'écouter et de s'exprimer. Il faut être au clair avec ce qui va être dit. Pour cela, les parents auront pensé d'avance les paroles à adresser à leur enfant. Le message essentiel est que vous avez pris la décision de vous séparer parce que vous ne vous aimez plus assez pour rester ensemble. Il faut mentionner clairement à l'enfant que cela n'a rien à voir avec lui, qu'il n'est absolument pas responsable et qu'il ne peut rien y changer : « Ce sont nos problèmes d'adultes, ce n'est pas du tout de ta faute. Nous sommes toujours ton papa et ta maman et nous allons continuer à bien nous occuper de toi. » J'invite les parents à ne pas entrer dans les détails des raisons profondes de leur séparation. Pour intégrer l'idée de la séparation et des changements qu'elle implique, votre enfant n'a pas besoin d'accéder aux informations relatives à votre intimité : la perte de désir sexuel de l'un, ou la crise de la quarantaine de l'autre, ou la découverte d'une relation extraconjugale, etc. Évidemment, on peut dire davantage à un adolescent ou à un jeune adulte, on simplifie pour les plus jeunes afin de ne pas les assaillir d'informations inutiles.

L'enfant doit savoir qu'il va maintenant avoir deux maisons et que dans chacune il aura une chambre bien à lui. Je sais que cette annonce à l'enfant peut s'avérer un moment sensible. Ne parlez pas à votre enfant tant que vous êtes trop envahi sur le plan émotif : pour être rassuré qu'on va prendre soin de lui, il a aussi besoin de voir que ses parents sont, certes, tristes mais non dévastés. Votre enfant doit surtout clairement ressentir que vous êtes assez forts pour le soutenir dans ses inquiétudes et le guider dans les changements de son nouveau quotidien. N'oubliez pas que lorsqu'un enfant voit ses parents malheureux, il a tendance à se culpabiliser, à vouloir porter et atténuer leur douleur : vos comportements de parents responsables peuvent lui permettre d'éviter ce piège et de rester dans son statut d'enfant. Par contre, si au moment de l'annonce, vous sentez que les larmes montent, ne les réprimez pas : vous êtes bien en train de vivre un épisode triste et cette émotion est adaptée en la circonstance. Vous pouvez mentionner que même si l'on prend sciemment la décision, il est difficile de se séparer et cela vous fait de la peine. L'expression de vos émotions va soulager l'enfant qui, du coup, va peut-être « s'autoriser » à vivre les siennes.

Si l'annonce est faite à plusieurs enfants d'âges différents, il est important de dire les vraies choses, encore une fois en toute simplicité, à l'aide de phrases courtes et explicites. Tous les enfants ont droit à la vérité, en même temps. En procédant ainsi, vos enfants se sentiront plus libres de vous poser des questions et, éventuellement, d'en parler entre eux.

Éviter les formules ambiguës

Attention aux annonces de séparation biaisées par l'ambivalence des parents qui ont du mal à accepter leur décision et tentent, bien maladroitement, d'en atténuer la portée : « Nous allons nous séparer *momentanément.* » Ce type de formulation est tout à fait néfaste pour l'enfant qui entend d'emblée qu'il y aurait donc quelque chose à faire pour que ses parents se rétractent et restent en couple. Nourrir l'enfant de faux espoirs peut grandement le perturber : il va faire tout ce qui est en son pouvoir pour rapprocher ses parents. Pour cela, il peut devenir l'enfant parfait, celui avec qui il est si bon de vivre... ou tomber malade, celui à qui on ne peut tout de même pas rajouter à sa triste condition. Même si telle n'est pas votre intention en annonçant une séparation « temporaire », votre enfant, lui, va penser qu'il est investi de cette mission de sauver votre relation de couple. Malheureusement, il est condamné à être perdant, quelle que soit l'issue : si ses parents renouent, il aura le sentiment que c'est grâce à lui et va intégrer du même coup l'idée de sa toute-puissance en s'enfermant, pour longtemps, dans le syndrome du sauveur. Si ses parents se séparent, il va se culpabiliser et déprimer en pensant qu'il n'a pas été capable de les rapprocher.

Choisir un type de garde réaliste

Lorsque la séparation est effective, la planification de la garde et de son calendrier est très importante puisqu'elle va rythmer la vie de l'enfant et des parents séparés. En médiation, je constate régulièrement les impasses dans lesquelles les parents s'enferment en tentant de coller à tout prix à un modèle de garde idéal que chacun a en tête. Plusieurs raisons peuvent justifier une telle position rigide : la conviction de savoir mieux que l'autre parent ce qui est bon pour l'enfant, la volonté d'équilibrer le nombre de jours pour diminuer le coût de la pension alimentaire – croyez-moi, celle-là est fréquente ! –, la colère de sentir tout à coup la volonté d'implication d'un parent qui était plutôt désinvesti auparavant, le refus d'accepter la séparation et donc celle avec l'enfant, la douleur de se séparer d'un enfant en bas âge avec lequel on a vécu jusqu'alors tous les jours, etc. Je comprends la portée émotive de chacune de ces raisons, mais elles ne sont pas acceptables si l'on revient, une fois encore, à l'intérêt et au bonheur de l'enfant.

Si la préoccupation première des parents est bien d'assurer les besoins physiques et psychologiques de l'enfant dans un climat de sécurité, il me paraît essentiel de favoriser les contacts réguliers de l'enfant avec les deux parents. Pour ma part, les rancunes des parents, leurs douleurs quant à la séparation ou les divergences relatives à l'éducation de l'enfant ne sont pas des raisons profondes qui justifient qu'un parent soit privé du contact de son enfant, et surtout que l'enfant soit mis à distance de son parent. Bien sûr, dans un monde idéal, les parents sont respectueux et coopératifs et choisissent une garde partagée, seulement voilà, rares sont les parents qui font preuve d'une telle maturité et on ne peut donc que souhaiter que ceux-ci tendent vers ce modèle de partage. Souvent, la résolution quant au meilleur choix de garde consiste à ramener les parents au réalisme de leur situation professionnelle. Je leur demande donc systématiquement : « Que pouvez-vous mettre en place comme schéma de garde, pour respecter vos contraintes professionnelles, la durée des trajets jusqu'à l'école et faire en sorte que votre enfant ne se retrouve pas à subir un horaire qui fonctionne mais qui l'épuise ? » Plus l'enfant est jeune, plus il faut favoriser le contact avec la mère ; on le comprendra d'autant plus aisément avec les jeunes mamans qui ont encore un bébé au sein ou au biberon.

Pour l'équilibre de l'enfant et notamment lui offrir la possibilité de développer un lien fort et durable avec ses deux parents, je conseille fortement, lorsque c'est possible, la mise en place d'une garde partagée. Pour ce faire, il est impératif que plusieurs règles soient respectées : que les parents coopèrent et échangent toutes les informations nécessaires sur la santé de l'enfant et sa scolarité, que les parents habitent tous deux à distance raisonnable de l'école, que les parents respectent scrupuleusement les heures d'arrivées et de sorties de l'école, que les parents soient fiables quant au respect des heures et des jours de changement de garde. Cette façon de partager la garde de l'enfant lui permet de voir ses deux parents durant la semaine et donc d'être suivi dans sa scolarité, de vivre le quotidien de la semaine avec ses deux parents et de passer aussi du temps avec eux pendant la fin de semaine ; il va sans dire que les périodes de vacances devraient également être pensées à part égale. Établissez un calendrier qui va présenter, à l'aide de couleurs différentes, les périodes de temps avec chacun des parents. Affichez-le dans un lieu de la maison où l'enfant peut s'y référer facilement. Je suis admiratif des parents qui témoignent d'une telle volonté et de cet engagement vis-à-vis de leur enfant ; ils sont encore trop rares, malheureusement.

Enfin, ces parents bienveillants et responsables sont aussi ceux qui acceptent de poser des limites claires sur le plan professionnel : ils refusent les réunions tardives parce qu'ils doivent aller chercher leur enfant à l'école ou au service de garde. En fonction de ces contraintes d'horaire, ils n'hésitent pas à réaménager leur temps de travail, et plusieurs, par exemple, choisissent de travailler plus tard les soirs où ils n'ont pas la garde de leur enfant.

Avec qui veux-tu vivre, maman ou papa ?

Dans leur volonté de trouver la garde idéale pour l'enfant, certains parents demandent à l'enfant de choisir avec lequel de ses parents il veut plutôt vivre ; à moins que ce soit par incapacité de porter la responsabilité de son rôle de parent qui prend position ! Je tiens à insister sur un point fondamental dans l'éducation des enfants : pour se sentir sécurisés, ils ont absolument besoin d'être pris en charge par des parents qui endossent totalement leur rôle, c'est-à-dire des adultes qui établissent un cadre de vie et une éducation aux balises et aux limites claires. D'autant plus dans une période de vie plus trouble, tel le bouleversement d'une séparation, il est encore plus important pour un enfant de recevoir le nouveau « plan » de vie des parents, sans avoir à choisir lui-même. Comprenez qu'un enfant à qui l'on demande « Avec qui veux-tu vivre, papa ou maman ? » entendra qu'on lui demande plutôt : « Qui préfères-tu, papa ou maman ? » Ce type de question place l'enfant dans un terrible dilemme où on lui impose de choisir entre son père et sa mère. Tout à coup, la question le plonge dans un véritable conflit de loyauté où il peut même être poussé, malgré lui, à trancher la question, pour se conformer aux désirs latents d'un de ses parents. En psychothérapie avec des enfants, j'en vois trop souvent, complètement tourmentés par ce choix, tiraillés entre leur volonté de choisir de vivre avec leur parent le plus fragile psychologiquement et rongés par la culpabilité d'abandonner l'autre. Quelle que soit la perception que vous nourrissez de l'autre parent, et même si vous l'estimez moins adéquat ou inadéquat sur le plan de l'éducation, votre enfant ne l'entend pas ainsi : il aime ses deux parents tout autant et ne veut jamais avoir à choisir.

Lorsque l'enfant arrive au seuil de l'adolescence, vers 14 ou 15 ans, il est fréquent qu'il émette le souhait de vivre davantage, pour un temps, avec l'un de ses parents. À cette étape de son développement, cette volonté peut être tout à fait fondée. L'adolescence est la période à laquelle se renforce l'identification au parent du même sexe et l'adolescent peut avoir tendance à prendre une distance saine et relative avec l'autre parent. *A priori*, il ne faut pas que les parents y voient la marque d'une difficulté relationnelle. Je leur conseille donc de valider avec leur enfant ce qui anime ce nouveau choix de vie et d'en discuter les raisons. Ensuite, d'un commun accord avec leur adolescent, les parents peuvent alors réaménager l'horaire de garde dans le sens de la demande, en conservant toujours un contact avec les deux parents, mais avec plus de jours de garde avec l'un des deux. Une précision est essentielle : le réaménagement du temps de garde, à l'adolescence, n'est envisageable que lorsque la relation du jeune à ses parents est clémente et harmonieuse. Il est hors de question que l'adolescent s'éloigne de son parent parce qu'il est en conflit avec lui et que la distance s'installe par incapacité du parent de régler ce conflit. À tout âge et jusqu'à ce que le jeune adulte quitte la maison, les parents ne doivent pas accepter que l'enfant parte vivre dans l'autre milieu familial à cause d'un climat ou d'une situation conflictuelle non réglés. On ne peut résoudre les difficultés relationnelles avec un enfant que dans la proximité : la distance physique renforce négativement la distance psychologique et le rapprochement est ensuite encore plus délicat, voire impossible. Je sais pertinemment que dans les périodes difficiles avec un enfant, le parent excédé peut « fantasmer » de renvoyer son enfant chez l'autre parent pour prendre une pause de son désarroi et de sa colère ; de ce point de vue, il est important que les parents soient solidaires, sinon l'enfant exploitera cette divergence à son avantage. Si ce fantasme est certainement libérateur de tensions, il ne faut jamais que le parent passe à l'acte et renvoie réellement son enfant ; ce dernier le vivrait trop comme un rejet ou une rupture du lien d'attachement qui compromettrait grandement la possibilité d'une relation ultérieure de confiance et de sécurité. N'oublions pas que la responsabilité du parent est d'exercer son rôle de parent dans le quotidien de l'enfant, pour le soutenir physiquement et psychologiquement. Il va de soi que cela se réalise aussi bien dans les meilleures périodes de vie que dans les périodes plus difficiles.

La vérité du divorce aux enfants est un sujet vaste et l'on aurait pu encore développer bien des points. À titre de médiateur familial et pour en connaître les bienfaits, j'invite tous les parents qui font fassent à cette réalité à considérer la médiation familiale. Même si les modalités de recours diffèrent d'un pays à l'autre, il est toujours beaucoup plus bénéfique pour tous les membres de la famille que le couple-parents établisse sa propre entente de séparation plutôt qu'elle soit imposée par un juge. Guidés par la volonté sincère de faire de cet événement marquant une période de transition souple et respectueuse, les parents peuvent vraiment « construire » dans un moment propice à la vengeance et à la destruction.

Découvrir l'existence de la mort

À l'occasion de ses expériences de vie, l'enfant est un jour confronté à la réalité de la mort, que ce soit celle des insectes et des animaux ou celle d'un parent proche : « Pourquoi on meurt ? » « Est-ce que les papas et les mamans meurent ? » « Moi aussi, je vais mourir ? »

Pour se construire face à ces questions existentielles, l'enfant a besoin de poser des questions et, bien sûr, d'obtenir des réponses.

Pour être prêts, les parents ont d'abord à être eux-mêmes au clair avec leur propre conception de la mort et les émotions qu'elle suscite. Il est indispensable à l'enfant de savoir que, par nature, nous sommes tous mortels, parce que cela lui permet d'intégrer progressivement que la vie est éphémère : nous faisons partie d'un cycle dans lequel chacun a sa place, mais dans lequel chacun doit aussi céder sa place aux suivants. Ainsi, un enfant devient parent, un parent devient grand-parent, et ainsi de suite… Cette réalité expliquée à l'enfant l'inscrit globalement dans son histoire sociale et culturelle, et particulièrement dans son histoire familiale et générationnelle. Ainsi lui fait-on passer l'idée du rôle que chacun a à jouer, à un moment de sa vie. L'enfant ne peut apprendre cette réalité du cycle de vie que par une transmission qui doit venir de ses aînés (parents, grands-parents, professeurs). Du même coup, ces adultes lui offrent la possibilité de saisir que la mort fait partie de la vie et qu'il est « naturel » de mourir un jour. Que la vie ne soit pas éternelle donne une excellente raison de bien la construire pour qu'elle rende le plus heureux possible !

Souvent, au gré du décès d'un grand-parent, les parents – malheureux et malhabiles dans ce moment fort émotif – partent dans des explications alambiquées qui n'ont pas de sens pour l'enfant et le confondent plus qu'elles ne l'éclairent. « Grand-papa est maintenant au ciel » « Grand-maman est loin maintenant » « Grand-maman fait un long voyage » « Grand-papa s'est endormi » « Tes grands-parents te regardent de là-haut. » Et voici en retour des exemples de ce que les enfants demandent, suite à de telles formules : « Si grand-papa est au ciel, il est où dans le ciel ? » « Pourquoi on le voit pas s'il est dans le ciel ? » « Est-ce que grand-papa va tomber du ciel et mourir encore ? » « Grand-maman est partie pour un long voyage de combien de temps ? »

« C'est où, loin ? » « C'est quand qu'elle revient ? » « Elle va où grand-maman dans son voyage ? » « Si on s'endort pas, on meurt pas ? » « Si les morts regardent les vivants du ciel, est-ce que ça veut dire que même si on est seul, il y a toujours quelqu'un qui nous regarde ? » Dans le pire des cas, ces questions leur resteront en tête, sans même les verbaliser. Toutes les formulations édulcorées des parents sont vraiment à proscrire, car elles n'éclairent en rien sur la réalité de la mort et suscitent d'autres questions qui, suivant la même logique, incitent les parents à pousser les mensonges plus loin encore dans l'absurde.

Ce qui doit être dit à l'enfant est que son grand-parent est mort, qu'il ne le verra plus et qu'on ne peut rien y changer. Ces paroles, les parents les perçoivent souvent comme trop « dures » à entendre et ont le sentiment d'avoir à atténuer la lourdeur de l'événement pour protéger leur enfant. Mais protéger de quoi au juste ? Et qui protège-t-on vraiment ? S'agirait-il plutôt de leur difficulté à trouver les mots ? Et puis, il ne faut pas tout confondre, autant un enfant n'a pas besoin d'être informé des difficultés de couple de ses parents qui ne le concernent pas, autant il est important qu'il accède à des informations relatives à la mort, parce qu'il se questionne à ce sujet et qu'il doit se trouver une position intérieure d'équilibre. Pour les enfants, il n'y a rien de plus troublant que de recevoir des messages contradictoires : ils observent la tristesse de leurs parents, ils sont les témoins de la tension ambiante impliquant la famille élargie, ils constatent la mobilisation générale… et tout ça parce que grand-mère ferait un long voyage ! À défaut de tout comprendre, l'enfant perçoit très bien que la situation est plus grave que ce qu'on lui en dit et il est alors à risque d'élaborer des scénarios tout à fait irréalistes à forte charge anxiogène. Avec des formulations romancées, les parents fragilisent donc leur enfant. Au contraire, un enfant n'est jamais à protéger de la vérité qui le touche car, grâce à elle, il peut se construire et notamment, prendre appui sur les réactions de ses parents pour se positionner dans sa propre vie. Le rôle structurant des parents est bien celui de permettre à l'enfant d'intégrer ce qui est réel, non de croire en l'irréel. Comment l'enfant se préparera-t-il à faire face aux difficultés de la vie, si on lui ment en atténuant la portée d'un événement aussi fondamental que la mort et dans lequel il aurait l'occasion d'apprendre ? Les formulations qui masquent la vérité poussent les parents à la grossière erreur de laisser croire aux enfants que la mort est réversible, justement parce qu'on revient, un jour, d'un long voyage… ou parce qu'on peut certainement revenir en bas, si l'on a réussi à aller dans le ciel et que tout le monde en est incapable… ou parce qu'on a sûrement le pouvoir de revenir parmi les vivants, lorsqu'on peut les voir en étant invisible ! Psychologiquement, on est incapable de faire le deuil de quelqu'un qu'on attend : si un adulte est censé l'avoir intégré, un enfant, lui, doit l'apprendre. Il n'y a pas forcément de longs discours à adresser à l'enfant, l'idée consiste plutôt à répondre à ses questions et à dire les choses telles qu'elles sont : « Oui, on peut mourir même si on est jeune » « Les gentils aussi meurent » « Non, parfois on ne sait pas qu'on va mourir et puis ça arrive », etc. Si les parents acceptent de fonctionner sur ce mode d'authenticité, l'enfant en sera toujours satisfait.

Malgré leurs bonnes intentions, les parents vont exactement à l'inverse de ce qu'ils doivent transmettre à l'enfant par rapport à la mort, c'est-à-dire son caractère permanent, irréversible et inéluctable. Si un enfant questionne sur la mort, il faut lui dire que mort, on est immobile, on ne peut plus parler, rire et jouer. Plusieurs parents se demandent s'il faut aller jusqu'à amener l'enfant au salon funéraire ou aux funérailles. Je pense que ces images fortes n'apportent pas forcément davantage aux jeunes enfants auxquels on a dit les « vraies choses » sur la mort. Pour les plus grands, il faut absolument leur accord et qu'ils sachent à quoi s'attendre. En aucun cas ne devrait-on forcer un enfant à être présent s'il manifeste une résistance. Que l'enfant accepte ou non de voir, une dernière fois un parent décédé, il est tout à fait bénéfique de lui suggérer de poser un acte, en guise d'adieu : un mot, une petite peluche, une photo, une fleur, etc. ; là encore, ce geste symbolique aide l'enfant à faire son deuil de la personne aimée. D'ailleurs, même si l'enfant n'a pas assisté aux funérailles, il est toujours possible de l'accompagner quelques jours plus tard sur le lieu de la tombe et se recueillir avec lui. Cette visite peut aussi être l'occasion de l'inviter à s'exprimer sur ce qu'il ressent et, éventuellement, de répondre à ses questions.

Les parents nourrissent parfois bien des inquiétudes vis-à-vis de leur enfant lorsqu'il doit faire face à un événement douloureux. Cela dit, par l'exemple qui suit, je veux montrer combien l'enfant est plein de ressources intérieures et s'organise sur le plan psychologique pour « construire » autour d'une situation qui le perturbe ; ainsi reprend-il un contrôle émotif sain et va-t-il de l'avant dans sa vie. Il s'agit donc de l'histoire de Félix, un petit garçon de 4 ans, dont le chien atteint d'un cancer doit subir une euthanasie. Alors que le décès de l'animal vient juste de survenir, les parents et le vétérinaire évoquent combien il est navrant que la vie des chiens soit si courte. Attentif à la conversation, Félix intervient soudainement : « Je sais moi pourquoi la vie des chiens est courte… Les gens naissent pour apprendre comment vivre une bonne vie – comme par exemple bien aimer tout le monde, tout le temps et être gentil aussi... Eh bien, les chiens savent déjà comment faire ça plus vite, alors, ils n'ont pas besoin de rester aussi longtemps. »

Avant de mourir, il y a de longues années à vivre, et avec elles une multitude d'expériences propices au bonheur. Le parent bienveillant fera comprendre à son enfant qu'on ne peut qu'accepter la réalité de la mort et qu'en attendant, à défaut de défier la mort, on peut s'employer activement à aimer sa vie. Pour en être tout à fait convaincu, un enfant devrait tout simplement vivre avec ses parents au quotidien, aimé et en sécurité. Avec eux, parce que ses expériences de vie sont enrichissantes, l'enfant est sainement projeté dans l'avenir, nourrit ses propres projets et veut grandir pour les réaliser. En contact avec cet oxygène qu'il puise dans son milieu familial, il ressent fortement en lui sa propre pulsion de vie et combien il aime vivre. Ainsi, ses parents ne lui ont pas uniquement fait le cadeau de la vie en le mettant au monde, ils ont réussi aussi et surtout à l'aider à « se » mettre au monde.

Conclusion

A priori, chaque individu veut « être soi », chaque individu nourrit le secret intime d'accéder à son plein potentiel de bonheur, libre de s'aimer soi et d'aimer pleinement en couple et en famille. Pour cela, j'ai insisté sur la nécessité de se défaire des mensonges et des non-dits de son histoire, dans une volonté farouche d'accès à sa vérité émotionnelle. Oser l'authenticité, en s'aventurant sur le chemin sinueux du retour à soi et des saines prises de conscience. Tout naturellement, les réflexions sur son propre héritage et sur ses propres fondations s'organisent. Finalement, elles se résument à une seule question : Qui suis-je, « vraiment » ?

Si les ressources intérieures pour y répondre sont parfois insuffisantes, il faut alors aller chercher de l'aide, celle d'une tierce personne, compétente, qui servira de référence et de modèle ; et choisir en toute conscience à qui l'on accorde cette confiance. J'ai des réserves quant aux vertus du pardon et de l'oubli que certains – professionnels ou non – préconisent parfois. On n'oublie jamais les souffrances que l'on a subies et on ne peut pardonner à quiconque ne reconnaît sincèrement sa part de responsabilité. Si l'on oublie et pardonne, on tombe dans le piège de l'évitement facile. Cela revient alors à maintenir le contact avec ceux qui ont fait souffrir et risquer de se faire encore blesser par eux, ou par ceux qui leur ressemblent psychologiquement. Enfant, il était impossible de se protéger de la toute-puissance parentale, je voudrais que l'on se souvienne combien, adulte, il est des réflexions et des actions qui permettent de s'en départir. Se délester de sa souffrance intérieure, ce n'est pas oublier et pardonner à tout prix, ce n'est pas reléguer loin dans la conscience ce qui est souffrant.

Faire le deuil consiste plutôt à faire face à sa réalité, à comprendre et apprendre à vivre avec ses vieilles blessures, en éliminant la lourdeur et la douleur des émotions qui affectent encore à ce jour. Se souvenir de ces moments qui ont façonné notre histoire, puisqu'ils font partie de soi, pour en effectuer l'intégration émotive. On peut ainsi se libérer de ses rancunes et de ses colères, en les canalisant dans des mots et des actions bénéfiques pour soi, plutôt qu'en des actes d'autodestruction ou de destruction.

Aujourd'hui, il existe une démarche éprouvée pour identifier ce qui fonde son individualité et ses besoins : l'introspection. Développer cette capacité de réflexion et d'analyse, dans un retour libérateur aux émotions vives de l'enfance. Il n'y aura pas de miracle, seulement la construction progressive de son propre bonheur, par un travail acharné sur les moments charnières de son histoire. Ainsi, tout individu prenant conscience de son bagage psychologique peut bâtir ou rebâtir son intégrité et renouer avec ce noyau dense d'amour de soi que les négligences affectives antérieures n'ont jamais tout à fait réussi à altérer. Il est vraiment possible de « se vivre » en toute conscience, hors du champ du mensonge à soi et aux autres et de cesser enfin de subir sa vie.

À la volonté de s'engager dans ce cheminement s'ajoute également la volonté de miser sur soi, de conserver l'espoir d'une plus grande paix intérieure, malgré les embûches et les prises de conscience douloureuses ; d'ailleurs, cette souffrance n'est que transitoire, seulement le temps de l'éclosion. Évidemment, cette vérité soudaine à soi s'apprivoise et, avec elle, les turbulences et les réactions vives qu'elle suscite intérieurement et chez l'entourage. Une fois découverte, la vérité à soi devient un mode de vie, une philosophie, une trame relationnelle à soi et aux autres qui ne tolère plus les mensonges et les non-dits, surtout lorsque le dévoilement est nécessaire. Il s'impose alors de se redéfinir et de redéfinir son réseau social ; notamment de quitter, s'il en est, les membres de la famille nocifs, les amours et les amitiés malsaines. Ainsi, dans les relations familiales, professionnelles, amicales et amoureuses, s'accorder le plein droit de refuser sciemment d'entrer en relation avec des personnes que l'on sent intuitivement malveillantes ou qui s'avèrent très vite malveillantes. Globalement, se faire plus confiance dans ses intuitions et dans ses processus de décision qui visent à prendre soin de soi, en se positionnant plus fermement : choisir enfin la légitimité de se respecter. Bien sûr, cela revient aussi et surtout à s'entourer de personnes qui partagent ces valeurs fondamentales de franchise, de respect, d'intégrité et d'affection franche. Du coup, ces rapports nouveaux ouvrent le vaste champ des possibilités de choix : de nouvelles idées, de nouveaux projets, un nouveau bien-être, de nouvelles intimités, de nouvelles bouffées de bonheur simple et profond, etc.

Le bonheur passe donc vraiment par soi, par le choix conscient et délibéré de sa vérité. Qu'est-ce qui ferait de moi un être pleinement heureux ? Quels sont les blocages et quelles sont les entraves à ce devenir ? Se choisir revient à briser ses chaînes et à croire en sa propre capacité d'adopter une attitude positive à l'égard de soi, convaincu de sa valeur et de son aptitude à être bon pour soi. Le bien-être se construit, même s'il a été brimé dans l'enfance. Certes, la résilience – cette force insoupçonnée que l'on a en soi pour « se réparer » – est plus forte et plus accessible chez certains, mais elle existe en tout un chacun, à des degrés divers. À défaut de guérir tout à fait de ses maux, chaque individu a la responsabilité de tenter d'améliorer sa condition : accéder à sa propre vérité est le chemin privilégié d'exercice de sa résilience.

J'ai voulu que ce livre soit l'invitation à une rencontre avec soi, à une ouverture sur d'autres perspectives, à un renouveau de passion pour sa propre vie, car chaque être est le terrain fertile de tous les possibles. Telle est la force vive de l'adulte : sa capacité de se libérer de la rigidité des stratégies de survie de l'enfance pour entrer enfin dans le mouvement souple de sa propre vie. J'ai voulu que ce livre inspire l'espoir que les injustices d'un passé difficile ne sont pas forcément garantes d'un avenir difficile. Je veux croire fermement en l'inverse : à bien connaître les rouages émotionnels de son passé, l'être conscient prévient les maux de son futur. La vérité à soi est une authenticité qu'il faut oser, une alliée, un gage de bonheur, un véritable souffle de vie dont on s'abreuve au quotidien et qui se partage généreusement en couple et en famille.

Bibliographie

ALBERONI, Francesco, *Le Choc amoureux*, Paris, Ramsay, 1981.

BADINTER, Élisabeth, *L'Amour en plus*, Paris, Flammarion, 1980.

BADINTER, Élisabeth, *L'un est l'autre. Des relations entre hommes et femmes*, Paris, Odile Jacob, 1986.

BARBARA, *Il était un piano noir. Mémoires interrompus*, Paris, Fayard, 1998.

BETTELHEIM, Bruno, *L'amour ne suffit pas*, Paris, Fleurus, 1970.

BETTELHEIM, Bruno, *Pour être des parents acceptables*, Paris, Robert Laffont, 1988.

BRAZELTON, T. Berry, *Points forts. Les moments essentiels du développement de votre enfant*, Paris, Stock/Laurence Pernoud, 1993.

BROOKS, Robert, GOLDSTEIN, Sam, *Le Pouvoir de la résilience. Mieux traverser les épreuves de la vie*, Montréal, Les Éditions de l'Homme, 2006.

CATANEDA, Marina, *Comprendre l'homosexualité*, Paris, Robert Laffont, 1999.

CAUVIN, Pierre, CAILLOUX, Geneviève, *Le soi aux mille visages. Explorez vos sous-personnalités*, Montréal, Les Éditions de l'Homme, 2001.

CHÂTEAU, Jean, *L'Enfant et le jeu*, Paris, Éditions du Scarabée, 1967.

CORNEAU, Guy, *Père manquant fils manqué. Que sont les hommes devenus ?*, Montréal, Les Éditions de l'Homme, 1989.

CORNEAU, Guy, *Le Meilleur de soi*, Montréal, Les Éditions de l'Homme, 2007.

COURTECUISSE, Victor, *L'Adolescence, les années métamorphose*, Paris, Stock/Laurence Pernoud, 1992.

CYRULNIK, Boris, *Les Vilains Petits Canards*, Paris, Odile Jacob, 2001.

DACO, Pierre, *Les Prodigieuses Victoires de la psychologie*, Paris, Marabout, 1973.

DACO, Pierre, *Les Triomphes de la psychanalyse*, Paris, Marabout, 1977.

DAHAN, Jocelyne, LAMY, Anne, *Un seul parent à la maison. Assurer au jour le jour*, Paris, Albin Michel, 2005.

DOLTO, Françoise, DOLTO-TOLITCH, Catherine, *Paroles pour adolescents. Le complexe du homard*, Paris, Hatier, 1989.

DUMESNIL, François, *Parent responsable, enfant équilibré*, Montréal, Les Éditions de l'Homme, 2003.

DUMESNIL, François, *Questions de parents responsables*, Montréal, Les Éditions de l'Homme, 2004.

ÉLIOT, Stephen, *La Métamorphose. Mes treize années chez Bruno Bettelheim*, Paris, Bayard, 2002.

FORWARD, Susan, *Parents toxiques. Comment se libérer de leur emprise ?*, Paris, Marabout, 1991.

FROMM, Erich, *L'Art d'aimer*, Paris, Desclée de Brouwer, 1995.

GARNER, Abigail, *Families like mine. Children of gay Parents tell it like it is*, New York, Harper Collins Publisher, 2004.

GIBELLO, Bernard, *L'Enfant à l'intelligence trouble*, Paris, Éditions du Centurion, 1984.

GRANT, M., HAZEL, J., *Dictionnaire de la mythologie*, Verviers (Belgique), Les nouvelles éditions Marabout, 1975.

HESSE, Hermann, *Narcisse et Goldmund*, Paris, Calmann-Lévy, 1948.

HIRIGOYEN, Marie-France, *Le Harcèlement moral. La violence perverse au quotidien*, Paris, Éditions La Découverte Syros, 1998.

HIRIGOYEN, Marie-France, *Malaise dans le travail. Harcèlement moral, Démêler le vrai du faux*, Paris, Éditions La Découverte Syros, 2001.

JUNG, Carl Gustav, *Ma vie. Souvenirs, rêves et pensées*, Paris, Gallimard, 1973.

JUNG, Carl Gustav, *Psychologie et éducation*, Paris, Buchet-Chastel, 1977.

LANEY, Marti Olsen, *The Hidden Gifts of the Introverted Child. Helping your Child thrive in an Extroverted World*, New York, Workman Publishing, 2005.

LIAUDET, Jean-Claude, *Dolto expliquée aux parents*, Paris, Éditions de l'Archipel, 1998.

MARTINO, Bernard, *Le bébé est un combat, Un plaidoyer pour le respect du nourrisson*, Paris, Éditions TF1, 1995.

MILLAR, Susanna, *La Psychologie du jeu chez les enfants et les animaux*, Paris, Petite bibliothèque Payot, 1968.

MILLER, Alice, *L'Avenir du drame de l'enfant doué*, Paris, PUF, 1996.

NAZARE-AGA, Isabelle, *Les manipulateurs sont parmi nous. Qui sont-ils ? Comment s'en protéger ?*, Montréal, Les Éditions de l'Homme, 1997.

PAGÈS, Gérald, *Festival tendresse. Le grand livre de la tendresse,* Paris, Albin Michel, 2002.

PERRON, Roger *et alii.*, *La Pratique de psychologie clinique*, Paris, Dunod, 2006.

PETISKA, Eduard, *Mythes et légendes de la Grèce antique*, Paris, Gründ, 1971.

PETIT LAROUSSE ILLUSTRÉ, 100e édition, Paris, Larousse, 2005.

PIAGET, Jean, *Six Études de psychologie*, Paris, Denoël, 1964.

PIAGET, Jean, INHELDER, Barbel, *La Psychologie de l'enfant*, Paris, PUF, 1966.

POLETTI, Rosette, DOBBS, Barbara, *La Résilience. L'art de rebondir*, Saint-Étienne, Jouvence, 2001.

POUSSIN, Gérard, LAMY, Anne, *Réussir la garde alternée. Profiter des atouts, éviter les pièges*, Paris, Albin Michel, 2004.

REID, Claire, *Êtes-vous fusionnel ou solitaire ? Le nouveau couple*, Saint-Zénon, Éditions Face-à-face, 1995.

RUFO, Marcel, *Œdipe toi-même. Consultations d'un pédopsychiatre*, Paris, Anne Carrière, 2000.

SACKS, Oliver, *L'homme qui prenait sa femme pour un chapeau*, Paris, Seuil, 1988.

SALOMÉ, Jacques, *Papa, Maman, écoutez-moi vraiment. Pour comprendre les différents langages de l'enfant*, Albin Michel, 1989.

SILLAMY, Norbert, *Dictionnaire usuel de psychologie*, Paris, Bordas, 1983.

THAYER, Élizabeth. S., ZIMMERMAN, Jeffrey, *Les Enfants-adultes du divorce. Comment triompher de l'héritage de la rupture de vos parents*, Montréal, Éditions Sciences et culture, 2006.

THIS, Bernard, *Le Père : acte de naissance*, Paris, Seuil, 1980.

UNDERWOOD BARNARD, Martha, *Aider l'enfant dépressif*, Montréal, Les Éditions de l'Homme, 2006.

ZAZZO, René, *Le Paradoxe des jumeaux*, Paris, Stock/Laurence Pernoud, 1984.

Articles de journaux

APOSTOLSKA, Aline, « Conciliation travail famille, le grand défi ». Entrevue avec Marc PISTORIO, *La Voix du succès*, vol. 1, n° 2, 2005.

APOSTOLSKA, Aline, « Fêtes… comme vous voulez ! ». Entrevue avec Marc PISTORIO, *La Voix du succès*, vol. 1, n° 3, 2006.

PÊCHEUX, Marie-Germaine, LABRELL, Florence, PISTORIO, Marc, « What do parents talk about to infants ? », *Early Development and Parenting*, 89-97, 1993.

PISTORIO, Marc, « Resolving Disputes », *CMA Management Magazine*, octobre 2001.

Cité dans des articles de journaux

CHEVALIER, Manon, « Les 7 règles du web amoureux », *Elle Québec*, juillet 2006.

GALIPEAU, Sylvia, « La maternelle à 6 ans », *La Presse*, lundi 27 août 2007.

PINEAULT, Jean-Philippe, « Dossier : Le choc des générations », *Journal de Montréal*, samedi 19 janvier 2008.

SAINT-JACQUES, Sylvie, « Cherche amis désespérément », *Elle Québec*.

Émissions de télévision

À BOUT DE SOUFFLE, animateur et concepteur Marc PISTORIO, *Série d'émissions sur la conciliation famille-travail*, Canal Vie, saison janvier 2005.

CHRONIQUE DE LA VIOLENCE ORDINAIRE, *Émission sur La manipulation, Émission sur Le chantage*, Télé-Québec, diffusées en 2004-2005.

COUP DE POUCE, chronique Marc PISTORIO, *Comment s'adapter à un nouveau groupe de travail*, Radio Canada, émission diffusée le 12 septembre 2005.

COUP DE POUCE, chronique Marc PISTORIO, *Comment réagir à l'annonce de l'homosexualité de son enfant ?*, Radio Canada, émission diffusée le 5 octobre 2005.

GROSSE JOURNÉE, chronique Marc PISTORIO, *La fidélité*, Radio Canada, émission diffusée le 13 novembre 2007.

GROSSE JOURNÉE, chronique Marc PISTORIO, *Les étapes de la vie de couple*, Radio Canada, émission diffusée le 7 janvier 2008.

2 FILLES LE MATIN, chronique Marc PISTORIO, *Conseils pratiques pour famille nombreuse*, TVA, émission diffusée le 22 septembre 2006.

2 FILLES LE MATIN, chronique Marc PISTORIO, *Les étapes du deuil*, TVA, émission diffusée le 18 octobre 2006.

Émissions de radio

DEUX PSYS À L'ÉCOUTE, co-animateur Marc PISTORIO, *Série d'émissions quotidiennes répondant aux appels d'auditeurs*, CKAC, 2001-2002.

TOUT LE MONDE DEBOUT, chronique Marc PISTORIO, *Le stress des enfants à la veille de la rentrée scolaire*, Rock Détente, émission diffusée le 29 août 2006.

Table des matières

Avant-propos 11

PREMIÈRE PARTIE
Mensonges et vérité à soi

Chapitre premier
Se construire dans le mensonge 33

Piégé dans les stéréotypes 35
Cacher une bêtise par peur 41
Se dévoiler dans le mensonge 43
Tester l'amour dans le mensonge 46
S'affranchir peu à peu du jugement des autres 49
En résumé 51

Chapitre 2
À la rencontre de l'autre 55

Se mentir à soi en solitaire ou en fusionnel ? 59
Le profil psychologique du solitaire 61
La face cachée du solitaire 65
Le mensonge à soi du solitaire 66
Daniel, le solitaire 68
Le profil psychologique du fusionnel 73
Solitaires et fusionnels, des extrêmes aux points communs 77
Un travail de psychothérapie engagé et significatif dans le temps 80
Marie, la fusionnelle 81
Fusionnel un jour... Pas forcément fusionnel toujours 90

Chapitre 3
Les mécanismes de défense, une protection contre la douleur 91

Conserver à tout prix une image positive de soi 97
Denis et Amélie refoulent 99
Louis projette 102
Les parents de John dans le déni 105
Laura régresse 108
Pascale rationalise, Vincent intellectualise 112
Pourquoi le mensonge à soi ? 117
Claire, la boudeuse 118
La résistance à la vérité 120

Chapitre 4
La vérité à soi 123

Faire tomber les résistances 126
Choisir le camp de la vérité à soi 127
Un soi en mouvement 128
Faire de l'inconscient son allié 130
Les pleurs de joie n'existent pas 133
Avoir foi en soi 135
Un jardin secret bien clôturé 136
Dire enfin à ses parents 140
Noël : plaisir ou obligation ? 141
À la rencontre de soi dans la psychothérapie 143

DEUXIÈME PARTIE
Vers l'authenticité du couple

Chapitre 5
Se construire par imitation ou par opposition 157

Dans les familles fonctionnelles 159

Dans les familles dysfonctionnelles 162
L'émergence de l'identité à l'adolescence 164
Refuser de ressembler à ses parents 165
Pour l'homosexuel, une identification au sexe opposé 169
Une relation aux parents qui prédispose à son futur couple 175

Chapitre 6
Les écueils récurrents du couple 177

Blâmer le partenaire 179
Faussement communiquer 181
Se piéger dans l'antagonisme 182
Avoir peur de dire 183
Les hommes cachent leur identité 186
Les femmes choisissent 189
Des différences biologiques méconnues 191
Des zones érogènes à découvrir 192
À la rencontre de soi pour mieux rencontrer l'autre 196
Les couples menteurs 197
La passion amoureuse 199
La perte d'intimité 206
La répétition des amours souffrantes 208

Chapitre 7
La réussite du couple 211

Éviter l'individualisme 217
La force de l'individualité 219
Disponible à l'autre avec discernement 222
Communiquer, un terme à réinventer 225
Mettre des mots sur ses émotions 227
Croire à la longévité du couple 232
Témoigner de l'intérêt à son partenaire 234
Séduire et complimenter au quotidien 236

Habitude et changement, répétition et transgression ... 239
Le recours judicieux à la thérapie de couple ... 247

TROISIÈME PARTIE
Mensonges et vérité aux enfants

Chapitre 8
Des parents qui aiment mal ... 263

Le nouveau-né est une personne ... 265
Des pleurs d'enfant mal compris ... 267
Banaliser et rationaliser la violence ... 269
Tout pour être aimé ... 272
Mentir aux enfants ... 273
Le pouvoir des parents ... 275
Décoder l'agressivité de l'enfant ... 277
Ne pas se séparer pour les enfants ... 281
Le mensonge des parents devient celui des enfants ... 283
L'interdit de ressentir ... 284
Une éducation autoritaire ... 285
Une éducation permissive ... 286
Prendre soin de l'enfant dans la séparation ... 288
Séparés et incapables de se quitter ... 290
Rester ami avec son ex ... 291

Chapitre 9
La vérité aux enfants ... 295

Une éducation globale de bienveillance ... 298
Développer un sens aigu de l'observation ... 301
Disponible physiquement et psychologiquement ... 304
Aider l'enfant en colère ... 306
Désavouer une position trop rigide ... 308
De l'enfant pulsionnel à l'enfant socialisé ... 310
Qui est mon père ? ... 314

Le Père Noël existe-t-il ? 316
Une séparation centrée sur le bien-être de l'enfant 320
Accepter la nécessité de la séparation 322
Annoncer la séparation 323
Éviter les formules ambiguës 325
Choisir un type de garde réaliste 326
Avec qui veux-tu vivre, maman ou papa ? 328
Découvrir l'existence de la mort 331

Conclusion 337

Bibliographie 341

Imprimé en Allemagne
par GGP Media GmbH
Dépôt légal : février 2011
ISBN : 978-2-501-06823-9
40.6258.4/01.